자바 기초만 알면 할 수 있는

JSP 웹
프로그래밍

이성욱 • 장종준 공저

Web Programming

21세기사

PREFACE

JSP(Java Server Page)는 자바 기반의 웹 프로그래밍 기술입니다. 현재 웹 프로그래밍을 위해 가장 널리 사용되고 있는 기술이며, 자바 언어를 그대로 사용한다는 큰 장점을 가지고 있습니다. PHP와 같은 웹 프로그래밍 언어는 별도의 문법 체계를 가지고 있어서 그 언어를 따로 공부해야 하지만, JSP는 프로그래밍이 필요한 부분에 자바 코드를 그대로 적어 넣으면 됩니다. 따라서 자바 언어를 이미 알고 있는 사람이라면 프로그래밍 언어 문법을 따로 공부하는 부담 없이, HTML의 기초만 살펴본 뒤 바로 JSP로 프로그래밍을 시작할 수 있습니다.

하지만 프로그래밍 언어를 따로 공부하지 않아도 된다고 해서, 공부해야 하는 양이 적은 것은 아닙니다. 이제는 모델 2(Model 2) 라고 불리는 웹 애플리케이션 아키텍처가 나오고, 스프링(Spring)과 같은 프레임워크(Framework) 기반으로 프로그래밍을 하는 것이 보편화 되었습니다. 그리고 이로 인해 자바 언어를 갓 배운 사람이 현업에서 웹 프로그래밍을 할 수준에 도달하기 위해서는 너무나 많은 양의 공부를 해야 하는 시대가 되었습니다. 여기서 문제는, 많은 JSP 교재들이 그에 관련된 많은 내용을 한 권에 모두 담으려고 한다는 것입니다. 책을 쓰는 사람의 입장에서는 "이 정도까지는 알아야 현업에서 일할 수 있으니 다 넣을 수 밖에…"라고 생각하겠지만, 그것은 자바 언어 기초를 이제 막 뗀 학습자가 책의 두께만 보고도 고개를 저으며 포기하게 되는 원인이 되기도 합니다. 그래서 이 책은 JSP 입문 단계에서 필수적으로 알아야 하는 것들만을 다루어, JSP 웹 프로그래밍을 처음 공부하는 사람들의 부담을 최대한 덜어주기 위해 쓰여졌습니다. 이 책에서 다루지 않은 소소한 기술적인 내용들은 나중에 실제 프로그래밍 작업을 해나가면서 인터넷 검색을 통해 어렵지 않게 보충해 나갈수 있을 것입니다.

한편 현업에서 일할 수 있는 수준의 자바 기반 웹 프로그래밍을 목표로 하고 있다면, 다음과 같은 3단계로 공부하는 것이 적당할 것입니다.

1단계는 JSP 프로그래밍의 기초를 다지는 단계로서, 기본적인 JSP 프로그래밍 기술을 공부합니다. 웹 프로그램의 동작 원리를 이해하고, 데이터베이스를 사용하는 웹 애플리케이션을 작성하는 기초적인 방법을 익혀야 합니다.

2단계는 웹 애플리케이션 아키텍처 모델 2 형태로 프로그래밍할 수 있는 단계입니다. 이를 위해서는 자바 빈, EL, JSTL, DAO/DTO, 서블릿, 그리고 MVC 패턴에 대해 공부해야 합니다.

3단계는 스프링 프레임워크를 활용한 프로그래밍을 할 수 있는 단계입니다.

이 책은 이 3단계 중 첫 번째 단계에서 시작하여 두 번째 단계까지 갈 수 있도록 해주는 JSP 프로그래밍 입문서입니다. 이 책의 1~9장에서는 1단계인 JSP 프로그래밍 기초를 다루고, 10장부터는 2단계로서 웹 애플리케이션 아키텍처 모델 2 형태로 프로그래밍 하는 법을 다룹니다. 이 책을 통해 JSP의 기초를 다지고 나면, 다른 교재나 동영상 강의를 통해 다음 단계인 스프링 프레임워크를 사용한 애플리케이션 개발을 공부하는 것이 크게 어렵지는 않을 것입니다. 이 책을 읽는 여러분 모두 그 과정을 밟아 유능한 자바 웹 프로그래머가 되기를 바랍니다.

저자

CONTENTS

CHAPTER 9   게시판 175

CHAPTER 10   DAO와 DTO 217

JSP 프로그램의 동작 원리와
실행 환경 구축

CHAPTER 1

JSP(Java Server Page)는 자바 기반의 웹 프로그래밍 기술이다. 현재 웹 프로그래밍을 위해 가장 널리 사용되고 있는 기술이며, 자바 언어를 그대로 사용한다는 큰 장점을 가지고 있다. PHP와 같은 웹 프로그래밍 언어는 별도의 문법 체계를 가지고 있지만, JSP는 프로그래밍이 필요한 부분에 자바 코드를 그대로 적어 넣으면 된다. 따라서 자바 언어를 이미 알고 있는 사람이라면 기본적인 프로그래밍 언어 문법을 따로 공부하지 않고, 바로 JSP로 프로그래밍을 시작할 수 있다.

1.1 HTML과 JSP

JSP로 작성된 웹 프로그램이 어떻게 동작하는지 이해하려면, 먼저 웹의 기본적인 동작 원리를 이해하고 있어야 한다. 웹이 어떻게 동작하는지 살펴보자. 사용자들이 웹 사이트에 접속했을 때 브라우저에 보이는 각각의 화면을 웹 페이지라 하며, 웹 페이지는 기본적으로 HTML(hypertext Markup Language)로 작성된다. HTML 문서가 웹브라우저에 표출되는 과정은 다음과 같다.

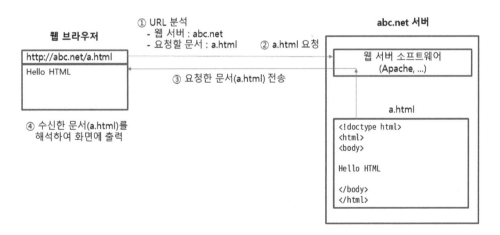

[그림 1-1] HTML 문서가 웹브라우저에 표출되는 과정

① 사용자가 웹브라우저의 주소 창에 URL을 입력하고 엔터를 친다. 이때 브라우저는 URL을 분석하여 웹 서버의 주소, 그리고 그 서버에게 요청할 문서의 이름을 알아낸다. 만약 URL이 http://abc.net/a.html이라면, 웹 서버의 주소는 abc.net이고, 요청할

문서는 a.html이다.

② 웹브라우저는 인터넷을 통하여 abc.net 서버에게 a.html을 달라고 요청한다.

③ 이 요청은 웹 서버 컴퓨터의 웹 서버 소프트웨어가 수신한다. 웹 서버 소프트웨어는
  a.html을 찾아, 이것을 요청했던 컴퓨터의 웹브라우저로 전송한다.

④ 웹브라우저가 a.html을 수신하면, 이것을 해석하여 화면에 출력한다.

이렇듯 HTML 파일은 웹 서버에 저장되어 있던 상태 그대로 브라우저로 전송되고 화면
에 표출되므로, 변하지 않는 고정된 내용의 웹 페이지만 만들 수 있다. 하지만 웹 사이트
에는 내용이 동적으로 변하는 페이지가 필요하다. 웹에서 흔히 볼 수 있는 게시판을 생
각해 보자. 사용자가 글을 하나 쓰면 게시판 글의 리스트를 보여주는 페이지의 내용이
바뀐다. 새 글에 관한 정보가 추가되기 때문이다. 글이 삭제되거나 수정되었을 때도 이
를 반영하여 페이지의 내용이 바뀌어야 하는데, HTML만으로는 이런 웹 페이지를 작성
할 수 없다.

웹 프로그램은 이럴 때 필요하다. JSP로 작성된 웹 프로그램이 동작하는 과정을 정리하
면 다음과 같다.

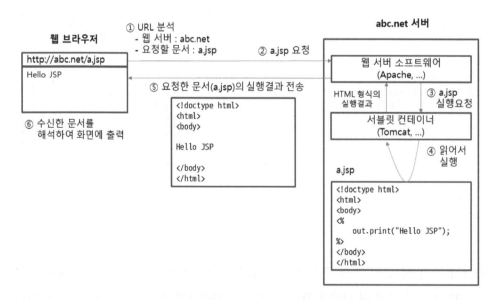

[그림 1-2] JSP 파일의 처리 과정

① 사용자가 웹브라우저의 주소 창에 URL을 입력하고 엔터를 치면, 브라우저는 URL을 분석하여 웹 서버의 주소와 요청할 문서의 이름을 알아낸다. 앞서 설명한 HTML 처리 과정과 같은 동작이다. 만약 URL이 http://abc.net/a.jsp라면, 웹 서버의 주소는 abc.net이고, 요청할 문서는 a.jsp이다.

② 웹브라우저는 인터넷을 통하여 abc.net 서버에게 a.jsp를 달라고 요청한다. 역시 HTML 처리 과정과 같은 동작이다.

③ 이 요청을 웹 서버 컴퓨터의 웹 서버 소프트웨어가 수신한다. 여기까지는 HTML과 같은 과정을 거쳤지만, 이제부터 처리 방법이 달라진다. 요청된 문서의 확장 자가 html이 아니라 jsp이기 때문이다. 이 확장자는 요청된 문서가 JSP 프로그램임을 의미하므로, 웹 서버 소프트웨어는 이 요청을 직접 처리하지 않고 서블릿 컨테이너 (Servlet Container)에게 전달한다. 서블릿 컨테이너는 JSP 프로그램을 실행시켜 주는 소프트웨어라고 생각하면 된다.

④ 요청을 받은 서블릿 컨테이너는 a.jsp 파일을 찾아 실행한다. 그림에 제시된 예제에서 실제 JSP 코드는 <% 와 %> 사이에 적힌 다음과 같은 한 줄뿐이다.

```
out.print("Hello JSP");
```

이것은 화면에 "Hello JSP"를 출력하라는 명령이다. 웹브라우저 위에 무언가를 출력하기 위해서는 System.out.print()가 아니라 out.print()를 사용한다. 하지만 지금 중요한 것은 out.print()의 사용 방법이 아니라, JSP 프로그램이 실행되는 방식이다. JSP 프로그램이 실행되면 적혀있는 JSP 코드가 모두 지워지고, 대신 그 자리에 실행의 결과가 남게 된다. 따라서 <% 부터 %> 까지의 모든 내용이 지워지고, 그 자리에는 실행의 결과로 "Hello JSP"만 남은 HTML 문서가 얻어진다. 이 과정을 그림으로 표시하면 아래 그림 1-3과 같다.

이렇게 JSP 프로그램의 실행이 끝나면 실행 결과는 웹 서버에게 전달된다.

⑤ 웹 서버는 이 HTML 문서를 브라우저에게 전송한다.

⑥ 웹브라우저는 전송된 HTML 문서를 해석하여 화면에 출력한다. 정말 위의 그림과 같은 HTML 소스가 브라우저로 전송되었는지를 확인하고 싶으면, 브라우저 화면

위에서 마우스 오른쪽 버튼을 클릭한 뒤 팝업 메뉴에서 "소스 보기"를 선택한다. 이렇게 하면 브라우저가 현재 화면에 표시하고 있는 페이지의 HTML 소스 코드를 볼 수 있다.

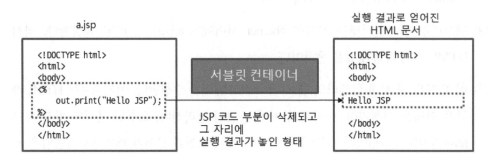

[그림 1-3] JSP 파일의 실행 과정

1.2 JSP 실행 환경 구축

앞의 설명을 잘 읽어보았다면, JSP 프로그램을 이용한 웹 사이트를 구축하기 위해서는 기본적으로 웹 서버와 서블릿 컨테이너가 필요하다는 것을 이해할 것이다.

웹 서버는 브라우저가 요청한 웹 페이지를 전송해 주는 소프트웨어이고, 서블릿 컨테이너는 JSP 프로그램을 실행하여 HTML 형태의 실행 결과를 반환해 주는 소프트웨어이다. 앞의 설명에서는 웹 서버의 예로 아파치(Apache)를, 서블릿 컨테이너의 예로 톰캣(Tomcat)을 들었는데, 이것은 어느 정도 규모가 있는 상업용 웹 사이트에서도 많이 사용하는 구성이다.

그런데, 개발 환경 또는 간단한 웹 사이트에서는 굳이 웹 서버를 별도로 설치할 필요가 없다. 톰캣에 웹 서버도 들어있기 때문이다. 이렇게 웹 서버와 서블릿 컨테이너가 결합된 형태의 소프트웨어를 웹 애플리케이션 서버(Web Application Server)라고 하며, 줄여서 WAS라고 부른다.

따라서 우리는 앞으로 별도의 웹 서버 없이 톰캣만을 사용할 것이다. 이런 환경에서 웹 서버의 구성과 JSP 파일의 실행 과정은 다음과 같다.

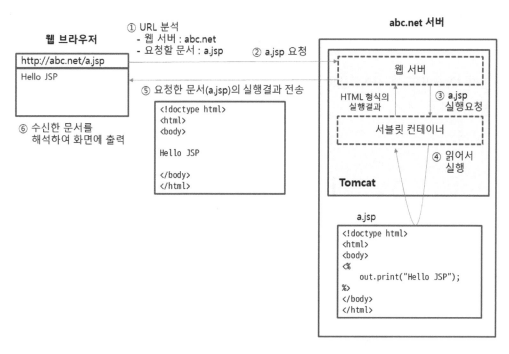

[그림 1-4] 톰캣 내장 웹 서버 사용 시 JSP 파일의 실행 과정

이제 JSP 실행에 필요한 소프트웨어들을 하나씩 설치하고 필요한 설정을 하여 개발 환경을 구축할 것이다. 그전에 준비작업으로 C 또는 D 드라이브의 루트(root)에 "jsp"라는 폴더를 만들자. 개발 환경에 관련된 소프트웨어를 모두 한곳에 모아 놓는 것이 나중에 관리하기 편하기 때문이다. 이 책에서 혹시 파일의 경로에 대해 언급할 때는, C 드라이브의 루트에 이 폴더를 만들었다고 가정하고 설명할 것이다.

1.2.1 JDK 설치

자바 애플리케이션을 개발하기 위해서는 자바 개발 도구(Java Development Kit; JDK)를 설치해야 한다. JDK는 일반적으로 오라클(Oracle) 웹 사이트에 가서 다운로드 받지만, 여기에서는 오라클 JDK가 아니라 OpenJDK를 사용할 것이다. 오라클 JDK를 상업적인 용도로 사용할 때에는 비용을 지불해야 하기 때문이다. 물론 우리는 상업적인 목적으로 사용할 것이 아니긴 하지만, 완전히 무료인 OpenJDK를 사용해도 우리가 공부하는 데는 아무런 문제가 없다. 오라클 JDK와 OpenJDK는 둘 다 오라클에 의해 관리되며,

OpenJDK가 순수한 자바 규격만 구현한 JDK의 기준이라면, 오라클 JDK는 여기에 몇 가지 기능이 추가된 것으로 생각하면 된다.

먼저, OpenJDK 웹 사이트(https://jdk.java.net/)에 접속한다. 다음과 같은 첫 화면이 보일 것이다.

여기에서 "JDK 14"을 클릭한다. 안정화된 최신 버전이 14이기 때문이다. 그러면 다음과 같이 화면이 바뀐다.

우리는 윈도우즈를 사용할 것이므로, "Windows/x64" 옆에 있는 "zip"을 클릭한다. 그러면 바로 OpenJDK 압축 파일이 다운로드 된다. 다운로드 된 파일명은 openjdk-14.0.2_windows-x64_bin.zip와 같은 형태일 텐데, 이것을 더블클릭해 보면 그 안에 jdk-14.0.2

와 같은 이름을 가진 폴더 하나만 있을 것이다. 이 폴더가 미리 만들어두었던 "jsp" 폴더
아래에 위치하도록 파일의 압축을 풀면 된다. 이제 폴더 구조는 다음과 같을 것이다.

이제 다른 소프트웨어들이 JDK를 이용하는데 문제없도록 환경 변수를 설정해야 한다.
해야 할 것은 다음과 같은 2가지 작업이다.

* 환경 변수 JAVA_HOME을 새로 만들어 JDK 폴더로 설정

* Path 환경 변수에 JDK 폴더 아래 있는 bin 폴더를 추가

1.2.2 환경 변수 JAVA_HOME 만들기

먼저, 환경 변수 설정 창을 띄우기 위해, 윈도우즈 탐색기에서 "내 PC"를 마우스 우클릭
하여 나오는 메뉴에서 "속성"을 선택한다.

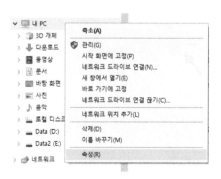

그러면, 다음과 같은 시스템 설정 창이 뜰 것이다.

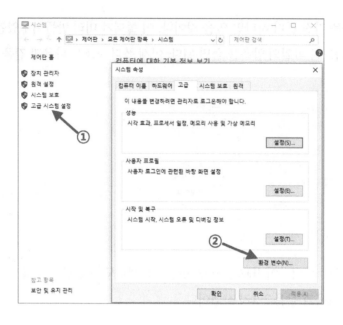

여기에서 좌측의 "고급 시스템 설정"을 클릭하면 "시스템 속성" 창이 뜬다. 그리고 이 창의 아래쪽에 있는 "환경 변수" 버튼을 클릭하면, 환경 변수 설정 창이 뜬다.

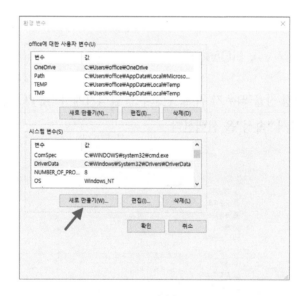

여기에서 아래쪽 "시스템 변수"의 "새로 만들기" 버튼을 누르면, 다음과 같이 "새 시스템 변수" 창이 뜬다.

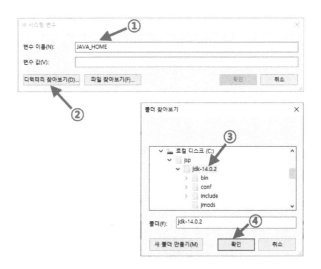

변수 이름에는 "JAVA_HOME", 변수 값에는 JDK가 설치된 폴더를 적은 뒤 확인 버튼을 누르면 된다. 이때 JDK 설치 폴더를 직접 입력하기 귀찮다면, "디렉터리 찾아보기" 버튼을 누른다. 그러면 "폴더 찾아보기" 창이 나타나는데 여기에서 폴더를 선택하고 확인 버튼을 누르면 JDK 설치 경로가 입력된다.

이렇게 모든 입력이 끝난 후 "새 시스템 변수" 창의 "확인" 버튼을 누르면 아래와 같이 "JAVA_HOME"이라는 이름의 새로운 시스템 변수가 만들어진 것을 확인할 수 있을 것이다.

하지만 아직 "환경 변수" 창을 닫으면 안 된다. 환경 변수 Path에 JDK의 bin 폴더를 추가해야 하기 때문이다.

1.2.3 환경 변수 Path에 JDK 경로 추가

"환경 변수" 창의 아래쪽 파트인 "시스템 변수"에서 "Path" 항목을 찾아 더블클릭한다.

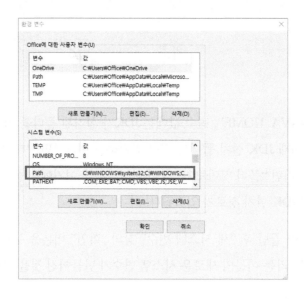

그러면 아래와 같은 환경 변수 편집 창이 뜰 것이다.

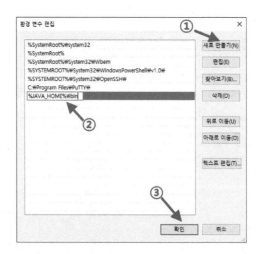

여기에서 먼저 오른쪽 맨 위에 있는 "새로 만들기" 버튼을 누르면 왼쪽에 새로운 줄이 추가되고, 여기에 값을 입력받을 수 있는 상태가 된다. 여기에 "%JAVA_HOME%\bin"을 입력하면 된다. 확인 버튼을 누르고 창이 닫히면 Path 설정이 완료된 것이다.

이제 JDK의 설치와 설정은 모두 끝났다. 이어서 톰캣을 설치해 보자.

1.2.4 톰캣 설치

톰캣은 설치 파일을 이용하거나, 압축 파일의 압축을 직접 해제해서 설치할 수 있다. 여기에서는 압축 파일을 이용한 설치 방법을 사용할 것이다.

톰캣을 다운로드 받기 위해 http://tomcat.apache.org/ 에 접속하자.

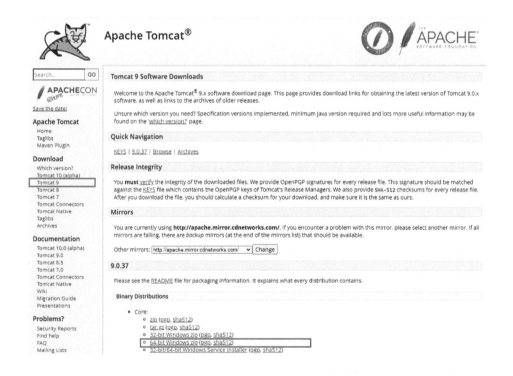

웹 사이트에 접속하여, 화면 왼쪽의 Download 섹션에서 "Tomcat 9"를 클릭한 뒤, 본인의 윈도우즈 버전(32/64비트)에 맞는 zip 파일을 다운로드하면 된다. 다운로드된 파일 이름은 apache-tomcat-9.0.37-windows-x64.zip와 같은 형태일 텐데, 역시 더블클릭해

보면 그 안에 apache-tomcat-9.0.37과 같은 이름을 가진 폴더 하나만 있다. 이 폴더가 미리 만들어두었던 "jsp" 폴더 아래에 위치하도록 파일의 압축을 풀면 된다. 톰캣 파일의 압축을 해제하고 난 후의 폴더 구조는 다음과 같이 된다.

톰캣은 별다른 설정을 해줄 것이 없다. 톰캣의 설치가 모두 끝났다.

1.3 실행 환경 테스트

이제 톰캣이 잘 동작하는지 확인해 보자. 텍스트 에디터에 다음의 내용을 입력한다. 만약 별도의 텍스트 에디터를 설치해 놓은 것이 없다면 메모장을 이용해도 된다. 단, "1: " 같이 각 행의 시작마다 적혀있는 숫자는 소스 코드의 행 번호를 표시한 것이므로 여러분은 빼고 입력하기 바란다.

📄 **예제 1-1** 톰캣 시험용 JSP 프로그램 (1-1.jsp)

```
1: <!doctype html>
2: <html>
3: <body>
4: <%
5:     out.println("Hello JSP");
6: %>
7: </body>
8: </html>
```

입력이 끝나면 이 파일을 1-1.jsp라는 이름으로 저장하는데, 저장하는 위치가 아주 중요하다. 반드시 C:\jsp\apache-tomcat-9.0.37\webapps\ROOT에 저장하여야 한다. 다른 폴더에 이 파일을 저장하면 톰캣이 찾지 못하기 때문이다.

이제 톰캣을 실행시켜 보자. 윈도우 탐색기를 열고 다음 경로에 있는 파일을 더블클릭해서 실행시킨다.

```
C:\jsp\apache-tomcat-9.0.37\bin\startup.bat
```

이 파일이 실행되면 명령 프롬프트 창이 열리고 톰캣이 화면에 많은 메시지를 출력할 것이다.

시스템 설정에 따라 한글이 깨져 보일 수 있으나 걱정할 필요는 없다. 우리는 2장까지만 이렇게 직접 톰캣을 구동할 뿐, 3장부터는 이클립스를 사용할 것이기 때문이다. 이클립스에서는 한글 깨짐 없이 로그가 정상적으로 나온다. 혹시라도 이것이 영 마음에 걸린다면, startup.bat와 같은 폴더에 있는 catalina.bat 파일의 첫 줄에 다음과 같은 한 줄을 써넣으면 로그 메시지가 영어로 나오므로 깨지지 않을 것이다.

```
set "JAVA_OPTS=%JAVA_OPTS% -Duser.language=en"
```

본론으로 돌아와서, 이 창이 열려있는 동안은 톰캣의 웹 서버가 실행 중이다. 만약 이 창을 닫아 버리면 톰캣의 실행도 중단된다. 이제 모든 준비가 끝났으니 방금 입력한 예제 1-1을 실행해 보자. 웹브라우저를 열고 주소창에 다음과 같은 URL을 입력한 뒤 엔터를 친다.

```
http://localhost:8080/1-1.jsp
```

화면에 "Hello JSP"라는 글귀가 보이면, 톰캣이 정상적으로 잘 동작하고 있고, 우리가 입력한 예제가 앞의 그림 1-4에서 설명한 과정을 거쳐 화면에 "Hello JSP"를 출력한 것이다.

그런데 localhost라는 단어는 무슨 뜻일까? 앞에서 했던 JSP 프로그램 동작 방식에 관한 얘기를 되새겨 보면 localhost가 적힌 자리에는 웹 서버의 호스트명 또는 IP 주소가 들어가야 한다. 여러분은 자신의 컴퓨터에 톰캣을 설치해서 웹 서버로 만들었지만 별도의 호스트명은 없을 것이다. 따라서 원래는 다음과 같이 IP 주소를 사용하여 1-1.jsp를 실행해야 한다.

```
http://여러분_컴퓨터의_IP_주소:8080/1-1.jsp
```

하지만 혼자서 웹 프로그램을 개발하는 중에는, 웹 서버가 실행되고 있는 컴퓨터에서 브라우저를 실행하는 경우가 많을 것이다. 이런 상황에서는 굳이 그 컴퓨터의 호스트명 또는 IP 주소를 넣지 않고 localhost 또는 127.0.0.1로 웹 서버 주소를 대신할 수 있다. localhost와 127.0.0.1은 내가 사용하고 있는 컴퓨터(이 상황에서는 웹브라우저가 실행되고 있는 컴퓨터)를 가리키는 특별한 호스트명과 IP 주소이다.

마지막으로, localhost뒤에 있는 ":8080"은 TCP/IP 포트 번호를 의미한다. 본래 웹(HTTP 프로토콜)을 위한 포트 번호는 80이므로, 포트 번호를 따로 적지 않았을 경우 디폴트 값인 80 포트를 이용해서 통신한다. 하지만, 톰캣은 기본적으로 8080 포트를 사용하도록 설정되어 있으므로 별도로 포트 번호를 적어주는 것이다. 만약 URL에 ":8080"을 따로 적지 않고 싶다면, 톰캣의 설정 파일을 수정하여 80 포트를 이용하도록 설정을 변경할 수도 있다.

연습문제

1.   웹브라우저의 JSP 페이지 요청이 처리되는 과정을 설명해 보시오.

2.   JDK와 톰캣의 설치과정을 간단히 설명해 보시오.

3.   톰캣의 실행 방법을 설명해 보시오.

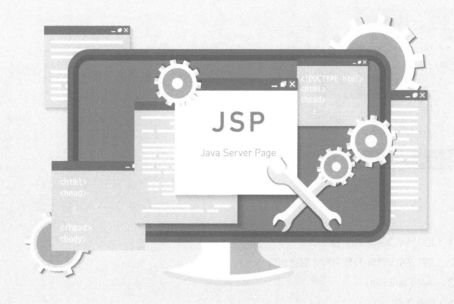

CHAPTER 2

JSP 프로그래밍 기초

CHAPTER 2

이 장에서는 JSP 프로그램의 기본적인 형태와 실행 방법을 살펴보고, 주석 작성법과 화면 출력 방법에 관해 공부한다.

2.1 JSP 프로그램의 기본 형태

JSP 프로그램 파일의 확장자는 ".jsp"이다. 하지만 파일의 내용을 보면 기본적으로는 HTML 파일의 형태를 하고 있으며, 필요한 부분에 JSP 코드들이 삽입되는 방식으로 구성된다. 따라서 JSP 코드가 어디에서 시작하고 어디에서 끝나는지 표시할 방법이 필요한데, 시작을 알리는 표시로는 <%, 끝을 알리는 표시로는 %>를 사용한다.

먼저 간단한 예제 프로그램을 통해 JSP 프로그램의 형태를 살펴보도록 하자. 음영을 넣어 표시한 부분이 JSP 코드들이 있는 영역이고, 나머지는 모두 HTML 영역이다.

예제 2-1   JSP 프로그램의 기본 형태 (2-1.jsp)

```
 1: <%@ page language="java" contentType="text/html; charset=UTF-8"
 2:     pageEncoding="UTF-8"%>
 3: <%@ page import="java.time.*" %>
 4:
 5: <!DOCTYPE html>
 6: <html>
 7: <head>
 8:     <meta charset="UTF-8">
 9:     <title>테스트 페이지</title>
10: </head>
11: <body>
12: <%
13:     out.println("오늘 날짜 : " + LocalDate.now() + "<br>");
14:     out.println("현재 시간 : " + LocalTime.now());
15: %>
16: </body>
17: </html>
```

> 📮 **실행 결과**
>
> 오늘 날짜 : 2018-08-21
> 현재 시간 : 11:41:19.174111200

앞서 1장에서 입력했던 예제보다는 코드가 좀 더 복잡해졌다. 1장의 예제는 톰캣의 테스트를 위해서 최소한의 내용으로만 구성한 것이었고, 앞으로 여러분들이 작성하는 코드는 이 예제와 같은 형태를 가질 것이다.

예제를 살펴보면, JSP 코드가 1~3번 행, 그리고 12~15번 행으로 나누어져 있는 것을 확인할 수 있을 것이다. 이제 이 두 부분의 의미를 살펴보자.

2.1.1 page 지시자(Directive)

먼저 1~2번 행부터 살펴보자.

```
1: <%@ page language="java" contentType="text/html; charset=UTF-8"
2:    pageEncoding="UTF-8"%>
```

이 코드는 <% 뒤에 @를 붙여서 <%@의 형태로 시작하고 있다. 이렇게 <%@로 시작하는 코드를 지시자(directive)라고 하는데, 서블릿 컨테이너(톰캣)에게 무언가 지시하거나 알려줄 것이 있을 때 사용한다.

특히 <%@ 뒤에 page라는 단어를 적은 것을 page 지시자라고 하고, JSP 페이지에 대한 정보를 톰캣에게 알려주는 목적으로 사용된다. 1~2번 행에 적힌 page 지시자의 의미는 다음과 같다.

속성과 값	의미
language="java"	프로그래밍 언어로 자바를 사용한다.
contentType="text/html; charset=UTF-8"	이 JSP 프로그램이 생성할 문서(실행된 결과)는 UTF-8로 인코딩된 HTML이다.
pageEncoding="UTF-8"	이 JSP 프로그램 파일은 UTF-8로 인코딩되어 있다.

여기에서 혹시 인코딩이라는 단어를 처음 들어보았다면 "각각의 글자를 어떤 숫자로 바꾸어 컴퓨터에 저장할지 정해놓은 것"이라고 생각하면 되겠다. 컴퓨터의 메모리는 숫자만 저장할 수 있다. 따라서 글자를 그대로 저장하지 못하고 숫자로 바꾸어 저장해야 한다. 이를 위해서 "A라는 글자는 숫자 65, B는 숫자 66"과 같은 식으로 각각의 글자가 어떤 숫자에 대응할지 정해놓는데, 이것을 인코딩이라고 한다.

문제는 이러한 인코딩 방식이 하나만 있는 것이 아니라는 점이다. 예를 들어 "위"라는 한글은 UTF-8 인코딩으로는 "236, 156, 132"라는 3바이트의 숫자로 저장된다. 하지만 같은 글자라도 한글 윈도우즈에서 기본적으로 사용하는 인코딩인 CP949를 사용하면 "192, 167"의 2바이트 숫자로 저장된다.

사실 인코딩을 제대로 설명하자면 꽤 긴 얘기가 될 것이므로 여기에서는 이 정도의 개념만 알고 넘어가도 큰 문제는 없다. 다만 앞으로 웹 개발을 할 때는 특별한 상황이 아니라면 항상 UTF-8 인코딩을 사용하도록 하자. 최근 웹 개발에는 UTF-8 인코딩이 사실상 표준이기 때문이다.

본론으로 돌아와서, 이 page 지시자의 의미를 생각해보면 1~2번 행의 코드는 앞으로 작성할 모든 JSP 프로그램의 첫 줄에 나와야 함을 짐작할 수 있을 것이다.

이제 3번 행으로 넘어가 보자.

```
3: <%@ page import="java.time.*" %>
```

page 지시자가 다시 나오고 있다. page 지시자 에는 방금 살펴보았던 language, contentType, pageEncoding 외에도 많은 속성을 적을 수 있는데, 그중 하나가 import이다. 3번 행은 다음의 자바 코드와 똑같은 동작을 한다.

```
import "java.time.*";
```

하지만 JSP에서는 이와 같은 import 구문을 직접 사용할 수 없다. 따라서 page 지시 자를 이용하여 import할 패키지를 지정해 준 것이다.

2.1.2 스크립틀릿(Scriptlet)

이제 12~15번 행을 살펴보자.

```
12: <%
13:     out.println("오늘 날짜 : " + LocalDate.now() + "<br>");
14:     out.println("현재 시간 : " + LocalTime.now());
15: %>
```

이렇게 자바 코드를 <% ... %> 사이에 적어놓은 것을 스크립틀릿이라고 부른다. 그리고 이 예제의 13, 14번 행은 오늘 날짜와 현재 시간을 출력하는 자바 코드이다. 콘솔에 문자열을 출력할 때에는 System.out.print()나 System.out.println()를 쓰지만, 웹브라우저에 출력을 하기 위해서는 out.print()나 out.println()을 사용한다는 점만 다를 뿐이다.

사실, 위의 예제 2-1은 가장 간단한 형태를 보인 것이라 하나의 스크립틀릿에 모든 자바 코드가 다 모여 있지만, 하나의 프로그램 안에 여러 개의 스크립틀릿이 있어도 아무 문제가 없다. 다음 예제를 보자.

📑 **예제 2-2**   2개의 스크립틀릿이 있는 프로그램 (2-2.jsp)

```
 1: <%@ page language="java" contentType="text/html; charset=UTF-8"
 2:     pageEncoding="UTF-8"%>
 3: <%@ page import="java.time.*" %>
 4:
 5: <!DOCTYPE html>
 6: <html>
 7: <head>
 8:     <meta charset="UTF-8">
 9:     <title>테스트 페이지</title>
10: </head>
11: <body>
12:
13: 오늘 날짜 :
14: <%
15:     out.println(LocalDate.now());
16: %>
```

```
17: <br>
18:
19: 현재 시간 :
20: <%
21:     out.println(LocalTime.now());
22: %>
23:
24: </body>
25: </html>
```

🖥 실행 결과

```
오늘 날짜 : 2018-08-21
현재 시간 : 11:41:19.174111200
```

이 프로그램은 예제 2-1과 완전히 동일한 동작을 한다. 하지만 항상 똑같이 출력되는 부분("오늘 날짜", "<br>", "현재 시간")을 HTML 영역으로 뽑아내고, 동적으로 바뀌는 부분(실제 오늘 날짜와 현재 시간 출력) 만을 스크립틀릿에 두는 식으로 코드를 변경하였다. 그러다 보니 스크립틀릿이 2개로 나누어진 것이다.

이 예제에는 단지 2개의 스크립틀릿만 나타나지만, 사용할 수 있는 스크립틀릿의 개수에는 제한이 없으므로, 필요하다면 하나의 JSP 페이지 안에 100개든 200개든 원하는 만큼 넣을 수 있다.

2.2 JSP 프로그램의 저장 위치와 실행 방법

JSP 프로그램 파일은 보통의 HTML 파일과는 달리, 파일의 아이콘을 더블 클릭하거나 웹브라우저 위에 아이콘을 끌어다 놓는 방식으로 실행해서는 안 된다. 순수하게 HTML로만 구성된 파일은 웹브라우저가 모두 해석해서 화면에 표시할 수 있지만, JSP 프로그램 코드는 톰캣이 해석해야만 실행 결과를 얻을 수 있기 때문이다. 따라서 적절한 위치에 저장하고, 그에 맞는 URL를 브라우저 주소 창에 입력해야만 정상적인 실행 결과를 얻을 수 있다.

JSP 프로그램은 톰캣의 애플리케이션 베이스(Application Base) 폴더의 하위 폴더에 저장해야 한다. 톰캣 설치 후 따로 설정을 변경해 주지 않았다면 애플리케이션 베이스 폴더는 톰캣이 설치된 폴더 아래에 있는 webapps 폴더이다. 톰캣을 C:\jsp에 설치했다면, 애플리케이션 베이스 폴더의 전체 경로는 다음과 같을 것이다.

```
C:\jsp\apache-tomcat-9.0.21\webapps
```

하지만 이 폴더에 바로 jsp 파일을 넣으면 안 된다. 이 폴더는 톰캣이 관리하는 웹 애플리케이션을 모아두는 루트 폴더의 역할을 할 뿐이기 때문이다. 그렇다면 웹 애플리케이션이란 무엇일까?

웹 애플리케이션이란 하나의 웹 사이트를 구성하는 프로그램 덩어리라고 생각할 수 있다. 예를 들어, 하나의 서버에서 회사 내부 사람들만 사용하는 인트라넷 웹 사이트, 그리고 외부 사람들을 위한 쇼핑몰을 운영한다고 가정해보자. 이 톰캣 서버는 인트라넷과 쇼핑몰, 이렇게 두 개의 웹 애플리케이션을 관리한다고 생각할 수 있다. 그리고 폴더 구성은 다음과 같이 될 것이다.

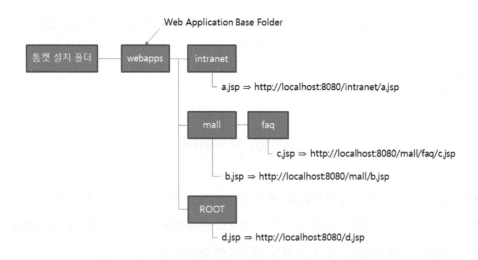

[그림 2-1] JSP 파일이 위치한 폴더와 이를 실행하기 위한 URL의 관계

그림에서 intranet 폴더는 인트라넷 웹 사이트를 위한 폴더이다. 이 폴더에 a.jsp 파일을 넣었다면 이 프로그램은 다음과 같은 URL로 실행할 수 있다.

```
http://localhost:8080/intranet/a.jsp
```

즉, 톰캣의 webapps를 루트 폴더로 보고, 여기서부터 jsp 파일까지의 경로를 적어주면 원하는 jsp 프로그램을 실행할 수 있는 것이다.

이제 쇼핑몰 웹 애플리케이션이 있는 mall 폴더를 살펴보자. 이 폴더에 b.jsp 파일을 넣었다면 다음과 같은 URL로 실행할 수 있다.

```
http://localhost:8080/mall/b.jsp
```

만약 mall 폴더 아래에 faq라는 폴더를 만들고 이곳에 c.jsp 파일을 넣었다면, 다음과 같은 URL로 실행할 수 있다.

```
http://localhost:8080/mall/faq/c.jsp
```

이제 마지막으로 ROOT 폴더를 보자. 이 폴더는 여러분들이 만드는 것이 아니라 톰캣을 설치하면 이미 만들어져 있는 특수한 폴더이다. 이곳에 jsp 파일을 넣으면 아무런 경로를 추가하지 않고 프로그램을 실행할 수 있다. 따라서 그림과 같이 이 폴더에 d.jsp 파일을 넣었다면 다음과 같은 URL로 실행할 수 있다.

```
http://localhost:8080/d.jsp
```

2.3 주석(Comment)

자바에서 사용하던 여러 줄 주석(/*...*/)과 한 줄 주석(//...)은 스크립틀릿 영역에서 똑같이 사용할 수 있다. 다만 주의할 것은 이들 주석이 자바 영역(스크립틀릿)에서만 주석으로 인식된다는 것이다. HTML 영역에서 이들 주석을 사용하면 일반 텍스트로 인식된다.

HTML 영역에서 주석을 달기 위해서는 <!-- ... --> 형태의 HTML 주석을 사용하거나,
<%-- ... --%> 형태의 JSP 주석을 사용한다. 아래 코드를 보자. 이것은 예제 2-1에 주석
을 추가한 것이다.

📁 **예제 2-3**   주석을 추가한 프로그램 (2-3.jsp)

```
 1: <%@ page language="java" contentType="text/html; charset=UTF-8"
 2:     pageEncoding="UTF-8"%>
 3: <%@ page import="java.time.*" %>
 4:
 5: <!DOCTYPE html>
 6: <html>
 7: <head>
 8:     <meta charset="UTF-8">
 9:     <title>테스트 페이지</title>
10: </head>
11: <body>
12: <%
13:     /*
14:        여러 줄 주석 :
15:        Java 코드 시작
16:     */
17:     out.println("오늘 날짜 : " + LocalDate.now() + "<br>");
18:     out.println("현재 시간 : " + LocalTime.now());
19:     // 한 줄 주석 : Java 코드 끝
20: %>
21: <br><br>
22:     /* HTML 영역에서는
23:        JSP의 주석이 */
24:     // 일반 텍스트로 인식됩니다.
25:
26:     <!--
27:        HTML 영역에서는 HTML 주석을 사용하세요.
28:        이 주석은 "소스보기"를 하면 보입니다.
29:     -->
30:
31:     <%--
32:        HTML 영역에서 JSP 주석을 사용할 수도 있습니다.
```

33:        이 주석은 "소스보기"를 해도 보이지 않습니다.
34:        톰캣이 이 프로그램을 처리할 때 삭제하기 때문입니다.
35: --%>
36:
37: </body>
38: </html>

🖥 실행 결과

```
오늘 날짜 : 2018-09-11
현재 시간 : 08:37:50.956340900

/* HTML 영역에서는 JSP의 주석이 */// 일반 텍스트로 인식됩니다.
```

📝 소스 보기

```
<!DOCTYPE html>
<html>
<head>
    <meta charset="UTF-8">
    <title>테스트 페이지</title>
</head>
<body>
오늘 날짜 : 2018-09-11<br>
현재 시간 : 08:37:50.956340900

<br><br>
 /* HTML 영역에서는
    JSP의 주석이 */
// 일반 텍스트로 인식됩니다.

 <!--
    HTML 영역에서는 HTML 주석을 사용하세요.
    이 주석은 "소스보기"를 하면 보입니다.
 -->
</body>
</html>
```

이 프로그램에서 13~16번 행이 여러 줄 주석이며, 19번 행이 한 줄 주석이다. 하지만 22~24번 행에 있는 내용은 HTML 영역에 있으므로, 주석이 아니라 일반 텍스트로 간주 되어 그대로 화면에 나타난다.

HTML 영역에서 주석을 달고 싶으면 26~29번 행과 같이 <!-- ... --> 형태의 HTML 주 석을 사용할 수 있다. 다만 이 주석은 HTML 코드의 일부이므로 톰캣이 전혀 건드리지 않아서, 나중에 브라우저에서 마우스 우측 버튼을 클릭하여 나온 메뉴에서 "소스 보기" 를 실행해보면 소스에 그대로 남아 있는 것을 볼 수 있다.

만약 JSP 소스 코드에서만 나타나고 최종 사용자에게는 보이지 않는 주석을 만들고 싶 으면 JSP 주석을 사용한다. JSP 주석은 31~35번 행과 같이 <%-- ... --%>의 형태를 가지 며 HTML 영역에서만 사용한다. 이 주석은 톰캣이 JSP 파일을 처리할 때 지워버리기 때 문에, 웹 사이트 사용자가 "소스 보기"를 해도 나타나지 않게 된다.

2.4 화면 출력

JSP에서는 화면 출력을 위해 out.print() 또는 out.println()을 이용한다. 사용 방법은 System.out.print() 또는 System.out.println()과 같이 괄호 안에 출력하고 싶은 내용을 넣 으면 되는데, 콘솔이 아니라 웹브라우저 위에 출력되기 때문에 주의해야 할 점이 있다. 먼저 예제를 보자.

📄 **예제 2-4**　화면 출력 (2-4.jsp)

```
1: <%@ page language="java" contentType="text/html; charset=UTF-8"
2:     pageEncoding="UTF-8"%>
3: <%@ page import="java.time.*" %>
4:
5: <!DOCTYPE html>
6: <html>
7: <head>
8:     <meta charset="UTF-8">
9:     <title>테스트 페이지</title>
```

```
10: </head>
11: <body>
12: <%
13:     out.println("println이나 \n 개행문자를 사용했다고");
14:     out.println("줄이 넘어가지 않습니다.<br>");
15:
16:     out.println("줄을 넘기려면 br 태그를 사용해야 합니다.<br><br>");
17:
18:     out.println("연속된 공백은            공백 한 개로 출력<br>");
19:     out.println("         줄 시작부터 나오는 공백들은 무시됨<br><br>");
20:
21:     out.println("      의도적인 공백");
22: %>
23: </body>
24: </html>
```

📺 실행 결과

```
println이나 개행문자를 사용했다고 줄이 넘어가지 않습니다.
줄을 넘기려면 br 태그를 사용해야 합니다.

연속된 공백은 공백 한 개로 출력
줄 시작부터 나오는 공백들은 무시됨

      의도적인 공백
```

📝 소스 보기

```
<!DOCTYPE html>
<html>
<head>
    <meta charset="UTF-8">
    <title>테스트 페이지</title>
</head>
<body>
println이나
 개행문자를 사용했다고
줄이 넘어가지 않습니다<br>
줄을 넘기려면 br 태그를 사용해야 합니다.<br><br>
```

```
연속된 공백은              공백 한 개로 출력<br>
           줄 시작부터 나오는 공백들은 무시됨<br><br>
      의도적인 공백
</body>
</html>
```

먼저 13~16번 행을 보자. JSP에서의 출력이란 웹브라우저 위에 출력함을 의미한다. 따라서 out.println()을 쓰거나 개행 문자(\n)를 적는 것으로는 줄 바꿈이 되지 않는다. HTML 소스 코드에 엔터를 쳐서 빈 줄을 100개 넣어도 브라우저 화면에는 이것이 공백 하나로만 표시될 뿐, 줄이 넘어가지 않는다는 것을 생각해보면 이해할 수 있을 것이다. 브라우저에 출력할 때 줄을 바꾸려면
 태그를 사용해야 한다.

18~21번 행은 공백을 웹브라우저에 출력할 때 고려해야 할 점들을 보여준다. 이 부분을 정확하게 이해하기 위해서는 프로그램을 실행한 후에 HTML 소스 코드를 확인해 보는 것이 좋다. 18~21번 행이 만들어낸 HTML 소스 코드와 이것이 브라우저 화면에 출력되는 과정을 정리하면 다음 그림과 같다.

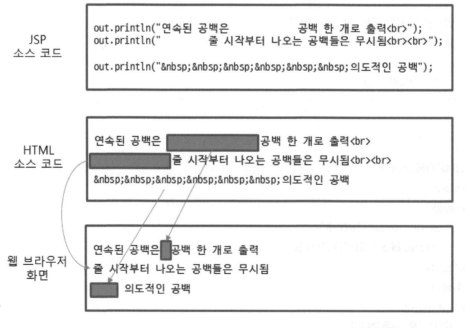

[그림 2-2] 공백이 웹브라우저에서 출력되는 과정

이 세 문장의 출력이 예상과는 다르게 나온다고 생각하는 독자가 있을 수도 있겠다. 그러나 이번에도 역시 out.print()로 만들어진 출력은 최종적으로 웹브라우저 위에 나타난다는 점을 생각해야 한다.

out.print()는 자기 역할에 충실하게, 주어진 문자열을 HTML 소스 코드로 출력한다. 따라서 JSP의 실행 결과로 얻어진 HTML 소스 코드에는 따옴표 안에 입력한 공백들이 그대로 있는 것을 확인할 수 있다. 하지만 웹브라우저는 HTML 소스 코드를 화면에 출력할 때 공백과 개행 문자를 다음과 같이 처리한다.

- 연속된 공백, 연속된 개행 문자, 또는 공백과 개행 문자들이 연속으로 섞여 있을 때는 공백 하나로만 화면에 출력한다.
- 줄의 시작부터 나오는 공백은 출력하지 않고 무시한다.

이런 이유로 인해 18번 행은 여러 개의 공백이 공백 하나로 출력되고, 19번 행은 줄의 시작 부분에 나온 공백이 전혀 출력되지 않은 것이다. 만약 의도적으로 브라우저 화면에 여러 개의 공백을 출력하고 싶다면 21번 행과 같이 HTML의 공백 특수문자 표기인 " "를 사용해야 한다.

이제 화면 출력에 대해 마지막으로 한 가지만 더 살펴보자. 현재의 날짜와 시간을 출력하는 예제 2-2를 보면 2개의 JSP 코드 부분이 있는데, 둘 다 그 안에 out.print() 한 줄만 들어있다. 이런 형태는 다음과 같이 간단하게 바꾸어 쓸 수 있다.

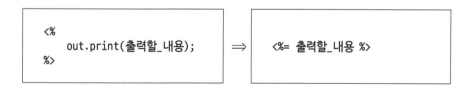

오른쪽에 나타난 형태인 <%= ... %>는 표현식(expression)이라고 부르며, JSP를 이용해서 값 하나만 출력하고 싶은 경우에 유용하게 사용된다. 스크립틀릿과는 달리 표현식의 끝에는 세미콜론(;)이 붙지 않는다는 점에 주의하자. 표현식을 사용하면 예제 2-2는 다음과 같이 간단하게 바꿀 수 있다.

📖 **예제 2-5**   표현식의 사용 (2-5.jsp)

```
1: <%@ page language="java" contentType="text/html; charset=UTF-8"
2:     pageEncoding="UTF-8"%>
3: <%@ page import="java.time.*" %>
4:
5: <!DOCTYPE html>
6: <html>
7: <head>
8:     <meta charset="UTF-8">
9:     <title>테스트 페이지</title>
10: </head>
11: <body>
12:
13: 오늘 날짜 : <%= LocalDate.now() %><br>
14: 현재 시간 : <%= LocalTime.now() %>
15:
16: </body>
17: </html>
```

🖥 실행 결과

```
오늘 날짜 : 2018-09-11
현재 시간 : 10:23:20.709786100
```

연습문제

1. 스크립틀릿(JSP 프로그램 안에 있는 자바 코드)의 시작과 끝은 어떻게 표시하는지, 또 페이지 지시자의 시작과 끝은 어떻게 표시하는지 적어보시오.

2. 톰캣의 웹 애플리케이션 베이스 폴더(webapps)에 test라는 폴더를 만들고, 2-1.jsp이라는 이름의 프로그램 파일을 이 폴더에 넣었다고 할 때, 이 파일을 실행시키기 위해 웹 브라우저의 주소창에 써넣어야 하는 URL을 적어보시오.

3. 주석에 대한 다음 질문에 답해보시오.
   ① 한 줄 주석의 시작 표시는?
   ② 여러 줄 주석의 시작과 끝 표시는?
   ③ JSP 주석의 시작과 끝 표시는?
   ④ HTML 주석의 시작과 끝 표시는?

4. 다음과 같은 출력을 만드는 JSP 프로그램을 작성하시오. 단 마지막 두 줄의 계산 결과(35, 250)는 소스 코드에 직접 써넣지 말고 프로그램이 계산하여 출력하도록 하되, 표현식 〈%=
   %〉을 사용하시오.

```
     공백을 5개 찍고 이 문장이 시작됩니다.
이 문장은 중간에 공백이     5개 있습니다.


25 + 10 = 35
25 * 10 = 250
```

CHAPTER 3

이클립스(Eclipse) 설치

CHAPTER 3

우리는 그동안 톰캣을 실행시킨 뒤, 텍스트 에디터를 이용하여 JSP 프로그램을 입력하고, 브라우저를 띄운 뒤 URL을 주소 창에 타이핑하여 그것을 실행시켜 왔다. 하지만 본격적으로 JSP 개발을 할 때는 프로그램 개발 작업을 편하게 할 수 있도록 도와주는 통합 개발 환경(IDE; Integrated Development Environment) 을 쓰는 것이 좋다. 이 장에서는 본격적으로 JSP 프로그래밍을 공부하기에 앞서, 이클립스(eclipse) 를 이용하여 JSP 프로그램을 작성하고 실행하는 방법을 살펴볼 것이다.

3.1 이클립스 다운로드 및 설치

이클립스는 공개 소프트웨어이므로 웹 사이트에서 무료로 다운로드 받을 수 있다. 먼저 공식 웹 사이트인 http://www.eclipse.org/에 접속한다.

우측 상단의 다운로드 버튼을 누르면 다음과 같은 화면을 볼 수 있다.

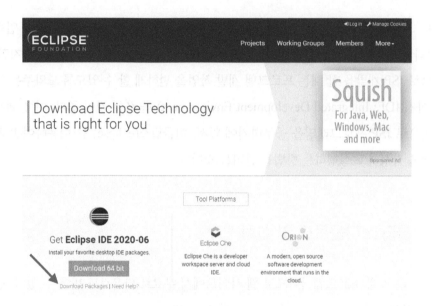

여기에서 좌측 하단을 보면 "Download 64bit"라고 적힌 버튼이 있는데, 이것을 클릭하면 설치 파일을 다운로드 받게 된다. 설치 파일 형태로 된 것을 사용해도 상관없지만, 우리는 설치 파일이 아니라 압축 파일 형태로 된 것을 사용할 것이다. 따라서 그 아래에 있는 "Download packages" 링크를 클릭한다. 클릭하고 나면 이클립스 패키지들의 리스트를 볼 수 있는데, "Eclipse IDE for Enterprise Java Developers" 패키지를 찾는다.

패키지 설명이 적힌 오른쪽을 보면 운영체제별 다운로드 링크가 있다. 본인 환경에 맞는 것을 골라서 다운로드 받으면 된다. 우리는 윈도우즈 버전을 다운로드할 것이므로 "Windows 64-bit"를 클릭하면, 다음과 같이 화면이 바뀐다.

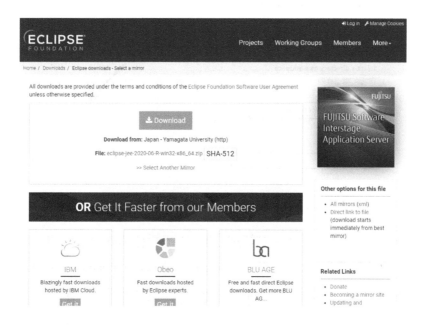

이제 다운로드 버튼을 누르면 다운로드가 시작된다. 혹시 속도가 너무 늦은것 같다면, 버튼 아래쪽에 "Select Another Mirror"를 클릭해서 다운로드 받을 서버를 우리나라 서버로 지정해주면 빠르게 받을 수 있을 것이다. 다운로드 된 파일명은 eclipse-jee-2020-06-R-win32-x86_

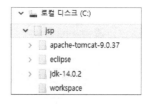

64.zip와 같은 형태일 텐데, 역시 더블클릭해 보면 그 안에 eclipse 폴더 하나만 있다. 이 폴더가 우리의 작업 폴더인 C:\jsp 폴더 아래에 위치하도록 파일의 압축을 풀면 된다.

압축을 풀고 나면, 이클립스를 처음으로 실행하기 전에, 앞으로 이클립스에서 작업한 파일이 저장될 폴더를 미리 만들어 주도록 하자. C:\jsp 폴더에 workspace라는 이름의 폴더를 만든다. 그러면 우리의 작업 폴더는 오른쪽 그림과 같은 구조를 가지게 될 것이다.

3.2 이클립스 실행

이제 이클립스를 실행해보자. 윈도우즈 탐색기로 이클립스 폴더를 열고 eclipse.exe 파일을 더블클릭하면 이클립스가 실행된다. 그러면 다음과 같은 화면을 보게 될 것이다.

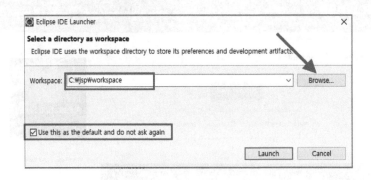

이클립스에서 작성한 JSP 프로그램들을 저장할 폴더를 묻고 있다. 미리 만들어둔 workspace 폴더를 선택하고, 아래쪽에 "Use this as the default and do not ask again"의 체크박스를 클릭한다. 이것을 클릭해주면 이클립스를 실행할 때마다 워크스페이스가 어디인지 묻지 않게 된다. 이제 실행(Launch) 버튼을 누르면 다음과 같은 화면이 나타난다.

이것은 이클립스의 환영 페이지이다. 먼저 우측 하단에 있는 "Always show Welcome at startup" 체크박스를 해제하고 환영 페이지를 닫는다. 이렇게 하면 다음번 실행부터는 환영 페이지를 띄우지 않게 된다.

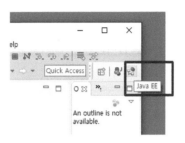

이클립스 화면이 보이면 가장 먼저 퍼스펙티브(perspective)를 확인해 본다. 이클립스 우측 상단 버튼 중 활성화된(버튼이 눌려있는 모양인) 것에 마우스 커서를 살짝 올려놓으면 "Java EE"라고 나타나야 한다. 퍼스펙티브는 개발 대상에 따른 화면과 메뉴 구성을 저장해 놓은 프로파일(profile)이라고 생각하면 된다. 자바 콘솔 프로그램을 작성할 때는 "Java" 퍼스펙티브에서, JSP 프로그래밍을 할 때는 "Java EE" 퍼스펙티브에서 작업해야 한다. 만약 "Java EE" 버튼이 아예 보이지 않아 클릭할 수 없다면 그 왼쪽에 있는 "Open Perspective" 버튼을 클릭하자. 아래 그림과 같이 원하는 퍼스펙티브를 선택할 수 있을 것이다.

3.3 톰캣 서버 등록

가장 먼저 할 일은 이클립스에 톰캣 서버를 등록하는 것이다. 이클립스 하단의 창에 보면 탭이 몇 개 있는데, 그중에서 "Servers" 탭을 클릭한다. 그러면 "No servers are available. Click link to create a new server..."라는 링크가 있는데, 이것을 클릭한다. 이제 다음 그림과 같은 대화상자가 나타난다.

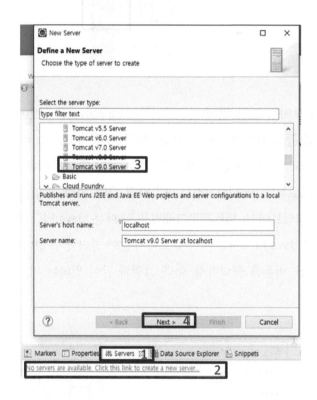

이제 Apache 폴더에서 Tomcat v9.0 Server를 찾아 클릭하고 Next를 누르면, 다음과 같은 화면이 나타난다.

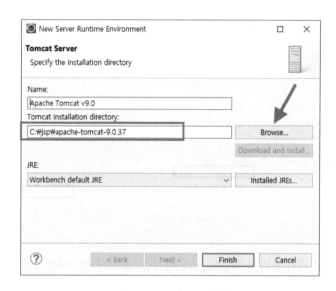

Browse...버튼을 눌러서 톰캣이 설치된 폴더를 지정해주고, Finish 버튼을 누르면 서버 설정은 끝이 난다.

3.4 UTF-8 설정

앞서 1장에서 언급한 바와 같이 웹 개발을 할 때는 UTF-8 인코딩을 사용하는 것이 좋다. 이것을 위한 설정은 크게 두 군데에서 해주어야 한다. 먼저 이클립스 메뉴 바에서 Window 메뉴를 클릭한 뒤 Preferences를 선택하여 다음과 같은 대화상자를 띄운다.

여기에서 General 카테고리의 Workspace 항목을 클릭한 뒤, 아래쪽을 보면 "Text file encoding"이라는 항목이 있다. 처음에는 "Default(MS949)"로 되어 있을 텐데, Other 옆의 드랍다운 리스트를 클릭해서 UTF-8로 바꾸고, Apply 버튼을 누른다.

이제 좌측의 카테고리 리스트 중, 아래쪽에 있는 Web 카테고리를 클릭한다. 이때 나타나는 화면은 다음 그림과 같다.

먼저 CSS Files를 선택하고 Encoding을 UTF-8로 바꾼 뒤, Apply를 누른다. 그리고 HTML, JSP 파일도 같은 방식으로 설정해 주면 모든 설정이 끝나게 된다.

이제 JSP 프로그램을 작성할 수 있다. 지금까지의 모든 설정(서버 등록, UTF-8 설정)은 처음 실행했을 때 한 번만 해주면 된다. 앞으로는 이클립스를 실행한 뒤 아무런 추가 설정 없이 바로 JSP 프로그래밍 작업을 할 수 있을 것이다.

3.5 JSP 프로그램 작성

이클립스에서 JSP 프로그램을 작성하려면 제일 먼저 프로젝트를 생성해야 한다. 이클립스에서의 프로젝트는 하나의 웹 애플리케이션을 의미한다고 생각하면 될 것이다. 예를 들어, 이제부터 webapps 밑에 test라는 이름의 폴더를 만들고, 그 폴더에 들어갈 프로그램들을 작성하겠다고 하면, 이클립스에서는 test라는 이름의 프로젝트를 만들면 되는 것이다.

프로젝트를 만들기 위해서는 File 메뉴의 New를 클릭한 뒤, 새로 만들 프로젝트의 종류를 "Dynamic Web Project"로 선택해 주면 된다.

그러면 다음과 같이 프로젝트 이름을 묻는 대화상자가 나타난다. test라고 입력해주고
바로 Finish를 클릭하면 된다. Next를 해 보아도 지금은 별다르게 입력해 줄 것이 없기
때문이다.

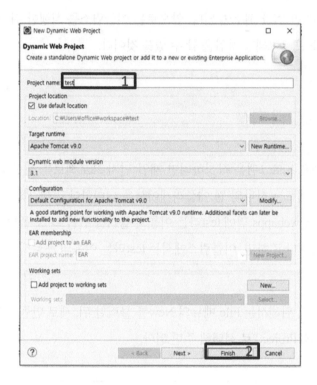

이제 이클립스 왼쪽에 있는 프로젝트 익스플로러에 test라는 프로젝트가 생겨난 것을 확
인할 수 있다. JSP 파일을 새로 만들기 위해서 프로젝트 이름인 test에 우클릭하여 New
> JSP File을 선택하자.

그러면 다음과 같이 새로 만들 JSP 파일의 이름을 입력하는 대화상자가 나타난다. 디폴 트로는 NewFile.jsp가 입력되어 있다.

우리는 지난 2장에서 살펴보았던 예제 2-5를 시험용으로 사용할 것이므로 파일명에 2-5.jsp를 입력하고 Finish를 클릭한다. 그러면 소스 코드를 입력할 수 있는 창이 나타나는데, JSP 프로그램의 기본 틀이 미리 입력되어 있는 것을 확인할 수 있을 것이다. 이클립스를 사용하면 어느 프로그램에나 고정적으로 들어가는 부분을 처음부터 이클립스가 넣어주므로, 우리는 필요한 부분만을 코딩하면 된다.

이제 소스 코드를 입력해 보자. 여러분은 음영 처리한 부분만 입력하면 될 것이다.

📖 **예제 2-5** 표현식의 사용 (2-5.jsp)

```
 1: <%@ page language="java" contentType="text/html; charset=UTF-8"
 2:     pageEncoding="UTF-8"%>
 3: <%@ page import="java.time.*" %>
 4:
 5: <!DOCTYPE html>
 6: <html>
 7: <head>
 8: <meta charset="UTF-8">
 9: <title>테스트 페이지</title>
10: </head>
11: <body>
12:
13: 오늘 날짜 : <%= LocalDate.now() %><br>
14: 현재 시간 : <%= LocalTime.now() %>
15:
16: </body>
17: </html>
```

🖥️ 실행 결과

```
오늘 날짜 : 2018-09-11
현재 시간 : 10:23:20.709786100
```

소스 코드 입력이 모두 끝났으면 이클립스 상단에 있는 버튼들 중에서 오디오 재생 버튼처럼 생긴 실행 버튼을 누르면 된다. 만약 지금 실행하려고 하는 JSP 파일이 이 프로젝트에서 처음 실행하는 파일이라면 다음과 같은 대화상자가 뜬다.

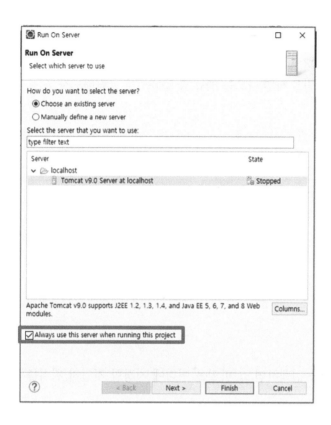

이것은 이 프로젝트에 속한 JSP 프로그램을 실행시킬 때, 어떤 서버를 사용할지 묻는 대화상자이다. 우리는 하나의 서버만 등록했으므로 항상 이것을 사용할 것이다. 따라서 아래쪽에 있는 "Always use this server when running this project"를 클릭해 체크 표시가 보이게 하자. 그러면 다음부터는 실행할 서버를 묻지 않게 될 것이다. 이제 Finish 버튼을 눌러보자. 입력한 프로그램에 오류가 없다면 이클립스 안에서 웹브라우저 탭이 새로 생기면서 그곳에 실행 결과가 출력되는 것을 볼 수 있을 것이다.

3.6 개발 완료된 웹 애플리케이션 배포

앞서 1, 2장에서는 톰캣의 webapps 또는 그 하위 폴더에 JSP 프로그램들을 만들어 넣어 웹 애플리케이션을 동작시켰다. 그러면 이클립스에서 작성한 웹 애플리케이션을 실제 서비스할 톰캣 서버에 설치하려면 일일이 폴더를 만들고 JSP 파일들을 복사해 주어야 하는 걸까?

그렇지 않다. 이클립스에서 웹 애플리케이션 개발이 끝나고 나면 WAR(Web application ARchive)라는 형태의 압축 파일로 만들어 배포할 수 있다. 프로젝트 익스플로러의 프로젝트 이름에 우클릭을 하면 나오는 메뉴 중 Export를 클릭해보자.

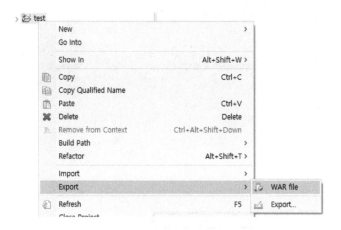

이제 WAR File을 선택하면 그 파일을 어디에 저장할 것인지 위치를 묻는 대화상자가 나타난다.

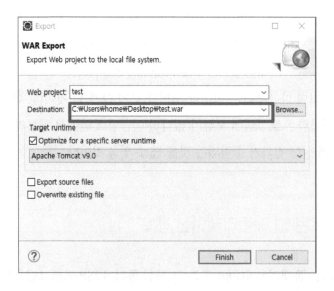

파일을 저장할 적당한 위치를 선택하고 Finish를 누르면, 지정한 위치에 test.war 파일이 생겨날 것이다. 그러면 이클립스를 종료하고, 이 파일을 톰캣의 webapps 폴더에 복사해

넣는다. 이클립스를 종료하는 것은 이클립스에서 톰캣이 이미 실행 중일 경우, 톰캣을 또 실행하려고 하면 8080 포트 충돌로 인해 오류가 발생하기 때문이다.

이제 1, 2장에서 했던 것처럼 startup.bat을 이용하여 톰캣 서버를 실행한 뒤, 윈도우즈 탐색기로 webapps 폴더를 열면, 그곳에 test라는 이름의 폴더가 새로 만들어진 것을 볼 수 있을 것이다. 톰캣은 실행될 때마다 webapps 폴더에 새로운 war 파일이 있는지 찾는다. 그리고 새로운 war 파일을 발견하면 압축을 풀어 그 파일명과 같은 이름으로 웹 애플리케이션 폴더를 생성해 준다.

따라서 웹브라우저를 열어 다음의 URL을 입력하면 프로그램이 동작하는 것을 확인할 수 있다.

```
http://localhost:8080/test/2-5.jsp
```

정리해 보자. 이클립스에서 개발된 웹 애플리케이션은 다음과 같은 과정을 거쳐 실제 서비스를 운영할 서버에 설치할 수 있다.

- 프로젝트를 war 파일로 export 한다.

- 이클립스를 종료한다. (이클립스에서 실행시킨 톰캣만 종료해도 된다.)

- war 파일을 톰캣의 webapps 폴더에 복사한다.

- 톰캣 서버를 실행한다. 이때 톰캣 서버가 webapps 폴더에서 war 파일을 발견하면 압축을 풀어 웹 애플리케이션 폴더를 생성한다.

1. JSP 웹 프로그래밍을 위해서는 이클립스 패키지 중 어떤 것을 다운로드 받아야 하는가?

2. 이클립스에서 작성한 프로그램 파일들이 저장되는 공간(폴더)을 무엇이라 하는가?

3. 이클립스에서 JSP 웹 프로그래밍을 하기 위해서는 어떤 퍼스펙티브이어야 하는가?

4. 이클립스를 설치한 후에 해주어야 하는 설정을 간략히 설명해 보시오.

5. JSP 애플리케이션을 작성하려면 프로젝트의 종류는 어떤 것으로 선택해야 하는가?

6. 이클립스에서 개발된 웹 애플리케이션을 실제 서비스할 서버에 설치하는 방법을 설명해 보시오.

CHAPTER 4

폼 태그를 이용한 값 입력

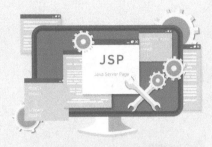

CHAPTER 4

이 장에서는 폼 태그를 통해 사용자 입력을 받는 방법에 대해 공부한다.

4.1 입력 폼 작성과 입력된 값 처리

4.1.1 입력 폼 작성

웹에서 사용자 입력을 받으려면 HTML의 <form> 태그로 만든 입력 폼을 이용한다. <form> 태그는 다음과 같은 형태로 사용한다.

```
<form action="입력_값을_전달할_프로그램" method="데이터를_전달하는_방식">
    입력 태그
    ...
</form>
```

form 태그의 두 속성에 적어야 할 것은 다음과 같다.

■ **action 속성**

이 폼에 입력된 값들을 전달할 JSP 프로그램의 이름을 적는다. 입력 폼이 담긴 HTML 파일과 입력된 값들을 처리할 JSP 프로그램이 같은 폴더에 있다면 프로그램의 이름만 적어주면 된다. 하지만 서로 다른 폴더에 있다면 그 프로그램이 있는 경로까지 적어주어야 한다.

■ **method 속성**

입력된 데이터를 전달하는 방식을 적는다. GET과 POST 중 원하는 방식을 적어주면 된다. GET 방식은 전달되는 데이터가 웹브라우저의 주소창에 보이고, POST 방식을 사용하면 보이지 않는다.

<form> 태그 내부에는 값을 입력받을 수 있는 입력 태그들을 필요한 만큼 적는다. 어떤 입력 태그로 어떤 형태의 입력란을 만들 수 있는지를 정리하면 다음과 같다.

입력 태그	입력 유형
`<input>`	텍스트 입력, 비밀번호 입력, 라디오 버튼, 체크 박스, 전송(submit) 버튼, 초기화(reset) 버튼, 일반 버튼 파일 업로드
`<select>`	드롭다운 리스트, 일반 리스트
`<textarea>`	여러 줄의 텍스트 입력

입력 태그의 수는 몇 개 되지 않지만, 실제 표현할 수 있는 입력란의 유형은 무척 많다. 여기에서는 당장 사용할 두 가지만 알고 넘어가도록 하자.

```
<input type="text" name="abc">
```

이 태그는 한 줄짜리 텍스트를 입력받는 입력란을 생성한다. 이 입력란의 이름은 "abc" 이다. 입력란의 이름이 가지는 의미는 바로 아래에서 설명할 것이다.

```
<input type="submit" value="확인">
```

이 태그는 "확인"이라는 문자열이 적혀 있는 전송(submit) 버튼을 생성한다. 사용자가 입력 폼에 값들을 입력한 뒤 이 버튼을 누르면, form 태그의 action 속성에 적힌 JSP 프로그램으로 페이지가 전환될 것이다. 이때 입력된 값들도 그 프로그램으로 전달된다.

4.1.2 GET 방식으로 값 전달

이제 기본적인 사항들은 알았으니 입력 폼을 작성해 보자. 다음은 한 학생의 국어, 영어, 수학 점수를 입력받는 입력 양식이다.

예제 4-1　　GET 방식을 사용하는 입력 폼 (4-1.html)

```
1: <!doctype html>
2: <html>
3: <head>
4:     <meta charset="utf-8">
```

```
 5: </head>
 6: <body>
 7:
 8: <form action="4-2.jsp" method="get">
 9:    국어: <input type="text" name="kor"><br>
10:    영어: <input type="text" name="eng"><br>
11:    수학: <input type="text" name="math"><br>
12:    <input type="submit" value="확인">
13: </form>
14:
15: </body>
16: </html>
```

🖥 실행 결과

국어: [   ]
영어: [   ]
수학: [   ]
[확인]

먼저 8번 행을 보자. method="get"이라고 적혀 있다. GET과 POST 중 GET 방식으로 값을 전달하겠다는 의미이다. 그리고 9~11번 행에는 각 입력 태그의 name 속성 값이 kor, eng, math라고 적혀 있다. 이제 이 HTML 파일을 실행한 뒤, 입력란에 값을 입력하고 확인 버튼을 눌러보면, 요청한 페이지를 찾을 수 없다는 오류 메시지가 나올 것이다. action 속성에 적은 4-2.jsp가 없으니 당연한 일이다. 하지만 상관없다. 지금 우리는 주소창에 주목해야 한다. 만약 여러분이 각 입력란에 70, 80, 90을 입력했다면 주소창에는 다음과 같은 URL이 표시되어 있을 것이다.

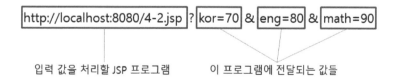

입력 값을 처리할 JSP 프로그램   이 프로그램에 전달되는 값들

[그림 4-1] GET 방식으로 값이 전달될 때 URL의 예

이 URL 중 물음표(?) 앞의 부분이 입력된 값들을 받아 처리할 JSP 프로그램의 URL이고, 뒤의 부분이 이 프로그램에 전달될 값들의 리스트이다. 각각의 입력 값은 다음과 같은 형태로 적힌다.

> 입력_태그의_name_속성=입력된_값

그리고 전달되는 값이 여러 개이면 "&" 기호로 연결된다.

이제 이렇게 전달된 값들을 JSP 프로그램에서 사용하는 방법을 알아보자.

📄 **예제 4-2** GET 방식으로 전달받은 값의 사용 (4-2.jsp)

```
 1: <%@ page language="java" contentType="text/html; charset=UTF-8"
 2:     pageEncoding="UTF-8"%>
 3: <!DOCTYPE html>
 4: <html>
 5: <head>
 6:     <meta charset="UTF-8">
 7: </head>
 8: <body>
 9:
10: 국어: <%=request.getParameter("kor" )%><br>
11: 영어: <%=request.getParameter("eng" )%><br>
12: 수학: <%=request.getParameter("math")%><br>
13:
14: </body>
15: </html>
```

🖥 **실행 결과**

```
국어 : 70
영어 : 80
수학 : 90
```

10~12번 행을 보면 알 수 있겠지만 GET 또는 POST 방식으로 전달된 값은 다음과 같은 형식으로 읽는다.

```
request.getParameter("입력_태그의_name_속성")
```

따라서 10번 행의 request.getParameter("kor")은 name="kor"인 태그에 입력된 값을 의미한다. 형식을 보면 알겠지만, GET 또는 POST 방식으로 전달된 값은 request 객체의 getParameter 메소드를 호출하여 얻어낼 수 있다. request 객체는 여러분이 따로 만들어주는 것이 아니라 JSP 프로그램이 실행될 때 자동으로 생성되어, 여러분이 이용하기만 하면 되는 특별한 객체이다. 그리고 이 객체에는 현재 실행 중인 프로그램에 전달된 값들이 저장되며, 그 값들 중에서 지정된 값 하나를 꺼내주는 메소드가 getParameter인 것이다.

4.1.3 POST 방식으로 값 전달

이제 POST 방식의 값 전달을 살펴보자. POST 방식은 다음 두 가지가 GET 방식과 다르다.

- 입력 폼의 form 태그에 method="post"라고 적는다.
- 전달되는 값이 웹브라우저의 주소창에 보이지 않는다.

📋 **예제 4-3**   POST 방식을 사용하는 입력 폼 (4-3.html)

```
 1: <!doctype html>
 2: <html>
 3: <head>
 4:     <meta charset="utf-8">
 5: </head>
 6: <body>
 7:
 8: <form action="4-2.jsp" method="post">
 9:     국어: <input type="text" name="kor"><br>
10:     영어: <input type="text" name="eng"><br>
11:     수학: <input type="text" name="math"><br>
```

```
12:     <input type="submit" value="확인">
13: </form>
14:
15: </body>
16: </html>
```

🖥️ 실행 결과

국어: [   ]
영어: [   ]
수학: [   ]
[확인]

8번 행에 method="post"라고 적힌 것 외에는 GET 방식의 예제 4-1과 다른 점이 전혀 없다. 하지만 이 파일을 실행한 뒤 값을 입력하고 확인 버튼을 누르면 웹브라우저의 주소창에 입력된 값들이 전혀 보이지 않는 것을 볼 수 있을 것이다. 이러한 특징 때문에 POST 방식은 비밀번호처럼 노출되면 곤란한 정보나, 게시판의 글처럼 많은 양의 데이터를 전달할 때 사용한다.

이렇게 전달 방식의 차이는 있지만, 전달된 값을 JSP 프로그램에서 꺼내 사용하는 방법은 GET이나 POST나 똑같다. 즉, request.getParameter("입력_태그의_name_속성")을 사용하면 되는 것이다. 따라서 위 예제에서도, 입력된 값을 확인할 때, 이미 만들어 두었던 4-2.jsp를 다시 사용하였다.

4.1.4 GET 방식의 성질을 이용한 프로그램 테스트

제대로 만들어진 프로그램이라면, 입력 폼에 값들을 입력하고 확인 버튼을 눌러 이 값들이 JSP 프로그램으로 전송되도록 구성해야 한다. 그러나 프로그램 개발 중에 간단하게 테스트만 해보고 싶을 때, 매번 입력 폼을 보여줄 페이지를 만드는 것은 꽤 귀찮은 일이다. 이럴 때는 URL을 통해 값이 전달되는 GET 방식의 특성을 이용하면 입력 폼 없이도 간단한 테스트를 할 수 있다.

GET 방식의 예제로 다시 돌아가 생각해보자. 예제 4-1.html을 실행시켜 입력 폼이 화면에 보이는 상태에서 입력란에 값을 입력하고 확인 버튼을 누르면 브라우저 주소 창에 다음과 같은 URL이 나타난다고 하였다.

```
http://localhost:8080/4-2.jsp?kor=70&eng=80&math=90
```

그렇다면 굳이 4-1.html을 실행하지 않고 위의 URL을 여러분이 직접 웹브라우저의 주소창에 입력해보자. 4-2.jsp가 아무런 문제 없이 잘 동작하는 것을 확인할 수 있을 것이다. JSP 프로그램은 URL에 딸려 온 값들을 읽어서 사용할 뿐, 그 값들이 입력 폼으로부터 온 것인지 아니면 사람이 주소 창에 직접 입력한 것인지 구분할 수 없기 때문이다. JSP 프로그램 개발 중에 간단하게 프로그램 동작을 테스트하고 싶다면 이런 방법으로 입력 폼 없이 JSP 프로그램의 동작을 확인할 수 있다.

4.2 단일 값 입력 처리

앞에서는 전달되는 값을 처리하는 방식에 초점을 두고 설명하느라, 다양한 입력란의 유형 중에 텍스트 박스와 전송 버튼만 다루었다. 이제 다른 입력 유형도 다루어 보자. 우선, 하나의 값을 입력하거나 하나의 항목만 선택하는 입력 태그를 먼저 사용해보자.

📋 **예제 4-4**　단일 값 입력란으로 구성된 회원 가입 양식 (4-4.html)

```
 1: <!doctype html>
 2: <html>
 3: <head>
 4:     <meta charset="utf-8">
 5: </head>
 6: <body>
 7:
 8: <form action="4-5.jsp" method="post">
 9:     <table>
10:         <tr>
11:             <td>아이디</td>
12:             <td><input type="text" name="id"></td>
```

```
13:        </tr>
14:
15:        <tr>
16:            <td>비밀번호</td>
17:            <td><input type="password" name="pw"></td>
18:        </tr>
19:        <tr>
20:            <td>성별</td>
21:            <td>
22:                <input type="radio" name="gender" value="남" checked>남
23:                <input type="radio" name="gender" value="여">여
24:            </td>
25:        </tr>
26:        <tr>
27:            <td>가입경로</td>
28:            <td>
29:                <select name="intro">
30:                    <option value="웹검색" selected>웹검색</option>
31:                    <option value="지인소개">지인소개</option>
32:                    <option value="기타">기타</option>
33:                </select>
34:            </td>
35:        </tr>
36:        <tr>
37:            <td>주소지</td>
38:            <td>
39:                <select name="addr" size="4">
40:                    <option value="서울" selected>서울</option>
41:                    <option value="경기">경기</option>
42:                    <option value="인천">인천</option>
43:                    <option value="기타">기타</option>
44:                </select>
45:            </td>
46:        </tr>
47:        <tr>
48:            <td>메모</td>
49:            <td>
50:                <textarea name="memo" rows="4"></textarea>
51:            </td>
```

```
52:            </tr>
53:         </table>
54:         <input type="submit" value="가입">
55: </form>
56:
57: </body>
58: </html>
```

🖥️ 실행 결과

아이디 　[　　　　　　　]
비밀번호 [　　　　　　　]
성별　　 ⦿ 남 ○ 여
가입경로 [웹검색　▼]

주소지　 [서울 ▲]
　　　　 [경기]
　　　　 [인천]
　　　　 [기타 ▼]

메모　　 [　　　　　　]
　　　　 [　　　　　　]
　　　　 [　　　　　　]

[가입]

이 예제는 HTML 파일이므로, 별다르게 설명할 것이 없다. 먼저 12번 행부터 보자.

```
12:            <td><input type="text" name="id"></td>
...
17:            <td><input type="password" name="pw"></td>
```

12번 행은 한 줄의 텍스트를 입력받는 텍스트 박스이고, 17번 행은 비밀번호를 입력받는다. 비밀번호 입력란은 텍스트 박스와 같지만, 화면에 입력하는 글자가 보이지 않는 차이가 있다.

```
22:                <input type="radio" name="gender" value="남" checked>남
23:                <input type="radio" name="gender" value="여">여
```

22~23번 행은 라디오 버튼이다. 라디오 버튼을 만들 때 주의할 점은, 한 그룹에 속한 라디오 버튼끼리는 같은 name을 가져야 한다는 것이다. name이 다르면 서로 관계없는 라

디오 버튼으로 인식된다. 이 예에서는 두 개의 라디오 버튼이 gender라는 name을 가지고 있는데, 이렇게 만들어 두면 선택된 항목의 value 값이 gender라는 이름으로 JSP 프로그램에 전달된다.

```
29:                    <select name="intro">
30:                        <option value="웹검색" selected>웹검색</option>
31:                        <option value="지인소개">지인소개</option>
32:                        <option value="기타">기타</option>
33:                    </select>
```

29~33번 행은 드롭다운 리스트이다. select 태그로 만들고, 역시 선택된 항목의 value 값이 전달된다. 이 예에서는 intro라는 이름으로 전달될 것이다.

```
39:                    <select name="addr" size="4">
40:                        <option value="서울" selected>서울</option>
41:                        <option value="경기">경기</option>
42:                        <option value="인천">인천</option>
43:                        <option value="기타">기타</option>
44:                    </select>
```

39~44번 행은 똑같은 select 태그를 썼지만 39번 행에서 size="4"를 주었기 때문에 리스트 박스로 화면에 표출된다. 값이 전달되는 방법은 드롭다운 리스트와 같다.

```
50:                    <textarea name="memo" rows="4"></textarea>
```

50번 행은 textarea 태그로 여러 줄의 텍스트를 입력받는다. rows="4"는 화면에 표시될 줄 수를 뜻할 뿐, 4줄 이상의 텍스트를 입력받지 못한다는 뜻은 아니다. 텍스트가 5줄 이상이 되면 스크롤바가 생겨난다.

앞서 말했듯, 이 예제에서 사용한 입력란의 형태는 다양하지만 모두 하나의 값을 위한 입력란이다. 따라서 JSP 프로그램에서는 앞에서 텍스트 박스 입력을 처리한 것과 똑같은 방법으로 이 값을 받을 수 있다. 예제를 보자.

🗂 **예제 4-5**   단일 선택 입력 값의 출력 (4-5.jsp)

```
 1: <%@ page language="java" contentType="text/html; charset=UTF-8"
 2:     pageEncoding="UTF-8"%>
 3: <!DOCTYPE html>
 4: <html>
 5: <head>
 6:     <meta charset="UTF-8">
 7: </head>
 8: <body>
 9:
10: <%
11:     request.setCharacterEncoding("utf-8");
12: %>
13:     아이디 :    <%=request.getParameter("id"    )%><br>
14:     비밀번호 : <%=request.getParameter("pw"     )%><br>
15:     성별 :     <%=request.getParameter("gender")%><br>
16:     가입경로 : <%=request.getParameter("intro"  )%><br>
17:     주소 :     <%=request.getParameter("addr"   )%><br>
18:     메모 :     <%=request.getParameter("memo"   )%><br>
19: </body>
20: </html>
```

🖥 실행 결과

```
아이디 : abc
비밀번호 : def
성별 : 여
가입경로 : 웹검색
주소 : 경기
메모 : 입력 시험 중
```

이 예제는 직접 실행하면 안 되고, 입력 폼이 있는 예제 4-4.html을 먼저 실행하여 입력
란을 채운 뒤 "가입" 버튼을 눌러 실행되도록 해야 한다. 다른 코드는 별문제 없이 이해
할 수 있을 텐데, 11번 행의 코드가 처음 보는 코드일 것이다.

```
request.setCharacterEncoding("utf-8");
```

이 코드는 request 객체에게 "이 프로그램으로 전달되어 네가 보관하고 있는 값들이 UTF-8로 인코딩되어 있어"라고 알려준다. 만약 11번 행의 코드를 지우고 프로그램을 실행해보면, 한글로 입력된 내용은 모두 깨져서 출력될 것이다.

단, 이 코드는 POST 방식으로 전달된 값이 있을 때만 필요하다. GET 방식으로 값이 전달될 때는, 서버 설정만 제대로 되어 있다면, 이 코드 없이도 한글이 깨지지 않고 제대로 전달된다.

한 가지 더, 이 명령은 반드시 request.getParameter()를 실행하기 전에 실행되어야 한다. getParameter() 메소드가 한번 호출되고 나면, 아무리 이 코드를 실행해도 인코딩 설정이 바뀌지 않는다.

4.3 다중 선택 입력의 처리

앞에서 우리는 단일 값을 입력하거나, 단일 항목을 선택하는 입력란으로부터 값을 전달받는 방법을 공부했다. 이제 체크 박스나 다중 선택을 허용하는 리스트 박스로부터 값을 전달받는 방법을 알아보자. 먼저 입력 폼이 있어야 할 것이다.

📋 **예제 4-6** 다중 선택 입력 예제 (4-6.html)

```
 1: <!doctype html>
 2: <html>
 3: <head>
 4:     <meta charset="utf-8">
 5: </head>
 6: <body>
 7:
 8: <form action="4-7.jsp" method="post">
 9:     <table>
10:         <tr>
11:             <td>관심언어</td>
12:             <td>
13:                 <input type="checkbox" name="lang" value="PHP">PHP
14:                 <input type="checkbox" name="lang" value="JSP">JSP
```

```
15:                 <input type="checkbox" name="lang"
16:                             value="ASP.NET">ASP.NET
17:             </td>
18:         </tr>
19:
20:         <tr>
21:             <td>취미</td>
22:             <td>
23:                 <select name="hobby" size="4" multiple>
24:                     <option value="영화">영화</option>
25:                     <option value="운동">운동</option>
26:                     <option value="독서">독서</option>
27:                     <option value="기타">기타</option>
28:                 </select>
29:             </td>
30:         </tr>
31:     </table>
32:     <input type="submit" value="전송">
33: </form>
34:
35: </body>
36: </html>
```

🖳 실행 결과

관심언어 ☑PHP ☑JSP ☐ASP.NET

취미 [영화 ▲]
     [운동]
     [독서]
     [기타 ▼]

[전송]

13~16번 행은 체크 박스이다. 체크 박스도 라디오 버튼처럼 한 그룹에 속한 것들끼리는 같은 name을 가져야 한다.

23번 행의 select에는 "multiple" 옵션이 있으므로 이 리스트 박스는 Ctrl과 Shift 키를 사용해서 여러 개의 항목을 선택할 수 있다.

이렇게 입력된 값이 전달되면 JSP에서는 다음과 같이 이 값들을 꺼내어 쓸 수 있다.

📦 **예제 4-7** 다중 선택 입력 값의 출력 (4-7.jsp)

```
 1: <%@ page language="java" contentType="text/html; charset=UTF-8"
 2:     pageEncoding="UTF-8"%>
 3: <!DOCTYPE html>
 4: <html>
 5: <head>
 6:     <meta charset="UTF-8">
 7: </head>
 8: <body>
 9:
10: <%
11:     request.setCharacterEncoding("utf-8");
12:
13:     String[] lang  = request.getParameterValues("lang" );
14:     String[] hobby = request.getParameterValues("hobby");
15: %>
16:
17:     관심언어 :
18:     <%
19:         for (int i = 0; i < lang.length; i++) {
20:             out.println(lang[i] + " ");
21:         }
22:     %>
23:     <br>
24:
25:     취미 :
26:     <%
27:         for (int i = 0; i < hobby.length; i++) {
28:             out.println(hobby[i] + " ");
29:         }
30:     %>
31:     <br>
32: </body>
33: </html>
```

실행 결과

```
관심언어 : PHP JSP
취미 : 운동 독서
```

먼저 13, 14번 행을 보자.

```
13:    String[] lang  = request.getParameterValues("lang" );
14:    String[] hobby = request.getParameterValues("hobby");
```

단일 값을 입력받을 때는 request.getParameter() 메소드를 사용해서 값을 꺼내왔지만, 다중 입력 값을 꺼내오기 위해서는 request.getParameterValues() 메소드를 사용하는 점 이 다르다는 것을 알 수 있다.

메소드의 이름만 다른 것이 아니라, 반환 값도 다르다. getParameter()는 하나의 값만 꺼 내오면 되므로 문자열 하나를 반환하지만, getParameterValues()는 여러 개의 값을 반환 해야 하므로 문자열의 배열을 반환하게 된다. 예를 들어 사용자가 "관심언어" 체크 박스 중에 "PHP"와 "JSP"를 선택했다면 이 메소드는 다음과 같은 배열을 반환한다.

```
{ "PHP", "JSP" }
```

따라서 19~21번 행과 같이 반복 문을 이용하여 배열에 담긴 모든 값들을 출력할 수 있게 된다.

```
19:        for (int i = 0; i < lang.length; i++) {
20:            out.println(lang[i] + " ");
21:        }
```

27~29번 행도 똑같은 형태의 코드이다.

연습문제

1. 한 학생의 국어, 영어, 수학 점수를 입력받아 세 과목의 점수와, 총점, 평균을 출력하는 프로 그램을 작성하시오.
   - 학생의 점수를 입력받는 폼은 예제 4-1.html을 그대로 사용한다.
   - 넘겨받은 점수, 그리고 총점과 평균을 출력하는 프로그램은 예제 4-2.jsp를 수정해서 작 성한다.
   - request.getParameter()로 얻어낸 입력값은 문자열이다. 따라서 이렇게 얻어낸 문자열에, 정수는 Interger.parseInt(), 실수는 Float.parseFloat() 등의 메서드를 사용해서 숫자로 바 꾸어 계산하여야 한다.
   - 평균은 소수점 아래 2자리까지 출력한다. 다음과 같이 하면 소수점 3번째 자리에서 반올 림되어 소수점 2번째 자리까지 숫자가 있는 문자열을 얻을 수 있다.

```
String.format("%.2f", 평균값)
```

2. 원의 반지름을 입력받아 원의 둘레와 면적을 출력하는 프로그램을 작성하시오. 반지름은 GET 방식으로 전달한다.

3. 단일 값 입력 태그들과 다중 선택 입력 태그를 모두 활용한 회원 가입 양식을 만들고, 입력된 값을 출력하는 JSP 프로그램을 작성하시오.

CHAPTER 5

MariaDB(MySQL) 사용법과
필수 쿼리

CHAPTER 5

이 장에서는 JSP 프로그래밍의 입문 단계에서 사용할 기본적인 MariaDB 사용법과 필수적인 쿼리(query; 데이터베이스에게 주는 명령)만을 아주 간단하게 살펴본다. 우리의 목표는 JSP 프로그램의 핵심을 빨리 공부해서 활용하는 것이므로, 이 책에서 쓰지도 않을 쿼리를 공부하느라 시간과 노력을 쏟는 것을 피하고 싶기 때문이다. 혹시 이미 데이터베이스의 기초를 공부한 사람은 이 장을 그저 쓱 훑어보고 넘어가도 큰 문제는 없다. 데이터베이스에 대한 지식이 없는 사람이라면 여기에서 설명하는 내용을 충분히 이해할 수 있도록 찬찬히 읽되, 모든 쿼리문의 형식을 다 암기하려고 하지는 말기 바란다. 어차피 계속해서 사용하다 보면 자연스레 외워지기 때문이다.

다만 이 장의 제목을 보고 "왜 MySQL이 아니라 MariaDB를 쓰나"라고 생각하는 사람이 있을 수 있겠다. 일반적으로 웹 사이트를 구축할 때 가장 많이 사용되는 DBMS는 MySQL이었다. 중/소형 웹 사이트에서 사용하기에 충분한 성능을 보여주는 무료 데이터베이스였기 때문이다. 하지만 MySQL을 Oracle이 인수한 이후, 이제 상업적 용도로 사용할 때는 무료가 아니어서, 많은 웹 사이트들이 점차 MySQL 대신 MariaDB를 사용하는 추세이다.

MariaDB는 MySQL에 호환되면서 상업적 용도로 사용해도 무료이다. 따라서 우리는 MariaDB를 사용하여 데이터베이스를 공부할 것이다. 혹시 "MariaDB에서 동작하도록 JSP 프로그램을 작성했는데, 이것이 MySQL에서 동작하지 않으면 어쩌나." 하는 걱정은 하지 않아도 좋다. 앞서 말했듯 두 데이터베이스는 서로 호환되기 때문이다. 자바 커넥터(Java Connector)를 MySQL 용으로 바꾸고, JSP 프로그램에서 데이터베이스 접속 URL만 바꾸어주면 아무 문제없이 프로그램이 동작한다. 자바 커넥터와 데이터베이스 접속 URL이 무엇인지는 책을 읽다 보면 자연스레 알게 될 것이다.

5.1 MariaDB 개요

MariaDB은 관계형 데이터베이스(relational database)를 관리하는 DBMS이다. 그리고 관계형 데이터베이스는 데이터들을 테이블 형태로 저장하고 관리한다. 예를 들어 한 반의 성적을 저장하는 테이블은 다음과 같을 것이다.

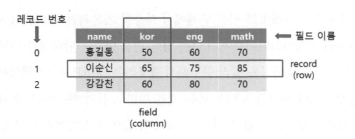

[그림 5-1] 테이블, 레코드, 필드

관계형 데이터베이스에서는 이렇게 만들어진 테이블의 한 줄을 레코드(record) 또는 로우(row), 하나의 열을 필드(field) 또는 컬럼(column)이라고 부른다. 쉽게 생각하면 하나의 테이블은 하나의 엑셀 시트(Excel sheet)와 같다고 생각하면 된다. 단지 다른 점은 컬럼(필드)의 이름이 엑셀처럼 A, B, C, ... 이렇게 고정된 것이 아니라, name, kor, ... 처럼 우리가 정해준다는 것, 그리고 줄(레코드)의 번호가 엑셀처럼 1부터 시작하는 것이 아니라 0부터 시작한다는 점만 다르다고 생각하면 된다. 사실 관계형 데이터베이스의 순수이론에서는 레코드 번호라는 개념이 없지만, 실제 데이터베이스를 사용하다 보면 필요한 때가 있으므로 대부분 데이터베이스가 이러한 레코드 번호를 사용하고 있다.

한편 테이블들은 데이터베이스라고 불리는 그릇에 담긴다. 테이블이 하나의 엑셀 시트라고 생각한다면, 데이터베이스는 여러 장의 시트를 담고 있는 하나의 엑셀 파일이라고 보면 될 것이다. 이렇게 하나의 데이터베이스에는 서로 관련 있는 테이블들을 모아 놓으며, 하나의 시스템에 여러 개의 데이터베이스가 존재할 수 있다.

이러한 데이터베이스들을 관리해주는 소프트웨어를 DBMS(DataBase Management System; 데이터베이스 관리 시스템)라고 부르는데, DBMS는 서버의 형태를 가지게 된다. 사용자가 데이터베이스 사용을 요청하면 언제든 응답해야 하기 때문이다. 사용자는 SQL(Structured Query Language)이라는 언어를 이용하여 DBMS에게 데이터베이스의 내용을 조회하거나 수정하는 명령을 주는데, 이것을 보통 쿼리라고 부른다. 그리고 DBMS는 쿼리를 받으면 지시된 동작을 수행한다. 이 과정을 그림으로 보이면 다음과 같다.

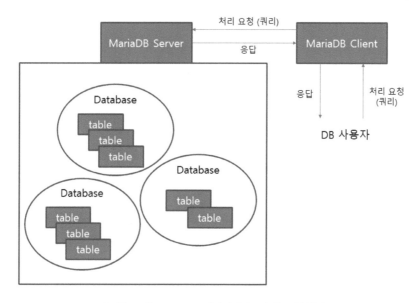

[그림 5-2] MariaDB 데이터베이스의 구조 및 동작

그림에서는 MariaDB 서버라고 표시했지만, 어떤 DBMS든 같은 구조로 되어 있다. 그림을 찬찬히 살펴보자. 그림에서 MariaDB 서버라고 적힌 것이 바로 DBMS라고 볼 수있다. 그러면 MariaDB 클라이언트라고 적힌 것은 무엇일까? 데이터베이스에 뭔가 작업을 하고 싶을 때는 직접 데이터베이스에 관련된 파일을 건드리는 것이 아니라 DBMS에게 요청해서 실행해야 한다. 따라서 MariaDB 서버에게 "이 데이터를 어떤 데이터베이스의 어떤 테이블에 추가해줘"와 같이 요청할 수 있는 수단이 필요하다. 이때 사용되는것이 바로 MariaDB 클라이언트이다.

우리가 MariaDB 클라이언트에 쿼리를 적어주면, 이것이 MariaDB 서버에게 전달되고실행된다. 이때 데이터베이스가 우리에게 보여줄 실행 결과나 데이터가 있다면 이것이다시 MariaDB 클라이언트에게 전달된다. 그리고 MariaDB 클라이언트는 그 내용을 화면에 출력하여 우리가 읽어볼 수 있게 해준다.

5.2 MariaDB 설치와 클라이언트 사용

5.2.1 MariaDB 설치

MariaDB는 http://mariadb.com/downloads/에서 다운로드할 수 있다. 다운로드 페이지의 모양은 다음과 같다.

다운로드할 버전과 사용할 운영체제를 선택한 뒤 다운로드 버튼을 누르면 다운로드가 시작된다. 윈도우즈 설치 파일은 msi 확장 자를 가지고 있으며, 이것을 더블클릭하면 설치가 시작된다. 설치 과정은 아무것도 손대지 말고 계속해서 "Next"만 계속해서 눌러주되, 다음 그림과 같이 "Default instance properties" 단계에서는 데이터베이스관리자인 root 계정의 비밀번호를 입력하고, 맨 아래 줄에 있는 체크 박스를 클릭하여 데이터베이스 서버의 인코딩을 UTF-8로 지정해주면 된다.

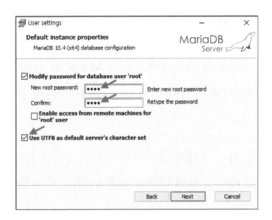

설치가 끝났다고 MariaDB 웹 사이트를 닫지는 말자. 하나 더 다운로드해야 할 파일이 있다. 자바 커넥터(Java Connector)가 있어야 자바 프로그램에서 MariaDB에 접근하여 쿼리를 실행할 수 있기 때문이다.

아까의 MariaDB 다운로드 페이지에서 커넥터(Connectors) 탭을 누르면, 자바 커넥터 다운로드 화면으로 바뀌게 된다. 역시나 다운로드 버튼을 누르면 다운로드가 시작되는데, 파일의 이름은 mariadb-java-client-X.X.X.jar이다. 파일명에서 X.X.X는 자바 커넥터의 버전이 들어가므로 시간이 흐르며 업데이트되면 달라질 수 있다. 이제 이 파일을 나중에 찾기 쉬운 폴더에 보관해 두면 된다. 이 파일은 다음 장부터 사용할 것이다.

5.2.2 HeidiSQL (MariaDB 클라이언트) 실행

여기까지 따라 했다면 여러분의 컴퓨터에는 이미 MariaDB 서버와 클라이언트가 모두 설치되어 있고, MariaDB 서버는 이미 실행 중일 것이다. 이제 클라이언트 프로그램을 실행해보자.

MariaDB 패키지에는 두 가지 형태의 클라이언트 프로그램이 들어있다. MariaDB를 설치한 후 윈도우즈의 시작 메뉴를 보면 다음과 같은 화면을 볼 수 있을 것이다.

아래쪽에 있는 "MySQL Client(MariaDB 10,4 (x64))"는 명령행(command line) 방식의 클라이언트이다. 실행하면 윈도우즈 명령 프롬프트와 같은 검은색 창이 뜨는데, 여기에 root 계정 비밀번호를 입력하고 나면 쿼리를 입력할 수 있는 상태가 된다. 사용자는 여기에 쿼리를 입력하고 그 결과를 이 화면에서 확인하는 방식으로 사용하게 된다. 물론 이 프로그램만으로도 MariaDB를 사용하는데 큰 문제는 없지만, 아무래도 명령행 방식이라 쿼리를 입력하거나 수정할 때에 불편한 점이 있다.

따라서 우리는 GUI(Graphic User Interface) 방식의 MySQL(MariaDB) 클라이언트 프로그램인 HeidiSQL을 사용할 것이다. 다만, HeidiSQL을 쓰면 대부분의 데이터베이스 조작을 메뉴 선택만으로 할 수 있는데, 이러한 기능을 활용하지는 않고 항상 쿼리를 직접 입력해서 데이터베이스를 조작할 것이다. 우리가 MariaDB를 공부하는 이유는 JSP

프로그램에서 이것을 사용하기 위함인데, JSP 프로그램에서는 오직 쿼리로만 데이터베이스를 조작해야 하기 때문이다.

혹시 HeidiSQL에서 메뉴를 이용해서 데이터베이스를 다루는 방법이 궁금하다면 앞으로 실습을 진행하는 중에 짬짬이 사용해 보기 바란다. UI가 꽤 직관적으로 구성되어 있으므로 대부분 기능은 매뉴얼을 보지 않아도 쉽게 사용할 수 있을 것이다.

자 이제 메뉴에서 "HeidiSQL"을 클릭해 보자. HeidiSQL이 실행되면서 다음과 같은 화면이 나타난다.

이 화면은 세션 관리자 화면인데, **MariaDB**에 접속할 계정 정보를 관리한다. 우리가 웹사이트에서 로그인을 한번 하고 나면 아이디와 비밀번호를 기억했다가 양식에 다시 채워주듯, 한번 접속했던 계정 정보를 저장해 두었다가 다음번에 접속을 쉽게 하도록 도와주는 역할을 하는 것이 세션 관리자라고 생각하면 되겠다. 그리고 하나의 계정 정보(데이터베이스 서버 주소, 아이디, 비밀번호 등)를 하나의 세션이라고 생각하면 된다. 이제 새 세션을 만들기 위해 "신규" 버튼을 누르면 화면이 다음과 같이 바뀐다.

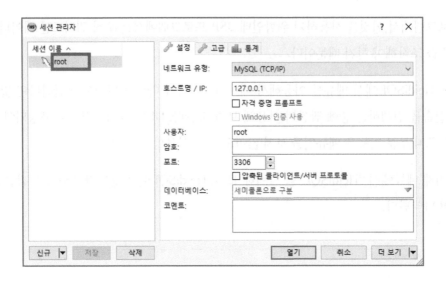

처음에는 좌측에 있는 세션 이름이 "Unnamed"라고 적혀 있고, 다른 항목들은 이 화면과 같이 미리 입력되어 있을 것이다.

먼저 화면의 왼쪽을 보자. 각각의 세션(계정 정보)에는 이름을 붙여주게 되어 있다. 세션 이름을 클릭해서 "root"라고 고쳐주면 된다. root 계정으로 로그인할 계정 정보를 적을 것이기 때문이다. 혹시 클릭했는데도 이름을 입력할 수 없는 상태라면 마우스 우클릭하여 나온 메뉴에서 "Rename"을 선택하면 된다.

이제 세션 관리자 화면의 오른쪽을 보자. 화면의 오른쪽에 입력된 데이터베이스 접속 관련 정보들을 "root"라는 이름의 세션에 저장한다고 생각하면 될 것이다. 그 중 중요한 항목들은 다음과 같다.

■ 데이터베이스 서버 주소 (세션 관리자의 "호스트명 / IP")

접속을 원하는 MariaDB 서버가 있는 컴퓨터의 주소이다. 내 컴퓨터에 있는 MariaDB 클라이언트라고 해서 내 컴퓨터에 있는 서버에만 접속하는 것은 아니다. 다른 컴퓨터에 있는 MariaDB 서버에 접속해서 그 데이터베이스를 사용하는 때도 많이 있다. 이 항목은 초깃값이 127.0.0.1로 입력되어 있는데, 우리는 HeidiSQL과 MariaDB 서버를 같은 컴퓨터에서 실행시킬 것이므로, 굳이 초깃값을 수정할 필요는 없을 것이다.

▪ 계정 (세션 관리자의 "사용자", "암호")

MariaDB 서버 접속을 위한 계정의 아이디와 비밀번호를 알고 있어야 한다. 특히 회사
나 학교에서 여러 사람이 같이 사용하는 MariaDB 서버에 접속하려고 할 때는 관리자에
게 요청해서 계정 정보를 미리 받아 두어야 한다. 내 컴퓨터에 깔아서 혼자만 사용하는
MariaDB의 경우에는 관리자 계정인 root로 접속해서 직접 사용자 계정을 만들 수 있다.
세션 관리자는 사용자 암호까지 저장해 두었다가 "열기" 버튼만 누르면 접속할 수 있도
록 해주지만, root 계정의 비밀번호는 기억해 두지 않아서 매번 입력해야 한다. root 계
정은 데이터베이스를 완전히 삭제할 수 있는 막강한 권한을 가진 데이터베이스 관리자
이기 때문이다.

우리는 localhost(127.0.0.1)의 MariaDB 서버에 root 계정으로 접속할 것이므로 다른 곳
은 손댈 필요 없고, 단지 root의 비밀번호만 입력하면 되겠다. 이제 "열기" 버튼을 누르
면 root 계정으로 MariaDB 서버에 접속하고 다음과 같은 화면이 나타날 것이다.

이제 화면 상단 중앙에 있는 "쿼리" 탭을 클릭해 보자. 다음과 같이 화면이 바뀔 것이다.

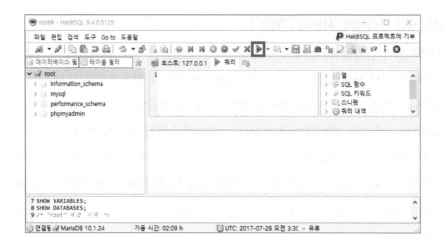

화면 중앙에 "1"이라는 행 번호가 보이는 곳이 쿼리 입력 창이다. 이곳에 실행할 쿼리를 입력한 뒤, 위쪽의 아이콘 중 SQL 실행(▶) 아이콘을 클릭하면 그 쿼리가 실행될 것이다. 그 결과는 바로 아래에 표시된다.

시험 삼아 아래와 같은 쿼리를 입력하고 실행해보자.

```
select now();
```

이 쿼리는 오늘 날짜와 현재 시간을 알아내는 쿼리이다. 이것을 쿼리 입력창에 입력하고 SQL 실행 아이콘을 클릭하면 바로 아래의 쿼리 결과 창에 실행 결과가 나타날 것이다.

데이터베이스 사용이 끝나서 접속을 종료하고 싶다면 프로그램을 종료하면 된다. 혹시 현재 접속을 종료하고 다른 계정으로 로그인해서 작업을 계속할 것이라면 명령 아이콘 줄에서 두 번째에 있는 "선택된 데이터베이스 연결 해제" 아이콘을 클릭하면 된다.

5.3 사용자 계정 생성

프로그램 개발 중에 계속해서 root 계정을 사용하는 것은 좋은 생각이 아니다. root는 데이터베이스의 모든 것에 다 접근할 수 있는 막강한 권한이 있으므로 자칫 실수로 데이터베이스 전체를 날려버릴 수도 있다. 따라서 별도의 일반 계정을 만들어 두고 평상시에는 일반 계정만을 사용하다가, 데이터베이스 관리자로서 해야 할 일이 있을 때만 잠시 root로 접속하는 것이 좋다.

새로운 사용자 계정을 생성하기 위해서는 다음과 같은 형태의 쿼리 4줄이 필요하다.

```
create database DB명;
create user 아이디@localhost identified by '비밀번호';
grant all privileges on DB명.* to ID@localhost with grant option;
flush privileges;
```

첫 번째 줄은 새로운 데이터베이스를 생성하는 쿼리이다. 새로 만들 계정 사용자가 사용할 수 있게 허용된 데이터베이스가 없다면, 단지 접속만 할 수 있을 뿐, 실제로 데이터를 읽거나 쓰는 작업을 할 수 없게 된다. 혹시 이미 만들어 둔 데이터베이스를 사용하도록 할 생각이라면 첫 번째 줄의 쿼리는 필요 없을 것이다.

두 번째 줄은 지정된 아이디와 비밀번호를 가진 사용자 계정을 생성한다. 그리고 세 번째 줄에서는 이 계정으로 로그인한 사용자가 방금 만든 데이터베이스를 사용할 수 있도록 권한을 설정한다.

마지막 줄은 계정 생성과 권한 설정 내용이 데이터베이스에 바로 반영되도록 해준다. 이 쿼리를 실행하지 않으면 새로 만든 계정을 바로 사용할 수 없고, 어느 정도 시간을 가지고 기다려야만 한다.

이제 계정을 생성해보자. 새롭게 만들려는 계정의 아이디는 jsp, 비밀번호는 1234로 하고, 이 계정을 위한 전용 데이터베이스를 jspdb라는 이름으로 만든다면, 다음과 같은 쿼리를 실행하면 된다.

```
create database jspdb;
create user jsp@localhost identified by '1234';
grant all privileges on jspdb.* to jsp@localhost with grant option;
flush privileges;
```

우리는 MariaDB 서버가 실행되고 있는 컴퓨터에서만 클라이언트를 실행시켜 접속할 것이므로, 세 번째 줄에 jsp@localhost라고 적었다. 우리가 JSP 프로그램을 공부하는 과정에서는 이것으로 충분하다. 하지만 만약 다른 컴퓨터에서도 이 컴퓨터의 MariaDB 서버에 접속하고 싶다면 세 번째 줄을 복사한 뒤 jsp@localhost 대신 jsp@'%'라고 고쳐서 총 5줄의 쿼리를 실행해주어야 한다. 이런 경우 실행할 쿼리는 다음과 같다.

```
create database jspdb;
create user jsp@localhost identified by '1234';
grant all privileges on jspdb.* to jsp@localhost with grant option;
grant all privileges on jspdb.* to jsp@'%' with grant option;
flush privileges;
```

계정 생성이 모두 끝났다. root 로그인에서 빠져나오기 위해 명령 아이콘 줄에서 두 번째에 있는 "선택된 데이터베이스 연결 해제" 아이콘을 클릭한다. root 접속을 종료하면 다시 세션 관리자 창이 뜨는데 "신규" 버튼을 누른다. 방금 만든 계정 정보를 등록하고 로그인이 잘 되는지 확인해야 하기 때문이다.

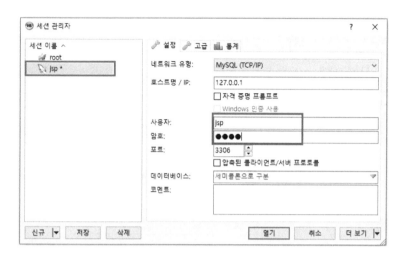

세션 이름에는 jsp, 사용자 아이디도 jsp, 암호는 1234를 입력한 뒤 "열기" 버튼을 누른다. 접속이 잘 되고 다음과 같은 화면이 나올 것이다.

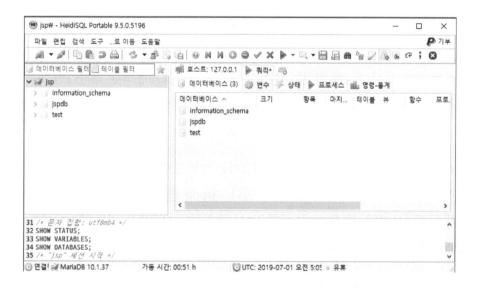

이제 이 계정으로 데이터베이스를 사용하는데 문제가 없는지 확인하기 위해 "쿼리" 탭으로 가서 "show tables" 쿼리를 실행해보라. 이 쿼리는 현재 사용 중인 데이터베이스 안에 있는 테이블들의 리스트를 보여준다. 그런데 아마도 잘 실행되지 않고 다음과 같은 오류 화면이 보일 것이다.

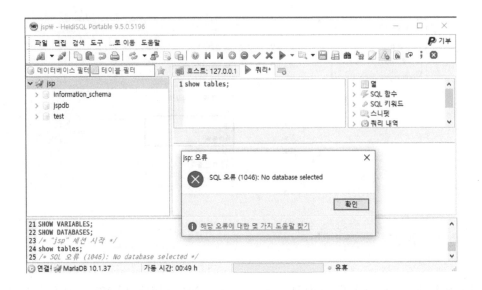

오류 메시지인 "No Database selected"는 "당신이 방금 실행하려던 쿼리는 특정한 데이터베이스에 대해 실행해야 하는데, 아직 어떤 데이터베이스를 사용할지 선택하지 않았다"라는 뜻이다. 대부분의 쿼리는 특정한 데이터베이스를 대상으로 한다. 따라서 이런 쿼리를 실행하기 위해서는 내가 어떤 데이터베이스에 대해 명령을 주는 것인지를 먼저 지정해야 한다. 혹시 명령행 버전의 MySQL 클라이언트를 사용해 본 독자라면 "use" 명령으로 사용할 데이터베이스를 먼저 지정해야 대부분의 쿼리를 실행할 수 있었음을 기억할 것이다.

HeidiSQL에서 사용할 데이터베이스를 지정하는 방법은 아주 간단하다. 왼쪽 창에서 데이터베이스 이름을 한 번만 클릭해주면 된다. "jspdb"를 클릭하면 그 앞에 체크 표시(✔)가 나타나는 것을 볼 수 있다. 이것은 "당신이 현재 사용하고 있는 데이터베이스는 jspdb입니다"라는 의미이다.

이제 다시 "show tables" 쿼리를 실행해보라. 아직 만들어 놓은 테이블이 없어서 결과는 비어있지만, 오류가 나지 않고 실행되는 것을 확인할 수 있을 것이다.

5.4 데이터베이스 관련 명령어

데이터베이스 관련 명령어 중 데이터베이스를 생성하는 명령은 이미 앞에서 배웠다. 다음과 같다.

⚙ 사용법 : create database DB명;
⚙ 예   : create database sample1;

현재 접속한 MariaDB 서버가 관리하는 모든 데이터베이스의 목록을 보는 쿼리는 다음과 같다. 별다른 사용법 없이 그대로 쓰면 된다.

```
show databases;
```

데이터베이스를 삭제하는 명령은 다음과 같다.

⚙ 사용법 : drop database DB명;
⚙ 예   : drop database sample1;

5.5 테이블 관련 명령어

■ create table

테이블을 생성하려면 create table 쿼리를 쓴다.

⚙ 사용법 : create table 테이블명(
         필드명1 자료형 [옵션],
         필드명2 자료형 [옵션],
         ...
      );
⚙ 예   : create table score (
         num int   primary key,
         name varchar(20),
         kor int,
         eng int,
         math int
   );

위에서 [옵션] 부분은 필요하면 적고, 필요 없으면 쓰지 않아도 된다. 위의 예에서 보인 쿼리는 5개의 필드가 있는 테이블 score를 만든다. num 필드는 정숫값이 들어가는 프라이머리 키(primary key)이며, name은 최대 20자의 문자열, 그리고 kor, eng, math는 정수 필드이다.

여기에서 프라이머리 키는, 테이블 안에 있는 수많은 레코드 중 하나의 레코드를 식별할 수 있는 수단이 되는 키를 말한다. 예를 들어 성적 처리를 위해 학생들의 성적을 담는 테이블을 만들었다고 하자. 어떤 반에 이름이 홍길동으로 똑같은 학생이 두 명 있는데 이 학생의 국어, 영어, 수학 점수가 50, 60, 70으로 똑같다고 하자. 만약 이 테이블에 이름, 국어, 영어, 수학 점수 필드만 있다면 두 개의 레코드를 구분할 수 없을 것이다. 하지만 학번 필드를 테이블에 넣고 이것을 프라이머리 키로 설정하면 그런 문제가 생기지 않을 것이다. 학번은 모든 학생이 서로 다른 값을 가질 것이 보장되어 있기 때문이다.

■ show tables

현재 사용 중인 데이터베이스 안에 있는 테이블들의 목록을 보는 명령이다. 별다른 사용법 없이 그대로 쓰면 된다.

```
show tables;
```

예를 들어 5개의 테이블 addrbook, board, member, score, webhard를 만들고 난 후에 show tables를 실행하면 다음과 같은 결과를 보일 것이다.

Tables_in_jspdb
addrbook
board
member
score
webhard

하지만 HeidiSQL를 사용할 때는 거의 사용할 필요가 없는 쿼리이다. 화면 왼쪽 창에서 데이터베이스 이름만 더블클릭하면 그 데이터베이스에 속한 테이블 리스트가 보이기 때문이다. 혹시 테이블을 새로 만들거나 지웠는데 화면 왼쪽 창에 그 내용이 반영되지 않는다면, "새로 고침"(F5)을 하면 제대로 보일 것이다.

■ desc

특정한 하나의 테이블 구조를 보는 명령이다. 사용법은 다음과 같다.

⚙ 사용법 : desc 테이블명;
⚙ 예   : desc score;

위에서 예로 제시한 쿼리를 실행하면 테이블 score의 모든 필드에 대한 정보가 다음과 같이 표시된다.

Field	Type	Null	Key	Default	Extra
num	int(11)	NO	PRI	(NULL)	
name	varchar(20)	YES		(NULL)	
kor	int(11)	YES		(NULL)	
eng	int(11)	YES		(NULL)	
math	int(11)	YES		(NULL)	

이 쿼리 역시 HeidiSQL를 사용할 때는 잘 사용하게 되지 않는다. 화면 왼쪽에서 테이블 이름을 클릭한 뒤, 화면 오른쪽에서 "테이블" 탭을 선택하면 바로 테이블 구조를 볼 수 있기 때문이다.

▪ drop table

테이블을 삭제할 때는 drop table 쿼리를 쓴다. 사용법은 다음과 같다.

⚙ 사용법 : drop table 테이블명;
⚙ 예　　 : drop table score;

5.6 데이터 조작 명령어

▪ insert

insert 쿼리는 테이블에 새로운 레코드를 추가한다.

⚙ 사용법 : insert into 테이블명 (필드명1, 필드명2, ...)
　　　　　　　　values (필드값1, 필드값2, ...);
⚙ 예　　 : insert into score (num, name, kor, eng, math)
　　　　　　　　values (1, '홍길동', 50, 60, 70);

insert 쿼리는 "필드명1"에 "필드값1", "필드명2"에 "필드값2"가 들어가는 형식으로 동작한다. 다만 모든 필드에 빠짐없이 값을 다 넣을 때는 다음과 같이 필드명 부분을 생략할 수 있다.

```
insert into score values (2, '이순신', 65, 75, 85);
```

이렇게 하면 create table 할 때 적었던 필드 순서대로 값이 들어간다.

■ select

select 쿼리는 테이블의 데이터를 조회한다.

⚙ 사용법 : select 필드명1, 필드명2, … from 테이블명 [where 조건식];
⚙ 예   : select name, kor from score where num=1;

사용법에서 "where 조건식" 부분은 옵션이므로 필요 없으면 생략해도 좋다.

예로 보인 쿼리는 score 테이블에서 num 필드 값이 1인 레코드를 조회한다. 단 name과 kor 필드만 조회한다. 만약 num 필드 값이 1인 레코드의 모든 필드 값을 조회하고 싶다면, 필드명이 들어갈 자리에 와일드카드 문자(*)를 적는다.

```
select * from score where num=1;
```

만약 특정 레코드가 아니라 테이블의 모든 데이터를 보고 싶다면 "where 조건식"을 쓰지 않으면 된다.

```
select * from score;
```

이 명령은 score 테이블의 모든 데이터를 조회한다. 앞의 insert를 설명하며 보았던 두 개의 쿼리를 실행한 뒤에 바로 위의 select 쿼리를 실행하면 다음과 같은 결과를 볼 수 있을 것이다.

🔑 num	name	kor	eng	math
1	홍길동	50	60	70
2	이순신	65	75	85

■ update

update 쿼리는 데이터를 수정한다.

⚙ 사용법 : update 테이블명 set 필드명=필드값, 필드명=필드값, … [where 조건식]
⚙ 예   : update score set kor=90 where num=1;

예로 보인 쿼리는 score 테이블에서 num 필드 값이 1인 레코드의 kor 필드 값을 90으로
바꾼다. 사용법에서 "where 조건식" 부분은 역시 옵션이긴 한데, 생략할 때는 조심해야
한다. 만약 위의 예에서 조건식이 없다면 모든 레코드의 kor 필드 값이 90이 되기 때문
이다. 위의 예에 적은 update 쿼리를 실행한 후, score 테이블의 내용을 보면 다음과 같이
값이 바뀐 것을 확인할 수 있다.

🔑 num	name	kor	eng	math
1	홍길동	90	60	70
2	이순신	65	75	85

■ delete

delete 쿼리는 레코드를 삭제한다.

⚙ 사용법 : delete from 테이블명 [where 조건식]
⚙ 예   : delete from score where num=1;

예로 보인 쿼리는 score 테이블에서 num 필드의 값이 1인 레코드를 삭제한다. 역시
"where 조건식" 부분을 생략할 때는 조심해야 한다. 삭제할 레코드를 따로 지정하지 않
는다면 테이블의 모든 레코드를 삭제할 것이기 때문이다.

5.7 배치 파일(batch file)을 통한 명령 실행

데이터베이스를 사용하다 보면 비교적 길이가 긴 명령어를 여러 번 사용할 때가 있다.
예를 들어 MariaDB 클라이언트에 쿼리를 입력해서 게시판에서 사용하는 테이블을 생
성했다고 하자. 혹시 다른 컴퓨터에 이 게시판을 이용하려면 어떻게 해야 할까? 또다시
테이블 생성 쿼리를 입력해서 실행해야 할 것이다.

이때 JSP 프로그램으로 테이블을 생성하는 코드를 짜는 것도 하나의 방법이지만, 데이
터베이스 클라이언트가 제공하는 기능을 가지고도 해결할 방법이 있다. 바로 배치

(batch) 파일을 작성하는 것이다. 배치 파일이란 손으로 입력해서 한 단계씩 실행할 여러 줄의 명령을 미리 하나의 파일에 적어둔 것이다. 그리고 HeidiSQL에게 "이 파일에 적힌 명령을 쿼리 창에 입력한 것처럼 생각하고 실행해 달라"고 요청하면 된다.

예를 들어 주소록에 사용할 addrbook이라는 이름의 테이블을 다음과 같이 정의해야 하는데, 실습용으로 쓰는 것이라 종종 지웠다가 다시 생성해야 한다고 생각해 보자. 테이블을 다시 생성할 때마다 매번 아래 내용을 입력하려면 번거로울 것이다. 일단 HeidiSQL의 쿼리 창에 다음의 쿼리를 입력한다.

```
create table addrbook(
    num   int         primary key,
    name        char(10),
    address     char(80),
    tel         char(20)
);
```

하지만 이 쿼리를 당장 실행시킬 것이 아니라 저장을 해둘 것이다. 쿼리창에서 마우스 우클릭을 하면 다음과 같은 메뉴가 나온다.

여기에서 "다른 이름으로 저장"을 클릭한 뒤 저장할 위치와 파일명을 입력하면 현재 쿼리 창에 입력한 내용이 텍스트 파일로 저장된다. 이 파일을 addrbook.sql 이라는 이름으로 저장해 보자. SQL 문장들을 적어둔 파일의 확장 자는 통상 ".sql"로 한다. 저장할 폴더의 위치는 어느 곳이든 상관없고, 어디에 저장했는지 위치만 잘 기억해 두면 된다.

이제 쿼리 창에 입력된 내용을 모두 지우자. 저장된 배치 파일을 실행하여 쿼리를 실행할 것이기 때문이다. 그리고 "파일" 메뉴에서 "SQL 파일 실행"을 선택한 뒤 방금 저장해 두었던 파일을 선택하면, 쿼리창의 내용이 아니라 addrbook.sql 파일에 저장된 쿼리가 실행된다. HeidiSQL의 왼쪽 창에서 새로 고침을 해보면 테이블이 만들어진 것을 확인할 수 있을 것이다.

이런 식의 쿼리 실행은 데이터베이스를 백업한 뒤 복원할 때에도 사용할 수 있다. 예를 들어 한 서버에 게시판을 운영하다가 서버를 교체한 경우, 그동안 올라왔던 글들이 다 데이터베이스에 들어있으니 그것도 같이 이동해야 한다. 이럴 때 데이터베이스를 sql 파일로 백업한 뒤, 다른 서버에서 다시 복원하면, 원래의 글들을 모두 살릴 수 있다.

데이터베이스를 백업하기 위해서는 HeidiSQL 왼쪽 창에서 마우스 우클릭을 하여 나오는 메뉴에서 "데이터베이스를 SQL로 내보내기"를 선택하면 된다.

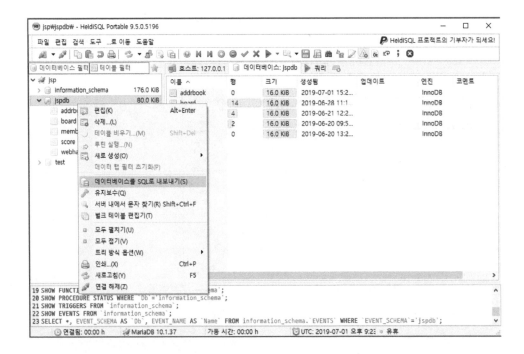

그러면 "테이블 도구" 창이 다음과 같이 나타난다.

이 창에서 "데이터베이스"와 "테이블" 옆에 있는 "삭제" 체크 박스를 클릭한다. 그러면 삭제뿐 아니라 그 옆에 있는 "생성" 체크 박스까지 같이 체크된 상태가 될 것이다. 그리고 바로 아래에 있는 "데이터" 드랍다운 리스트를 눌러서 "삭제+삽입(기존 데이터 초기화)"를 선택한다. 이 3개의 항목에서 "삭제"를 선택한 것은, 기존 데이터가 있다면 깨끗하게 삭제하고 새로 만들어 넣겠다는 의미이다. 이제 마지막으로 "파일명" 항목 옆에 있는 폴더 모양의 버튼을 눌러서 데이터베이스의 내용을 백업할 파일 이름을 적어주면 백업이 완료된다.

이렇게 만들어진 백업 파일을 텍스트 에디터에서 열어보면 create table과 insert 쿼리들로 구성되어 있음을 확인할 수 있다. 따라서 좀 전에 설명했던 것처럼, "파일" 메뉴에서 "SQL 파일 실행"을 클릭한 뒤 이 백업 파일을 선택하면 원래의 데이터베이스 형태와 내용이 그대로 복원된다.

1. 테이블, 레코드, 필드의 의미가 무엇인지 설명하시오.

2. MariaDB 접속을 위해 사전에 알고 있어야 하는 중요 정보는 무엇인가?

3. 새로운 계정을 생성하는 쿼리를 적어보시오. 이때 사용자 아이디는 kim, 비밀번호는 abcd, 이 계정을 위한 전용 데이터베이스는 kimdb로 한다.

4. "sample"이라는 이름의 데이터베이스를 만드는 쿼리와 삭제하는 쿼리를 적어 보시오.

5. "addr"이라는 이름의 테이블이 있다고 할 때, 이 테이블의 구조를 조회하는 쿼리와, 테이블을 삭제하는 쿼리를 적어 보시오.

6. 레코드 추가, 조회, 수정, 삭제 쿼리의 사용 형식을 정리해 보시오.

7. HeidiSQL에서 "데이터베이스를 SQL로 내보내기"를 하면, 어떤 형태의 파일로 백업되는가?

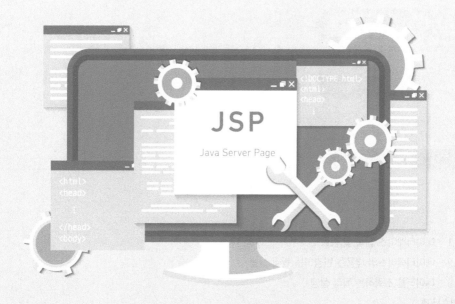

CHAPTER **6**

데이터베이스를 이용한
프로그래밍

CHAPTER 6

우리가 지난 장에서 MariaDB의 사용법을 살펴본 것은 결국 JSP 프로그램을 사용해서 데이터베이스에 데이터를 넣거나 꺼내오기 위한 것이었다. 이 장에서는 JSP를 이용하여 데이터베이스를 사용하는 방법을 공부한다.

6.1 데이터베이스 접속 및 종료

데이터베이스를 사용하는 JSP 프로젝트에는 반드시 자바 커넥터(JDBC 드라이버라고도 한다)가 포함되어 있어야 한다. 우리는 이미 지난 장에서 MariaDB를 위한 자바 커넥터를 다운로드 받아 보관에 두었다.

윈도우 탐색기를 실행하여 자바 커넥터가 있는 폴더로 이동한다. 윈도우 탐색기 화면에 자바 커넥터 파일이 보이는 상태로 만드는 것이다. 그다음으로 이클립스의 Project Explorer에서, 프로젝트 > WebContent > WEB-INF > lib 폴더로 자바 커넥터 파일을 드래그해 넣으면 된다. 그러면 복사할지 이동할지를 물어볼 텐데, 원본은 그 자리에 남겨두는 것이 좋으므로, 복사하겠다고 선택한다.

만약 예제를 담을 프로젝트가 test라고 가정하면 다음과 같은 상태가 될 것이다.

이제 준비는 끝났다. JSP 프로그램에서 데이터베이스 서버에 접속이 잘 되는지 다음과 같은 예제를 실행해 보자.

📄 **예제 6-1** 데이터베이스 서버 접속 예제 (6-1.jsp)

```
1: <%@ page language="java" contentType="text/html; charset=UTF-8"
2:     pageEncoding="UTF-8"%>
3: <%@ page import="java.sql.*" %>
4:
5: <!DOCTYPE html>
6: <html>
7: <head>
8:     <meta charset="UTF-8">
9: </head>
10: <body>
11:
12: <%
13:     Class.forName("org.mariadb.jdbc.Driver");
14:     try (
15:         Connection conn = DriverManager.getConnection(
16:                 "jdbc:mariadb://localhost:3306/jspdb", "jsp", "1234");
17:     ) {
18:
19:         out.println("DB 접속 성공 !");
20:
21:     } catch(Exception e) {
22:         e.printStackTrace();
23:     }
24: %>
25:
26: </body>
27: </html>
```

🖥 **실행 결과**

```
DB 접속 성공!
```

먼저 3번 행에 주목하자. 자바에서 데이터베이스를 사용하기 위해서는 java.sql 패키지에 포함된 클래스들을 사용할 수 있어야 한다. 이를 위해서 java.sql 패키지를 임포트한 것이다.

13번 행은 MariaDB를 위한 자바 커넥터를 로드하는 문장이다. 그리고 15~16번 행이 실제로 데이터베이스 서버에 접속하는 문장이다. 이 문장의 형태는 다음과 같다.

```
Connection conn = DriverManager.getConnection(
        "jdbc:mariadb://서버주소:3306/사용할DB", "사용자ID", "비밀번호");
```

즉, DriverManager.getConnection 메소드를 호출하면 데이터베이스 서버에 접속하고 그 접속 정보가 담긴 객체가 반환된다. 그리고 이 코드에서는 이 접속 정보 객체를 conn 이라는 변수에 담은 것이다.

DriverManager.getConnection 메소드의 첫 번째 인자는 통상, DB URL이라고 부르는데, 접속할 데이터베이스의 종류, 서버의 주소와 사용할 DB명으로 구성되어 있다. 다만 DB URL의 형식은 DBMS마다 다르므로, 지정된 형태대로 적어주어야 한다. 그리고 사용하는 DBMS를 다른 것으로 바꾸려고 할 때 DB URL만 바꿔주면 다른 곳은 손대지 않아도 프로그램이 동작할 것이다.

예를 들어 MariaDB가 아니라 MySQL을 사용하고, JDBC 드라이버도 MySQL용을 사용하고 있다면, 13번 행의 "org.mariadb"를 "com.mysql"로, 16번 행의 "mariadb"를 "mysql"로만 바꾸어주면 아무 문제없이 동작할 것이다.

본론으로 돌아와서, MariaDB 서버 주소가 "abc.net"이고, 이 서버에 ID는 "jsp", 비밀번호는 "1234"인 계정이 있을 때, 이 서버에 접속하여 "jspdb"라는 이름의 데이터베이스를 사용하고 싶다고 가정해 보자. JSP 프로그램 안에서 MariaDB 서버에 접속하기 위한 코드는 다음과 같다.

```
Connection conn = DriverManager.getConnection(
            "jdbc:mariadb://abc.net:3306/jspdb", "jsp", "1234");
```

만약 다른 사항들은 똑같은데 MariaDB 서버와 JSP 프로그램이 실행되는 컴퓨터가 같은 컴퓨터일 경우, 다음과 같이 서버 주소를 localhost로 써 줄 수 있다.

```
Connection conn = DriverManager.getConnection(
            "jdbc:mariadb://localhost:3306/jspdb", "jsp", "1234");
```

이러한 DB 접속 과정을 거치면 jspdb에 대한 쿼리를 실행할 수 있다.

이제 이 데이터베이스 접속 문장의 위치를 찬찬히 살펴보자. 일반적인 try~catch 문장의 형태와는 다른 것을 알 수 있을 것이다. 일반적인 try~catch 라면 다음과 같이 DB 접속 문장이 try절 안에 들어가 있어야 한다.

```
try {
    Connection conn = DriverManager.getConnection(
            "jdbc:mariadb://localhost:3306/jspdb", "jsp", "1234");
    out.println("DB 접속 성공 !");
}
...
```

그런데 예제의 코드를 보면 DB 접속 문장이 try와 { 사이의 괄호 안에 다음과 같이 들어가 있는 것을 확인할 수 있다.

```
try (
    Connection conn = DriverManager.getConnection(
            "jdbc:mariadb://localhost:3306/jspdb", "jsp", "1234");
) {
...
```

이것은 try-with-resources 문이라 하는데, 자바 7부터 지원하는 형태이다. 이렇게 try 다음의 괄호 사이에 데이터베이스 리소스(여기에서는 접속 정보)를 할당하는 문장을 써넣으면 try~catch 구문의 실행이 끝날 때 자동적으로 이 리소스를 해제(close) 해준다. 예제 6-1을 try-with-resources를 쓰지 않은 형태로 작성하면 다음과 같이 된다. 두 코드를 비교해 보기 바란다.

예제 6-2   try-with-resources를 사용하지 않은 데이터베이스 서버 접속 예제(6-2.jsp)

```
1: <%@ page language="java" contentType="text/html; charset=UTF-8"
2:     pageEncoding="UTF-8"%>
3: <%@ page import="java.sql.*" %>
4:
5: <!DOCTYPE html>
6: <html>
7: <head>
8:     <meta charset="UTF-8">
9: </head>
10: <body>
11:
12: <%
13:     Connection conn = null;
14:
15:     Class.forName("org.mariadb.jdbc.Driver");
16:     try {
17:         conn = DriverManager.getConnection(
18:                 "jdbc:mariadb://localhost:3306/jspdb", "jsp", "1234");
19:
20:         out.println("DB 접속 성공 !");
21:
22:     } catch(Exception e) {
23:         e.printStackTrace();
24:
25:     } finally {
26:         if (conn != null)
27:                 conn.close();
28:     }
29:
30: %>
31:
32: </body>
33: </html>
```

🖥 실행 결과

DB 접속 성공!

두 코드를 비교해 보면 쉽게 확인할 수 있듯, try-with-resources 구문을 사용한 쪽이 훨씬 더 코드가 간결하다. 따라서 우리는 앞으로 이런 형태로 데이터베이스 사용 코드를 작성할 것이다.

6.2 데이터베이스의 내용을 변경하는 쿼리 실행

이제 쿼리를 실행하는 방법을 살펴보도록 한다. 가장 먼저 생각할 것은 쿼리가 다음과 같이 두 가지 부류로 나누어질 수 있다는 점이다.

- 데이터베이스의 내용을 변경하는 쿼리 : create, drop, insert, delete, update. 쿼리를 실행한 후 특별히 받아와야 하는 데이터가 없다.

- 데이터를 조회하는 쿼리 : select. 이 쿼리를 실행하고 하면 테이블 데이터가 반환된다. 따라서 받아온 테이블에서 원하는 데이터를 꺼내는 추가 단계가 필요하다.

여기서는 먼저, 추가적인 처리가 필요 없는 쿼리들을 실행하는 방법을 살펴볼 것이다. create, drop, insert, delete, update와 같이 데이터베이스의 내용을 변경하는 쿼리를 실행하는 방법은 다음과 같다.

```
Statement stmt = conn.createStatement();
stmt.cxccutcUpdatc(쿼리);
```

첫 번째 줄은 쿼리 문장객체를 stmt라는 이름으로 만든다. 그리고 두 번째 줄에서는 이 쿼리 문장 객체를 이용해 원하는 쿼리를 실행한다.

실제 사용한 예를 보는 편이 이해가 빠를 것이다. create table 쿼리를 이용하여 DB에 테이블을 하나 만드는 JSP 프로그램을 작성해 보자.

📋 **예제 6-3**　　테이블 생성 예제 (6-3.jsp)

```
 1: <%@ page language="java" contentType="text/html; charset=UTF-8"
 2:     pageEncoding="UTF-8"%>
 3: <%@ page import="java.sql.*" %>
 4:
 5: <!DOCTYPE html>
 6: <html>
 7: <head>
 8:     <meta charset="UTF-8">
 9: </head>
10: <body>
11:
12: <%
13:     Class.forName("org.mariadb.jdbc.Driver");
14:     try (
15:         Connection conn = DriverManager.getConnection(
16:                 "jdbc:mariadb://localhost:3306/jspdb", "jsp", "1234");
17:         Statement stmt = conn.createStatement();
18:     ) {
19:
20:     String sql =
21:                 "create table score (" +
22:                 "   num  int          primary key," +
23:                 "   name varchar(20),             " +
24:                 "   kor  int,                     " +
25:                 "   eng  int,                     " +
26:                 "   math int                     " +
27:                 ")";
28:
29:         stmt.executeUpdate(sql);
30:         out.println("성적 테이블 생성 성공 !");
31:
32:     } catch(Exception e) {
33:         e.printStackTrace();
34:     }
35: %>
36:
37: </body>
38: </html>
```

📺 **실행 결과**

> 성적 테이블 생성 성공!

혹시 MariaDB 사용법을 실습하면서 만든 score 테이블이 데이터베이스에 남아있다면 먼저 삭제하고 이 예제를 실행하기 바란다. 테이블이 이미 있다면 다음과 같은 예외 (Exception)가 발생할 것이다.

> java.sql.SQLException: Table 'score' already exists

이 프로그램은 score라는 이름의 테이블을 생성해 준다. 17번 행은 쿼리 문장 객체를 생성하고, 29번 행이 문자열 변수 sql에 담긴 쿼리를 실행하는 코드이다. 29번 행의 괄호 안에 쿼리 문자열을 직접 적어주어도 되지만, 쿼리가 길기 때문에 sql이라는 변수에 담았다가 실행하였다. 바로 위 20~27번 행이 쿼리 문자열을 sql에 넣는 부분이다.

테이블을 만들었으니 이제 레코드를 추가해 보자. 방금 만든 테이블에 레코드 3개를 추가하는 프로그램은 다음과 같다. 이 프로그램을 실행한 후에는 MySQL 클라이언트에서 "select * from score"를 실행해서 레코드가 잘 추가되었는지 확인해보기 바란다.

📝 **예제 6-4** 레코드 추가 예제 (6-4.jsp)

```
 1: <%@ page language="java" contentType="text/html; charset=UTF-8"
 2:     pageEncoding="UTF-8"%>
 3: <%@ page import="java.sql.*" %>
 4:
 5: <!DOCTYPE html>
 6: <html>
 7: <head>
 8:     <meta charset="UTF-8">
 9: </head>
10: <body>
11:
12: <%
13:     Class.forName("org.mariadb.jdbc.Driver");
```

```
14:     try (
15:         Connection conn = DriverManager.getConnection(
16:                 "jdbc:mariadb://localhost:3306/jspdb", "jsp", "1234");
17:         Statement stmt = conn.createStatement();
18:     ) {
19:
20:         String[][] score = {
21:             { "1", "홍길동", "50", "60", "70" },
22:             { "2", "이순신", "65", "75", "85" },
23:             { "3", "강감찬", "60", "80", "70" }
24:         };
25:
26:         for (int i = 0; i < score.length; i++) {
27:             String sql = String.format(
28:                     "insert into score values (%s, '%s', %s, %s, %s)",
29:                     score[i][0], score[i][1], score[i][2],
30:                     score[i][3], score[i][4]);
31:
32:             stmt.executeUpdate(sql);
33:             out.println("쿼리 실행 성공 : " + sql + "<br>");
34:         }
35:
36:     } catch(Exception e) {
37:         e.printStackTrace();
38:     }
39: %>
40:
41: </body>
42: </html>
```

🖥 실행 결과

```
쿼리 실행 성공 : insert into score values (1, '홍길동', 50, 60, 70)
쿼리 실행 성공 : insert into score values (2, '이순신', 65, 75, 85)
쿼리 실행 성공 : insert into score values (3, '강감찬', 60, 80, 70)
```

이 예제의 28번 행을 입력할 때는, name 필드 값이 담긴 변수 명을 작은따옴표로 둘러싸 주었음에 유의하기 바란다. 다른 필드는 모두 정수형(int)이지만, name 필드는 문자열

(varchar)이므로, '홍길동'과 같이 필드 값을 작은따옴표로 둘러싸 주어야 한다.

6.3 데이터를 조회하는 쿼리 실행

데이터 조회를 위해 select 쿼리를 실행하는 형식은 다음과 같다.

```
Statement stmt = conn.createStatement();
ResultSet rs = stmt.executeQuery(쿼리);
```

select는 create, insert, delete, update 등과는 달리 값을 꺼내오는 쿼리이다. 따라서 쿼리를 실행할 때도 executeQuery()라는 별도의 메서드를 사용하고, 쿼리의 결과를 어디엔가 담아놓고 사용해야 하므로 반환 값도 받아두어야 한다. executeQuery() 메서드는 ResultSet 클래스 형태의 객체를 반환하는데, 이 객체는 쿼리의 결과를 담고 있다. 예를 들어 앞에서 만든 score 테이블로부터 모든 데이터를 읽어 와서 rs라는 이름의 쿼리 결과 객체로 받아두는 코드는 다음과 같다.

```
ResultSet rs = stmt.executeQuery("select * from score");
```

이 코드가 실행되고 나면 쿼리 결과 객체 안에는 테이블 형태의 데이터가 들어가 있다. 그리고 테이블 안에서 각각의 데이터를 꺼내기 위해서는 추가적인 작업이 필요하다. score 테이블의 모든 데이터를 읽어 와서 화면에 출력해 주는 프로그램을 살펴보도록 하자.

🗂 **예제 6-5** 데이터 출력 예제 (6-5.jsp)

```
1: <%@ page language="java" contentType="text/html; charset=UTF-8"
2:     pageEncoding="UTF-8"%>
3: <%@ page import="java.sql.*" %>
4:
5: <!DOCTYPE html>
6: <html>
7: <head>
```

```
 8:     <meta charset="UTF-8">
 9:     <style>
10:         table { width: 400px; text-align: center; }
11:         th    { background-color: cyan; }
12:     </style>
13: </head>
14: <body>
15:
16: <table>
17:     <tr>
18:         <th>번호</th><th>이름</th>
19:         <th>국어</th><th>영어</th><th>수학</th>
20:         <th>총점</th><th>평균</th>
21:     </tr>
22: <%
23:     Class.forName("org.mariadb.jdbc.Driver");
24:     try (
25:         Connection conn = DriverManager.getConnection(
26:                 "jdbc:mariadb://localhost:3306/jspdb", "jsp", "1234");
27:         Statement stmt = conn.createStatement();
28:         ResultSet rs = stmt.executeQuery("select * from score");
29:     ) {
30:         while (rs.next()) {
31:             int sum = rs.getInt("kor") + rs.getInt("eng") +
32:                     rs.getInt("math");
33: %>
34:             <tr>
35:                 <td><%=rs.getInt    ("num" )%></td>
36:                 <td><%=rs.getString("name")%></td>
37:                 <td><%=rs.getInt    ("kor" )%></td>
38:                 <td><%=rs.getInt    ("eng" )%></td>
39:                 <td><%=rs.getInt    ("math")%></td>
40:                 <td><%=sum%></td>
41:                 <td><%=String.format("%.2f", (float)sum / 3)%></td>
42:             </tr>
43: <%
44:         }
45:
46:     } catch(Exception e) {
```

```
47:            e.printStackTrace();
48:        }
49: %>
50: </table>
51:
52: </body>
53: </html>
```

📺 실행 결과

번호	이름	국어	영어	수학	총점	평균
1	홍길동	50	60	70	180	60.00
2	이순신	65	75	85	225	75.00
3	강감찬	60	80	70	210	70.00

데이터베이스에 접속하는 코드는 이전과 같으므로 28번 행부터 살펴보자. 28번 행의 쿼리 실행 문장에서는 방금 얘기한 대로 executeQuery() 메서드를 사용하였고 반환 값을 rs로 받았다.

여기서 가장 중요한 것은 30~44번 행의 while 반복 문이다. 30번 행에 있는 while 문의 조건식만을 떼어 내면 다음과 같다.

```
rs.next()
```

rs.next() 메서드는 rs가 담고 있는 쿼리의 결과 값(테이블 형태)에서 레코드 포인터를 다음 레코드로 옮기고 true를 반환한다. 레코드 포인터란, 현재 관심 있는 레코드에 표시를 해둔 것이라 생각하면 된다. 즉, 처음으로 next()가 호출되면 첫 번째 레코드를, 다시 next()가 호출되면 두 번째, 다시 mext()가 호출되면 세 번째...와 같은 식으로 next()가 호출될 때마다 다음 레코드를 가리키게 된다. 단, 다음 레코드가 남아있지 않으면 false를 리턴 한다.

따라서 while의 조건식이 true가 되어 while 반복문 안으로 진입했다는 것은 지금 레코드 포인터가 어느 특정한 레코드를 가리키고 있다는 뜻이다. 이때 그 레코드에서 특정 필드의 값을 읽어내려면 다음과 같은 메소드를 사용한다.

```
rs.getInt(정수_필드)
rs.getString(문자열_필드)
```

따라서 rs.getInt("num")은 현재 레코드 포인터가 가리키는 레코드의 num 필드 값이 정수인데, 그 값을 읽어 달라는 의미이며, rs.getString("name")은 그 레코드의 name 필드값이 문자열인데 그 값을 읽어달라는 의미가 된다.

이제 그동안 공부한 내용을 정리해보자. 쿼리의 종류에 따른 데이터베이스 접근 코드의 형태는 다음과 같다.

구분		코드 형식

DB 접속		Connection conn = DriverManager.getConnection(
		    "jdbc:mariadb://서버주소:3306/사용할DB",
		    "사용자ID", "비밀번호");

쿼리 문장 객체 준비		Statement stmt = conn.createStatement();
쿼리 실행	select 외의 쿼리	stmt.executeUpdate(쿼리);

	select 쿼리	ResultSet rs = stmt.executeQuery(쿼리);
		while (rs.next()) {
		    // rs.getInt(정수_필드)
		    // rs.getString(문자열_필드)
		}

연습문제

1. 데이터베이스에 접속하는 자바 코드의 형식을 적어 보시오.

2. 간단한 주소록을 위해 테이블을 생성하는 프로그램을 작성하시오. 이 테이블은 일련번호, 이름, 주소, 전화번호 필드를 가지도록 하고, executeUpdate() 메서드를 이용하여 작성하시오.

3. 앞에서 만든 주소록 테이블에 3명 이상의 샘플 데이터를 추가하는 프로그램을 작성하시오. 역시 executeUpdate() 메서드를 이용하여 작성하시오.

4. 위 문제에서 만든 테이블의 데이터를 executeQuery() 메서드로 조회하는 프로그램을 작성하시오.

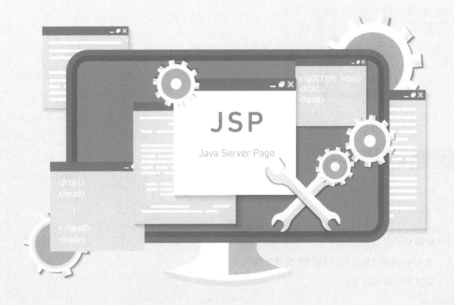

파일 업로드와
간이 웹 하드 구현

CHAPTER 7

이 장에서는 사용자로부터 파일을 업로드 받는 방법을 알아보고, 이를 이용하여 기본적인 기능만을 제공하는 간이 웹 하드 프로그램을 작성한다. 모든 파일이 하나의 폴더에 저장된다는 제약을 두긴 하지만, 파일 업로드, 다운로드, 삭제 기능이 동작하도록 만들 것이다. 각각의 기능들이 어떻게 구현되는지도 보아야겠지만, 여러 개의 모듈로 구성된 데이터베이스 응용 프로그램을 작성하는 과정을 파악하는 데 중점을 두고 읽어나가기 바란다.

7.1 파일 업로드

7.1.1 준비 작업

JSP에서 파일을 업로드 받기 위해서는 먼저 세 가지 준비 작업을 해야 한다.

첫째, 파일 업로드 기능을 구현한 라이브러리 파일을 설치해야 한다. 파일 업로드 기능을 직접 구현하려면 많은 노력이 필요하다. 따라서 대부분 개발자들이 미리 만들어진 파일 업로드 라이브러리를 이용하는데, 우리는 사람들이 가장 많이 이용하는 O'Reilly의 COS 라이브러리를 이용할 것이다.

다운로드는 http://www.servlets.com/cos/ 에서 받을 수 있는데, cos-20.08.zip이라는 이름의 압축파일로 되어 있다. 여기에서 우리가 필요한 것은 cos.jar 파일 뿐이므로 압축을 해제한 뒤, 이 파일을 프로젝트 폴더 > WebContent > WEB-INF > lib 폴더에 드래그하면 된다.

둘째, 이클립스의 퍼블리싱 기능을 해제한다. 이클립스는 웹 애플리케이션을 실행할 때, 웹 애플리케이션의 원본 폴더는 건드리지 않고, 원본을 복사한 실행용 폴더를 만들어서 사용하는데 이것을 퍼블리싱 기능이라고 한다. 보통 때는 이것이 켜져 있어도 상관없지만 파일 업로드를 할 때에는 문제가 되므로 해제해 주어야 한다. 다음과 같이 한다.

- 이클립스의 아래쪽 창에서 "Servers" 탭을 선택한다.

- 톰캣 서버가 동작 중이라면 중지시킨다. "Tomcat v9.0 Server..."을 한 번만 클릭했을

때 오른쪽에 빨간색 정지 버튼이 활성화되어 있다면 톰캣이 동작 중인 것이다. 정지
버튼을 눌러서 톰캣 서버를 중지시킨다.

- "Tomcat v9.0 Server…"을 더블클릭한다.

- 위쪽 창에 "Server Options" 파트에서 "Serve modules without publishing"을 클릭한
  후 Ctrl+S로 수정 내용을 저장한다. 체크 표시가 보이는 것이 퍼블리싱을 끈 것이다.

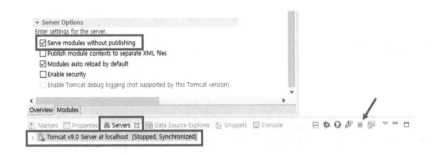

셋째, 업로드된 파일들이 들어갈 폴더를 만들어야 한다. JSP 프로그램들이 있는 폴더에
업로드 파일들을 같이 저장할 수도 있지만, 그렇게 하면 나중에는 프로그램 파일과 업로
드 파일이 섞여 뒤죽박죽될 것이다. 이클립스의 Project Explorer에서 WebContent 폴더
에 마우스 우클릭 후 New > Folder를 선택하여 "files"라는 이름으로 폴더를 만든다.

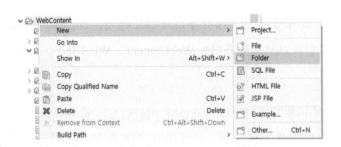

7.1.2 파일 업로드 폼

파일 업로드는 <input type="file"> 태그로 받을 수 있다. 이를 이용한 파일 업로드 폼의
예는 다음과 같다.

📄 **예제 7-1** 파일 업로드를 위한 폼 (7-1.html)

```
 1: <!doctype html>
 2: <html>
 3: <head>
 4:     <meta charset="utf-8">
 5: </head>
 6: <body>
 7:
 8: <form action="7-2.jsp" method="post" enctype="multipart/form-data">
 9:     업로드할 파일을 선택하세요.<br>
10:     <input type="file" name="upload"><br>
11:     <input type="submit" value="업로드">
12: </form>
13:
14: </body>
15: </html>
```

🖥 **실행 결과**

바로 아래가 구글 크롬, 그 다음이 IE에서 표시하는 형태이다.

업로드할 파일을 선택하세요.
파일 선택 선택된 파일 없음
업로드

업로드할 파일을 선택하세요.
찾아보기...
업로드

파일을 업로드할 때에는 <form> 태그의 두 속성이 정확하게 설정되어야 한다.

- method="post" : 전송 방식이 POST이어야 한다. GET 방식을 쓰면 파일 내용이 아니라 파일명만 전송된다.

- enctype="multipart/form-data" : enctype 속성은 폼을 전송할 때 사용할 인코딩 방법을 지정한다. 이 속성이 "multipart/form-data"가 아니어도 파일명만 전송된다.

이제 10번 행을 보자. <input type="file" name="upload"> 태그로 업로드할 파일을 선택할 수 있도록 했다. 이 태그의 name이 upload인 것도 기억해 두자. JSP 프로그램에서 업로드된 파일 정보를 얻을 때 필요할 것이다.

이 파일을 실행하면 위의 실행 결과에서 볼 수 있는 화면이 나타난다. 브라우저에 따라 화면에 표출하는 모양은 조금씩 다르지만, 사용법은 같다. "파일선택" 또는 "찾아보기" 버튼을 눌러 파일을 선택한 뒤 "업로드" 버튼을 누르면, 선택된 파일이 업로드된 후 7-2.jsp가 실행된다.

7.1.3 업로드 파일 처리

HTML 입력 폼을 통해 전송된 파일을 처리하는 JSP 프로그램은 다음과 같다.

📄 **예제 7-2**   파일 업로드를 처리하는 프로그램 (7-2.jsp)

```
1: <%@ page language="java" contentType="text/html; charset=UTF-8"
2:     pageEncoding="UTF-8"%>
3: <%@ page import="com.oreilly.servlet.MultipartRequest,
4:                  com.oreilly.servlet.multipart.DefaultFileRenamePolicy,
5:                  java.io.File" %>
6:
7: <!DOCTYPE html>
8: <html>
9: <head>
10:    <meta charset="UTF-8">
11: </head>
12: <body>
13:
14: <%
15:    MultipartRequest multi = new MultipartRequest(
16:        request,                     // POST 로 전달된 내용을 담은 객체
17:        application.getRealPath("/files"),   // 파일을 저장할 경로
18:        100 * 1024 * 1024,           // 최대 파일 크기 (100MB)
19:        "utf-8",                     // 인코딩
20:        new DefaultFileRenamePolicy()        // 동일 파일명 처리 방법
```

```
21:    );
22:
23:    File file = multi.getFile("upload");          // 파일 객체 얻기
24:
25:    if (file == null)
26:       out.print("파일 업로드 오류!");
27:    else {
28:       out.print("File Name : " + file.getName() + "<br>");
29:       out.print("File Size : " + file.length()  + "<br>");
30:    }
31: %>
32:
33: </body>
34: </html>
```

🖥 실행 결과

```
"시험용 이미지 파일.JPG"라는 이름의 파일을 업로드 하였을 경우
파일 이름 : 시험용 이미지 파일.jpg
파일 크기 : 2,890,270 bytes
```

먼저, 3~5번 행을 보자. 파일 업로드를 처리하는데 필요한 클래스들을 import 하는 부분
이다.

중요한 부분은 그 뒤의 15~21번 행의 코드인데, MultipartRequest 타입의 객체를 생성
한다. 그리고 그 과정에서 업로드된 파일이 지정된 폴더에 저장된다. 이 클래스의 생성
자는 5개의 인자를 취하는데 그 의미는 다음과 같다.

첫 번째 인자는, JSP 실행 시에 자동으로 만들어지는 request 객체이다. MultipartRequest
객체는 request 객체에서 필요한 정보들을 뽑아내서 자신이 저장한다.

두 번째 인자는, 업로드된 파일을 저장할 경로이다. 다음과 같은 코드로 경로를 얻어내
고 있다.

```
17:          application.getRealPath("/files"),    // 파일을 저장할 경로
```

application 객체도 JSP 프로그램이 실행될 때 자동으로 만들어지는 객체 중의 하나이다. 이 객체의 getRealpath 메소드는 웹 애플리케이션 폴더를 기준으로 하는 웹 경로를 받아서, 그것이 파일 시스템 상에서 어디 있는지를 알려준다. 우리들은 이클립스를 쓰고 있으니 WebContent 폴더 아래에 있는 files 폴더가 파일 시스템 경로로 어디에 있는지를 알려준다고 생각하면 될 것이다. 예를 들어 이클립스 워크스페이스 폴더가 "C:\jsp\workspace"이고, 프로젝트 이름이 test라고 한다면 위의 코드는 다음과 같은 문자열을 반환할 것이다.

```
C:\jsp\workspace\test\WebContent\files
```

세 번째 인자는 업로드 할 파일의 최대 크기를 바이트 단위로 적는다.

네 번째 인자는 웹 페이지의 인코딩 방식을 적는다.

마지막 인자는 동일한 파일을 다시 업로드 할 때의 처리 정책이 기록된 객체를 넣는다. 대부분의 경우는 DefaultFileRenamePolicy 클래스의 객체를 그냥 사용하는 것만으로 충분할 것이다. 이 정책은 동일한 파일명을 가진 파일이 업로드 되면, 나중에 업로드된 파일명 뒤에 (1), (2),... 와 같이 숫자를 붙여준다.

이제 23번 행을 살펴보자. MultipartRequest 객체의 getFile(업로드_태그_name_속성)을 실행하면, 해당하는 태그를 통해 업로드된 파일 정보를 반환받을 수 있다. 만약 이때 반환 값이 null 이면 업로드에 실패한 것이다.

자 이제 업로드가 잘 되는지 테스트 해보자. 예제 7-1을 실행해서 업로드할 파일을 고른 뒤 "업로드" 버튼을 누른다. 이때 예제 7-2가 실행되면서 화면에 업로드된 파일 정보를 출력하면 업로드가 잘 된 것이다. 혹시 정말 업로드가 되었는지 의심스럽다면 이클립스의 Project Explorer에서 F5를 눌러 새로 고침을 파고 files 폴더를 보자. 업로드 한 파일이 보이면 성공한 것이다.

7.2 웹 하드 프로그램을 위한 테이블 생성과 메인 페이지

7.2.1 테이블 생성

가장 먼저 할 일은 웹 하드 프로그램을 위한 테이블을 생성하는 것이다. 테이블 생성 쿼리는 다음과 같다.

📋 **예제 7-3**   웹하드를 위한 테이블 생성 (webhard.sql)

```
1: create table webhard (
2:     num   int           auto_increment primary key,
3:     fname varchar(80),
4:     ftime varchar(20),
5:     fsize int
6: );
```

num 필드는 파일에 고유번호를 부여하기 위한 것이므로, auto_increment 필드로 지정하였다. 따라서 이 필드는 우리가 직접 값을 넣어주지 않아도 레코드가 생길 때 자동으로 1씩 증가된 값을 MariaDB가 부여한다.

그 뒤의 fname은 파일명, ftime은 파일을 업로드 한 날짜와 시간, fsize는 파일 크기를 담을 필드이다.

7.2.2 웹 하드 메인 페이지

웹 하드의 메인 페이지는 다음과 같이 작성하면 된다.

📋 **예제 7-4**   웹 하드 메인 페이지 (webhard.jsp)

```
1: <%@ page language="java" contentType="text/html; charset=UTF-8"
2:     pageEncoding="UTF-8"%>
3: <%@ page import="java.sql.*" %>
4:
```

```
 5: <!DOCTYPE html>
 6: <html>
 7: <head>
 8:     <meta charset="UTF-8">
 9:     <style>
10:         table  { width: 700px; text-align: center; }
11:         th     { background-color: cyan; }
12:
13:         .left  { text-align: left;  }
14:         .right { text-align: right; }
15:
16:         a:link  { text-decoration: none; color: blue; }
17:         a:hover { text-decoration: none; color: red;  }
18:     </style>
19: </head>
20: <body>
21:
22: <form action="add_file.jsp" enctype="multipart/form-data" method="post">
23:     업로드할 파일을 선택하세요.<br>
24:     <input type="file" name="upload"><br>
25:     <input type="submit" value="업로드">
26: </form>
27: <br>
28:
29: <table>
30:     <tr>
31:         <th>파일명    </th>
32:         <th>업로드 시간</th>
33:         <th>크기      </th>
34:         <th>삭제      </th>
35:     </tr>
36:
37: <%
38:     Class.forName("org.mariadb.jdbc.Driver");
39:     try (
40:         Connection conn = DriverManager.getConnection(
41:                 "jdbc:mariadb://localhost:3306/jspdb", "jsp", "1234");
42:         Statement stmt = conn.createStatement();
43:
```

```
44:          ResultSet rs = stmt.executeQuery("select * from webhard");
45:      ) {
46:          while (rs.next()) {
47: %>
48:          <tr>
49:            <td class="left">
50:                <a href="files/<%=rs.getString("fname")%>">
51:                    <%=rs.getString("fname")%>
52:                </a>
53:            </td>
54:            <td><%=rs.getString("ftime")%></td>
55:            <td class="right"><%=rs.getInt("fsize")%>  </td>
56:            <td><a href="del_file.jsp?num=<%=rs.getInt("num")%>">X</a></td>
57:          </tr>
58: <%
59:          }
60:      } catch(Exception e) {
61:          e.printStackTrace();
62:      }
63: %>
64: </table>
65:
66: </body>
67: </html>
```

🖥 실행 결과

업로드할 파일을 선택하세요.
파일 선택 선택된 파일 없음
업로드

파일명	업로드 시간	크기	삭제
20050709_150034.JPG	2019-06-28 13:39:52	2181008	X
20050723_121650.JPG	2019-06-28 13:40:07	2304345	X
20050722_162204.JPG	2019-06-28 13:40:12	1992603	X

당연한 얘기기만 처음 실행하면 아무 파일도 표시되지 않는다. 이 실행 화면은 파일을 3
개 업로드한 후에 얻어진 것이다.

이제 프로그램을 살펴보자. 먼저 파일 리스트를 출력하는 코드는 38~62번 행에 있다. 그

중 쿼리를 실행하는 코드는 44번 행이고, 쿼리의 실행 결과로 얻어진 정보들(업로드된 파일들의 리스트)을 화면에 출력하는 코드가 46~59번 행에 있다.

다만 파일명을 출력할 때에 다음과 같이 <a> 태그를 이용하여 파일에 대한 링크를 만든다.

```
50:              <a href="files/<%=rs.getString("fname")%>">
51:                  <%=rs.getString("fname")%>
52:              </a>
```

예를 들어 표시할 파일명이 a.jpg라면 다음과 같은 HTML 코드가 될 것이다.

```
<a href="files/a.jpg">a.jpg</a>
```

JPG 파일은 브라우저에서 바로 볼 수 있는 유형이므로, 이 링크를 클릭하면 사진이 나타날 것이다. 만약 엑셀, 파워 포인트 파일처럼 브라우저가 직접 표출할 수 없는 경우에는 파일이 다운로드 된다.

그 외에는 특이한 것이 없다. 56번 행의 링크를 보면, del_file.jsp에는 삭제할 파일의 num 필드 값이 전달되어야 한다. 그래야 해당하는 레코드를 삭제할 것이기 때문이다. 예를 들어 num 필드의 값이 15인 파일을 삭제하는 "X" 링크는 다음과 같은 href를 가진다.

```
del_file.jsp?num=15
```

7.3 파일 추가와 삭제 기능

7.3.1 파일 추가

이제 업로드 처리를 하고 업로드된 파일 정보를 테이블에 추가하는 프로그램을 살펴보자.

📋 **예제 7-5**   파일 추가 프로그램 (add_file.jsp)

```
1: <%@ page language="java" contentType="text/html; charset=UTF-8"
2:     pageEncoding="UTF-8"%>
3: <%@ page import="java.sql.*" %>
4: <%@ page import="com.oreilly.servlet.MultipartRequest,
5:                  com.oreilly.servlet.multipart.DefaultFileRenamePolicy,
6:                  java.io.File" %>
7: <%@ page import="java.time.*" %>
8:
9: <%
10:     MultipartRequest multi = new MultipartRequest(
11:             request,
12:             application.getRealPath("/files"),    // 파일을 저장할 경로
13:             100 * 1024 * 1024,                    // 최대 파일 크기 (100MB)
14:             "utf-8",                              // 인코딩
15:             new DefaultFileRenamePolicy()         // 동일 파일명 처리 방법
16:     );
17:
18:     File file = multi.getFile("upload");          // 파일 객체 얻기
19:
20:     if (file != null) {
21:         Class.forName("org.mariadb.jdbc.Driver");
22:         try (
23:             Connection conn = DriverManager.getConnection(
24:                     "jdbc:mariadb://localhost:3306/jspdb", "jsp", "1234");
25:             Statement stmt = conn.createStatement();
26:         ) {
27:             // 현재 시간 얻기
28:             String curTime = LocalDate.now() + " " +
29:                             LocalTime.now().toString().substring(0, 8);
30:
31:             // 쿼리 실행
32:             stmt.executeUpdate(String.format(
33:                 "insert into webhard (fname, ftime, fsize) " +
34:                 "values ('%s', '%s', %d)",
35:                 file.getName(), curTime, (int)file.length()));
36:
37:             // 메인 페이지로 돌아가기
38:             response.sendRedirect("webhard.jsp");
```

```
39:                return;
40:
41:            } catch(Exception e) {
42:                e.printStackTrace();
43:            }
44:        }
45:
46: %>
47:
48: <!DOCTYPE html>
49: <html>
50: <head>
51:     <meta charset="UTF-8">
52: </head>
53: <body>
54:
55: <script>
56:     alert('업로드 실패 !');
57:     history.back();
58: </script>
59:
60: </body>
61: </html>
```

먼저 10~18번 행을 보자. 이 코드는 방금 다루었던 예제 7-2와 완전히 동일한 코드이다. 파일 업로드를 처리하고, 업로드된 파일 정보를 얻는다. 20번 행에서 파일이 잘 업로드 되었음을 확인하면, 21~35번 행의 코드가 데이터베이스에 파일 정보를 저장한다.

그런데 28~29번 행을 보면 현재 시간을 얻어내는데 다음과 같은 코드를 쓰고 있다.

```
28:            String curTime = LocalDate.now() + " " +
29:                    LocalTime.now().toString().substring(0, 8);
```

LocalTime.now()를 문자열로 출력해보면 "11:41:19.174111200"와 같은 형식으로 밀리 초까지 시간이 나오는 것을 알 수 있다. 우리는 밀리초까지는 필요 없으므로 substring(0, 8)로 앞의 8글자만 떼어내 사용하는 것이다.

이제 38~39번 행을 보자.

```
38:            response.sendRedirect("webhard.jsp");
39:            return;
```

response.sendRedirect() 메서드는 웹 서비스에 사용되는 HTTP 프로토콜의 헤더에, 지정된 URL로 이동하라는 지시를 적어놓는다. 따라서 이 지시를 받은 웹브라우저는 적혀있는 URL을 다시 요청하므로, 브라우저의 화면이 지정된 URL로 이동(forward)하게 된다. 혹시 프로토콜이니, 헤더니 하는 얘기가 잘 이해되지 않는다면, 다음과 같은 사용법만 기억해도 큰 문제는 없다.

```
response.sendRedirect("이동할_URL");
```

이 문장은 지정된 URL로 화면을 전환해 준다. 다만 response.sendRedirect()를 사용한 바로 다음 줄에는 return을 써서 현재 실행 중인 JSP 프로그램은 강제로 종료시키는 것이 좋다. 이렇게 하는 이유는 response.sendRedirect()가 호출되었다고 바로 페이지 전환이 되는 것이 아니라, 그 뒤에 있는 모든 코드를 다 실행하고 나서야 페이지 전환이 일어나기 때문이다. 따라서 이 프로그램은 다음과 같은 구조를 가지고 있다.

```
if (업로드 성공) {
    ...
    response.sendRedirect("webhard.jsp");
    return;
}
업로드 실패 시 오류 메시지 출력 코드
```

업로드가 성공한 경우에는 return으로 프로그램이 종료될 것이므로 그 뒤의 부분은 절대 실행되지 않는다. 따라서 return 뒷부분은 업로드가 실패한 경우에만 실행되므로, 이곳에 오류를 처리할 코드를 적어주었다. 이것이 49번 행부터 시작하는 HTML 코드 영역이다.

48번 행부터는 오류 처리 코드가 있는데, 오류 창을 띄워 이 사실을 알린 뒤 메인 페이지로 돌아가는 짧은 자바스크립트 코드를 실행하는 것이 전부이다. 자바스크립트 코드 부분은 다음과 같다.

```
55: <script>
56:     alert('업로드 실패 !');
57:     history.back();
58: </script>
```

alert()은 화면에 지정된 메시지를 담은 다이얼로그 박스를 띄우는 자바스크립트 메서드이며, history.back()은 이전 화면으로 돌아가게 해주는 메서드이다. 따라서 경고 창에 오류 메시지를 출력하고 웹 하드의 메인 페이지로 돌아가게 된다.

7.3.2 파일 삭제

이제 파일을 삭제하는 프로그램만 작성하면 된다.

📦 **예제 7-6**　파일 삭제 프로그램 (del_file.jsp)

```
1: <%@ page language="java" contentType="text/html; charset=UTF-8"
2:     pageEncoding="UTF-8"%>
3: <%@ page import="java.sql.*" %>
4: <%@ page import="java.io.File" %>
5:
6: <%
7:     int num = Integer.parseInt(request.getParameter("num"));
8:
9:     Class.forName("org.mariadb.jdbc.Driver");
10:     try {
11:         Connection conn = DriverManager.getConnection(
12:                 "jdbc:mariadb://localhost:3306/jspdb", "jsp", "1234");
13:         Statement stmt = conn.createStatement();
14:
15:         // 삭제할 파일의 정보를 읽어오는 쿼리 (파일명을 알기 위해)
16:         ResultSet rs = stmt.executeQuery(
17:                 "select * from webhard where num=" + num);
```

```
18:        ) {
19:            if (rs.next()) {
20:
21:                // 지정된 파일 삭제
22:                File file = new File(application.getRealPath("/files/") +
23:                                    rs.getString("fname"));
24:                if (file != null) {
25:                    file.delete();
26:                }
27:
28:                // DB에서 파일 정보를 삭제
29:                stmt.executeUpdate(
30:                        "delete from webhard where num=" + num);
31:            }
32:
33:        } catch(Exception e) {
34:            e.printStackTrace();
35:        }
36:
37:        response.sendRedirect("webhard.jsp");
38: %>
```

이 프로그램은 2번의 쿼리가 필요하다. 파일을 삭제하려면 파일명을 알아야 하는데, 이 프로그램에는 파일 정보의 번호만 전달되기 때문이다. 따라서 다음과 같이 파일 정보를 데이터베이스에서 읽어 온다.

```
16:            ResultSet rs = stmt.executeQuery(
17:                    "select * from webhard where num=" + num);
```

이제 22~26번 행에서 실제로 파일을 삭제한다.

```
22:                File file = new File(application.getRealPath("/files/") +
23:                                    rs.getString("fname"));
24:                if (file != null) {
25:                    file.delete();
26:                }
```

22~23번 행에서는 파일 객체를 얻는다. 24~26번 행에서는 파일이 존재하면 delete() 메소드를 호출하여 이 파일을 삭제한다. 이것은 디스크에서 파일을 삭제하는 동작이므로, 데이터베이스에서도 파일 정보를 삭제해야 한다. 이 일은 29~30번 행의 코드가 한다.

```
29:            stmt.executeUpdate(
30:                "delete from webhard where num=" + num);
```

모든 작업이 끝나면 37번 행에서 sendRedirect()를 호출하여 다시 웹 하드 메인 페이지로 돌아간다.

연습문제

1. 웹 하드 파일 정보 리스트의 파일 크기는 현재 무조건 바이트 단위로 출력된다. 프로그램을 수정하여 다음과 같이 알아보기 쉽게 파일 크기가 출력되도록 하시오.

   - 숫자 중간(세 자리마다)에 쉼표를 넣을 것
   - 파일 크기에 따라 B, KB, MB로 단위가 바뀌어 출력되도록 할 것

   숫자에 천 단위마다 쉼표를 넣은 문자열을 얻으려면 다음과 같은 형식을 사용한다.

   ```
   String.format("%,d", 정수)
   ```

2. 삭제 링크를 클릭하면 먼저 "정말 삭제하시겠습니까?"라고 묻고, 지우겠다고 하면 삭제하도록 수정하시오. 이를 위해서는 삭제 링크를 눌렀을 때 다음과 같은 자바스크립트 코드가 실행되도록 해야 한다.

   ```
   confirm("정말 삭제하시겠습니까?");
   ```

3. 업로드 폼에서 업로드한 사람의 이름도 입력받아 그것을 데이터베이스에 저장하고, 파일 리스트를 출력할 때도 업로더의 이름이 나오도록 수정해 보시오.

   - 이를 위해서는 업로더 이름을 저장할 필드가 테이블에 있어야 한다. 이미 만들어둔 테이블에 필드를 추가하는 쿼리의 형식은 다음과 같다.

   ```
   alter table [테이블명] add [필드명] [타입] [옵션];
   ```

   따라서 다음 쿼리를 실행하면 user라는 필드를 webhard 테이블에 추가할 수 있다. 이미 만들어진 레코드의 user 필드에는 '관리자'가 들어간다.

   ```
   alter table webhard add user varchar(20) not null default '관리자';
   ```

- 한 가지 더 주의할 것은 enctype="multipart/form—data" 인 폼에서 입력된 내용은 request. getParameter()로 읽을 수 없다는 것이다. MultipartRequest 객체의 이름이 multi 라면, multi.getParameter()로 읽어야 한다.
- 한 가지 더 주의할 것은 enctype="multipart/form-data"인 폼에서 입력된 내용은 request. getParameter()로 읽을 수 없다는 것이다. MultipartRequest 객체의 이름이 multi 라면, multi.getParameter()로 읽어야 한다.

쿠키, 세션과 로그인

CHAPTER 8

우리는 앞에서 GET또는 POST 방식을 이용해서 두 페이지 간에 정보를 전달하고 받는 방법을 배웠다. 하지만 하나의 웹 사이트를 구성하는 많은 페이지들이 데이터를 공유해야 하는 경우가 종종 발생하게 된다. 로그인한 사용자 정보나 쇼핑몰의 장바구니가 그 대표적인 예인데, 이러한 상황에 사용할 수 있는 것이 쿠키와 세션이다. 이 장에서는 쿠키와 세션의 사용법을 공부하고, 세션을 이용하는 예로 회원가입과 로그인 페이지를 작성해 본다.

8.1 쿠키

8.1.1 쿠키의 생성, 삭제, 읽기

쿠키는 특정한 정보의 이름과 값을 그 사람의 컴퓨터에 저장해 놓은 것이다. 이름과 값을 가진다는 점은 변수와 같지만, 메모리가 아니라 웹브라우저가 관리하는 저장 공간 (디스크의 폴더)에 저장된다는 점이 다르다.

JSP에서는 다음과 같은 코드로 쿠키를 생성한다.

```
Cookie 쿠키_객체 = new Cookie("쿠키_이름", "쿠키_값");     // 쿠키 객체 생성
쿠키_객체.setMaxAge(쿠키_지속시간_초단위);                   // 쿠키 지속시간 설정
response.addCookie(쿠키_객체);                            // 쿠키 저장을 지시
```

예를 들어, 다음과 같이 코드를 작성할 수 있다.

```
Cookie cookie = new Cookie("userId", "lee");
cookie.setMaxAge(60 * 60 * 2);
response.addCookie(cookie);
```

이 코드는 userId라는 이름을 가진 쿠키를 만든다. 쿠키에 담긴 값은 lee이며, 이 쿠키는 2시간 동안 유효하다. 쿠키 지속시간은 초 단위로 적는데, "60 * 60 * 2"를 쓰면, 2시간 후에 쿠키가 만료된다. 현재 시간으로부터 "60(초) * 60(분) * 2(시간)"동안 유효한 쿠키이기 때문이다.

이렇게 생성된 쿠키 값을 읽을 때는 request 객체의 getCookies() 메소드를 사용한다. 형식은 다음과 같다.

```
Cookie[] 쿠키_객체의_배열 = request.getCookies();
```

하나의 웹 사이트가 여러 개의 쿠키를 사용하는 경우가 있으므로, getCookies() 메소드는 쿠키의 배열을 반환한다. 이 배열에는 해당 사이트에서 만들어진 모든 유효한 쿠키 객체들이 담긴다. 따라서 내가 원하는 쿠키 하나의 값을 얻어내려면 다음과 같은 코드가 필요하다.

```
 1: Cookie[] cookies = request.getCookies();
 2:
 3: if (cookies != null) {
 4:     for(Cookie cookie : cookies) {
 5:         if (cookie.getName().equals("userId")) {
 6:             out.println(cookie.getValue());
 7:             break;
 8:         }
 9:     }
10: }
```

이 코드는 이 사이트의 쿠키들 중 "userId"라는 이름을 가진 쿠키의 값을 출력한다. 1번 행에서는 이 사이트에서 만들어진 모든 쿠키 객체들의 배열을 가져온다. 4번 행에서는 쿠키 배열의 모든 칸에 담긴 값을 하나씩 꺼내어 변수 cookie에 넣는 반복 문을 실행한다. 5번 행에서는 현재 cookie에 담긴 쿠키의 이름이 내가 찾는 쿠키인 "userId"인지를 확인하고, 만약 맞는다면 6~7번 행에서 그 값을 출력한 뒤 반복문을 종료한다.

쿠키를 삭제할 때에는 값이 없고, 지속시간이 0인 쿠키를 만들어주면 된다. 위에서 만든 userId 쿠키를 삭제하는 코드는 다음과 같다.

```
Cookie cookie = new Cookie("userId", null);
cookie.setMaxAge(0);
response.addCookie(cookie);
```

첫 번째 줄을 보면 userId 쿠키의 값을 null로 만들었고, 두 번째 줄에서 지속시간을 0으로 설정했다. 마지막 줄에서 이렇게 만들어진 쿠키를 저장하라고 명령을 주면 기존의 쿠키 값과 지속시간이 덮어 써지며 userId 쿠키가 삭제된다.

8.1.2 로그인 메인 페이지

이제 쿠키를 이용하여 간단한 로그인 처리 프로그램을 만들어보자. 원래는 입력받은 아이디와 비밀번호를 가진 계정이 있는지 데이터베이스에서 읽어와 확인해야 하지만, 쿠키 사용법에 중점을 둘 것이므로 아이디는 admin, 비밀번호는 1234인 하나의 계정만 있다고 가정하고 로그인 프로그램을 작성할 것이다.

가장 먼저 만들어야 할 것은 화면에 아이디와 비밀번호를 입력받는 폼이다. 다음과 같이 작성하면 될 것이다.

```html
<form action="login.jsp" method="post">
    아이디:    <input type="text"      name="id"><br>
    비밀번호: <input type="password" name="pw"><br>
    <input type="submit" value="로그인">
</form>
```

그럼 위의 HTML 코드를 담은 프로그램 파일을 하나 만들면 로그인 초기화면은 끝나는 것일까? 그렇지 않다. 로그인 초기화면은 무조건 로그인 양식을 보여주면 안 된다. 현재 로그인이 되지 않은 상황에서는 로그인 양식을 보여주지만, 이미 로그인된 상태라면 로그인한 사람의 아이디를 보여주고 로그아웃을 할 수 있는 링크를 제공해야 한다. 즉 초기화면은 다음과 같이 구성된다.

```
만약 현재 로그인이 된 상태라면
    아이디와 로그아웃 버튼 출력
그렇지 않다면
    로그인 양식과 회원가입 버튼 출력
```

이 코드를 완성하려면 먼저 생각할 것이, 로그인이 된 상태인지를 어떻게 파악하는가 하는 것이다. 이건 우리가 정하면 되는 문제이므로, 로그인에 성공한다면 userId라는 이름의 쿠키를 만들기로 하자. 그러면 이제 우리는 쿠키 userId가 존재한다면 로그인이 된 상태이고, 존재하지 않는다면 로그인을 하지 않은 상태라고 판단할 수 있다.

이제 로그인 초기화면 코드를 작성해 보면 다음과 같다.

📦 **예제 8-1** 쿠키를 이용한 로그인 메인 페이지 (8-1.jsp)

```jsp
 1: <%@ page language="java" contentType="text/html; charset=UTF-8"
 2:     pageEncoding="UTF-8"%>
 3: <!DOCTYPE html>
 4: <html>
 5: <head>
 6:     <meta charset="UTF-8">
 7: </head>
 8: <body>
 9:
10: <%
11:     String userId = null;
12:
13:     Cookie[] cookies = request.getCookies();
14:     if (cookies != null) {
15:         for(Cookie cookie : cookies) {
16:             if (cookie.getName().equals("userId")) { // userId 쿠키의 값을
17:                 userId = cookie.getValue();              // 변수 userId에 넣음
18:                 break;
19:             }
20:         }
21:     }
22:
23:     if (userId != null) {            // 로그인 상태일 때의 출력
24: %>
25:         <form action="8-3.jsp" method="post"> <!--8-3.jsp:로그아웃 처리-->
26:             <%=userId%>님 로그인
27:             <input type="submit" value="로그아웃">
28:         </form>
```

```
29: <%
30:     } else {                          // 로그인되지 않은 상태일 때의 출력
31: %>
32:         <form action="8-2.jsp" method="post"> <!--8-2.jsp:로그인 처리-->
33:             아이디:   <input type="text"      name="id">  
34:             비밀번호: <input type="password" name="pw">
35:             <input type="submit" value="로그인">
36:         </form>
37: <%
38:     }
39: %>
40:
41: </body>
42: </html>
```

🖥 **실행 결과**

┌───┐
│ **[로그인되지 않았을 때]**   │
│   │
│ 아이디: [＿＿＿＿＿]   비밀번호: [＿＿＿＿＿]   [로그인]   │
│   │
│   │
│ **[로그인되었을 때]**   │
│   │
│ admin님 로그인 [로그아웃]   │
└───┘

먼저 11~21번 행을 보자. 이 코드는 userId 쿠키를 찾아 그 값을 문자열 변수 userId에 넣는다.

그러고 나면 23번 행에서는 userId 값을 확인한다. 값이 있으면 25~28번 행에서 로그인한 사람의 아이디와 로그아웃 버튼을 출력한다. 이 화면에서 사용자가 로그아웃 버튼을 누르게 되면 8-3.jsp가 실행되어 로그 아웃 처리를 하게 된다.

만약 userId 값이 없으면 로그인이 되지 않은 상태이므로 32~36번 행에서 로그인을 받을 수 있는 양식을 출력한다. 이 화면에서 사용자가 아이디와 비밀번호를 입력하고 로그인 버튼을 누르면 8-2.jsp가 실행되어 로그인 처리를 하게 된다.

8.1.3 로그인과 로그아웃 처리

로그인을 처리하는 코드는 다음과 같다.

📦 **예제 8-2** 쿠키를 이용한 로그인 처리 프로그램 (8-2.jsp)

```
 1: <%@ page language="java" contentType="text/html; charset=UTF-8"
 2:     pageEncoding="UTF-8"%>
 3:
 4: <%
 5:     String id = request.getParameter("id");
 6:     String pw = request.getParameter("pw");
 7:
 8:     if (id.equals("admin") && pw.equals("1234")) {
 9:         Cookie cookie = new Cookie("userId", id);
10:         cookie.setMaxAge(-1);            // 웹브라우저가 닫힐 때 쿠키 만료됨
11:         response.addCookie(cookie);
12:
13:         response.sendRedirect("8-1.jsp");    // 로그인 메인 화면으로 돌아감
14:         return;
15:     }
16: %>
17:
18: <!DOCTYPE html>
19: <html>
20: <head>
21:     <meta charset="UTF-8">
22: </head>
23: <body>
24:
25: <script>
26:     alert('아이디 또는 비밀번호가 틀립니다!');
27:     history.back();
28: </script>
29:
30: </body>
31: </html>
```

5~6번 행에서는 전달된 아이디와 비밀번호 값을 id와 pw라는 변수에 일단 담는다. 8번 행에서는 입력된 아이디와 비밀번호가 맞는지 확인하며, 9~11번 행에서 userId라는 이름의 쿠키를 생성해서 아이디를 담는다. 이 쿠키가 로그인 상태라는 표시가 될 것이다. 여기서 한 가지 주목할 점은 10번 행이다.

```
cookie.setMaxAge(-1);
```

쿠키 만료시간을 –1로 주고 있는데, 이렇게 하면 이 쿠키는 브라우저의 창이 닫힐 때 사라진다. 로그인을 한 상태에서 브라우저 창이 닫히면 로그인이 해제되어야 하므로 이렇게 설정한 것이다.

그리고 정상적으로 로그인 처리 작업이 끝나면 13~14번 행의 코드로 인해 메인 페이지로 이동하므로, 이 프로그램은 종료된다. 따라서 그 뒤에 18번 행부터 끝까지의 코드는 8번 행의 if가 거짓이었을 경우, 즉 아이디 또는 비밀번호가 틀렸을 때만 실행되는 코드이다. 26~27번 행의 자바스크립트 코드는 오류 메시지를 출력하고 이전화면(아이디 비밀번호 입력화면)으로 돌아가는 동작을 한다.

이제 로그아웃을 처리하는 프로그램을 작성해 보자.

📑 **예제 8-3** 쿠키를 이용한 로그아웃 처리 프로그램 (8-3.jsp)

```
 1: <%@ page language="java" contentType="text/html; charset=UTF-8"
 2:     pageEncoding="UTF-8"%>
 3:
 4: <%
 5:     Cookie cookie = new Cookie("userId", null);
 6:     cookie.setMaxAge(0);
 7:     response.addCookie(cookie);
 8:
 9:     response.sendRedirect("8-1.jsp");    // 로그인 메인 화면으로 돌아감
10: %>
```

로그 아웃 처리는 아주 간단하다. 로그인할 때 한 일이 쿠키 userId를 만든 것뿐이니, 로그아웃은 그것을 삭제하면 된다. 작업이 끝나면 로그인 메인 페이지로 이동한다.

8.2 세션

8.2.1 세션 속성의 생성, 삭제, 읽기

쿠키는 사용자의 컴퓨터에 파일 형태로 저장되기 때문에 보안에 문제가 있다. 대표적인 사례가 자동 로그인인데, 자동 로그인을 사용하면 계정 정보(아이디와 비밀번호)가 쿠키 형태로 저장되고 나중에 다른 사람이 그 정보를 쉽게 읽을 수 있다. 이런 이유로 대부분의 웹 사이트에서 자동 로그인을 켤 때는 PC방 등 여러 사람이 공유하는 PC에서 이 기능을 사용하지 말라는 경고가 표시되는 것이다.

따라서 최근의 웹 사이트는 자동 로그인과 같이 반드시 쿠키를 사용해야 하는 상황이 아니라면 대부분 세션 속성을 사용한다. 세션은 서버와 한 사용자 간의 연결을 의미하는데, 사용자가 웹 사이트에 접속하면 해당 사용자와 웹 서버 간에 세션이 생성된다. 이때 웹 서버는 각각의 사용자마다 세션 아이디라고 부르는 유일한 식별자를 부여하고, 이에 대응하는 저장 공간을 만들어 세션에 관련된 정보들을 저장한다. 이렇게 세션에 저장된 정보를 세션 속성이라 한다. 따라서 데이터가 사용자 PC가 아니라 서버에 저장되므로 쿠키에서 나타났던 보안 문제를 해결할 수 있다. 수립된 세션은 일정 시간 동안 사용자로부터 아무런 요청이 없으면 해제된다.

JSP에서는 프로그램 실행 시에 자동으로 만들어지는 session 객체를 통하여 세션에 접근할 수 있다. 그리고 세션 속성을 사용하는 방법은 쿠키에 비해 일관성이 있고 간단하다. 먼저 세션 속성을 만드는 법은 다음과 같다.

```
session.setAttribute("세션_속성_이름", "값");
```

예를 들어, userId라는 이름을 가진 세션 속성에 lee라는 문자열을 담아두고 싶으면 다음과 같이 한다.

```
session.setAttribute("userId", "lee");
```

이렇게 세션 속성을 만들고 나면, 다음과 같이 읽을 수 있다.

```
session.getAttribute("세션_속성_이름");
```

방금 만든 userId 세션 속성의 값을 읽어서 id라는 변수에 담는 코드는 다음과 같다.

```
String id = (String)session.getAttribute("userId");
```

getAttribute() 메소드는 반환 값을 Object 타입으로 주므로, 이 값을 사용하려면 세션 속성 값의 실제 타입으로 형 변환(casting)을 해야 한다. 이 예에서는 문자열 값이 들어있으므로, String으로 형 변환을 하여 문자열 변수에 대입하였다.

세션 속성을 삭제하는 방법은 다음과 같다.

```
session.removeAttribute("세션_속성_이름");
```

8.2.2 세션 속성을 이용한 로그인

사실 일반적인 로그인 처리는 쿠키가 아니라, 세션 속성을 사용한다. 우리가 쿠키를 공부하면서 살펴보았던 로그인 프로그램을 수정하여 세션 속성을 사용하는 버전으로 만들어보자.

먼저 이제부터 만들 로그인 프로그램을 별도의 폴더에 넣어두도록 하자. 이 폴더에는 로그인 관련 프로그램, 그리고 나중에 작성할 회원가입, 정보 수정처럼 회원 정보에 관련된 프로그램들만 따로 모아둘 것이다. 이렇게 해야 다른 예제 프로그램들과 섞여서 혼동을 주지 않을 것이다. 다음과 같이 한다.

- WebContent 폴더에 member 라는 이름으로 폴더를 만든다.

- 예제 8-1, 8-2, 8-3을 복사하여 member 폴더에 붙여넣기 한다.

- 8-1은 login_main.jsp, 8-2는 login.jsp, 8-3은 logout.jsp로 이름을 변경한다. 숫자보다는 의미 있는 단어로 파일명을 붙이는 것이 알아보기 쉽기 때문이다.

먼저 로그인 메인 페이지를 수정한다. 쿠키를 사용한 버전에서 달라진 부분은 음영으로
칠해 두었다.

📓 **예제 8-4** 세션 속성을 이용한 로그인 메인 페이지 (login_main.jsp)

```
 1: <%@ page language="java" contentType="text/html; charset=UTF-8"
 2:     pageEncoding="UTF-8"%>
 3:
 4: <!DOCTYPE html>
 5: <html>
 6: <head>
 7:     <meta charset="UTF-8">
 8: </head>
 9: <body>
10:
11: <%
12:     if ((String)session.getAttribute("userId") != null) {
13:         // 로그인 상태일 때의 출력
14: %>
15:         <form action="logout.jsp" method="post">
16:             <%=(String)session.getAttribute("userName")%>님 로그인
17:             <input type="submit" value="로그아웃">
18:         </form>
19: <%
20:     } else {
21:         // 로그인되지 않은 상태일 때의 출력
22: %>
23:         <form action="login.jsp" method="post">
24:             아이디:  <input type="text"      name="id">  
25:             비밀번호: <input type="password" name="pw">
26:             <input type="submit" value="로그인">
27:         </form>
28: <%
29:     }
30: %>
31:
32: </body>
33: </html>
```

🖥 **실행 결과**

[로그인되지 않았을 때]

아이디: [＿＿＿＿＿＿]　　비밀번호: [＿＿＿＿＿＿]　[로그인]

[로그인되었을 때]

관리자님 로그인 [로그아웃]

login.jsp와 logout.jsp가 모두 수정되지 않으면, 로그인 메인 페이지도 정상적으로 동작하지 않으므로, 아직 실행은 하지 말고 소스 코드를 먼저 살펴보자.

기본 구조는 쿠키를 이용한 것과 크게 다를 바 없다. 쿠키를 이용한 버전에서는 특정한 쿠키 값을 읽기 위해 반복 문을 돌려가며 원하는 쿠키를 찾았었는데, 세션 속성은 간단히 메소드 호출 한 번으로 원하는 값을 읽을 수 있어서 코드가 매우 간단해졌다. 12번 행한 줄로 userId 세션 속성을 읽어서 값을 체크하고 있다.

15번 행과 23번 행은 로그인과 로그아웃 처리를 하는 프로그램의 이름이 바뀌었기 때문에 이를 반영한 것이다. 여기까진 별문제가 없다.

16번 행은 좀 주목해볼 필요가 있다. 화면에 찍어주는 세션 속성이 userId가 아니라 userName이다. 이것은 로그인했을 때 "admin님 로그인"이라고 출력하는 것보다는 "관리자님 로그인"과 같이 사용자 이름을 찍어주는 것이 좀 더 일반적이기 때문이다. 따라서 이 코드가 제대로 동작하려면 login.jsp에서 userId와 userName 두 개의 세션 속성을 등록하여야 한다.

이제 로그인 처리 프로그램 코드를 살펴보자.

📋 **예제 8-5**　세션 속성을 이용한 로그인 처리 (login.jsp)

```
1: <%@ page language="java" contentType="text/html; charset=UTF-8"
2:     pageEncoding="UTF-8"%>
3:
4: <%
5:     String id = request.getParameter("id");
```

```
 6:    String pw = request.getParameter("pw");
 7:
 8:    if (id.equals("admin") && pw.equals("1234")) {
 9:        session.setAttribute("userId",   id       );
10:        session.setAttribute("userName", "관리자");
11:
12:        response.sendRedirect("login_main.jsp"); // 로그인 메인 화면으로
13:        return;
14:    }
15: %>
16:
17: <!DOCTYPE html>
18: <html>
19: <head>
20:    <meta charset="UTF-8">
21: </head>
22: <body>
23:
24: <script>
25:    alert('아이디 또는 비밀번호가 틀립니다!');
26:    history.back();
27: </script>
28:
29: </body>
30: </html>
```

로그인 처리 프로그램노 기본 구조는 쿠키를 사용한 버션과 같으며, 9~10번 행의 세션 속성을 생성하는 코드만 바뀌었다. 앞서 말했듯 userName 속성도 추가하여 사용자의 아이디와 이름을 저장하도록 작성되었다. 이제 마지막으로 로그아웃 처리 프로그램을 보자.

📦 **예제 8-6** 세션 속성을 이용한 로그아웃 처리 (logout.jsp)

```
1: <%@ page language="java" contentType="text/html; charset=UTF-8"
2:    pageEncoding="UTF-8"%>
3:
```

```
4: <%
5:     session.removeAttribute("userId"  );
6:     session.removeAttribute("userName");
7:
8:     response.sendRedirect("login_main.jsp"); // 로그인 메인 화면으로
9: %>
```

역시 5~6번 행에서 쿠키 삭제 대신 세션 속성을 삭제하도록 수정되었고, 로그인 메인 페이지의 이름이 바뀌었으므로 8번 행도 수정되었다. 이제 login_main.jsp를 실행해서 문제없이 잘 동작하는지 확인해 보자.

8.3 데이터베이스를 이용한 로그인

우리는 앞에서 세션 속성을 활용하여 로그인 기능을 구현하여 보았지만, 데이터베이스에서 계정 정보를 읽어오는 코드가 없어서, 소스 코드에 적어놓은 한 사람만 로그인 가능했었다. 이제 데이터베이스를 이용하는 제대로 된 로그인 프로그램을 만들어보자.

먼저 회원 정보 테이블을 생성해 보자. 실제 웹 사이트에서는 회원들에 대한 많은 정보들을 저장하겠지만, 실습 목적으로는 아이디, 비밀번호, 이름, 이렇게 세 개의 정보만 있으면 충분할 것이다. 다음은 테이블을 생성하고 샘플 데이터로 admin, hong1이라는 아이디를 가진 회원을 생성하는 쿼리이다.

예제 8-7 회원 정보 테이블 생성 쿼리 (member.sql)

```
1: create table member (
2:     id   varchar(20)  primary key,
3:     pw   varchar(20),
4:     name varchar(20)
5: );
6:
7: insert into member values ('admin', '1234', '관리자');
8: insert into member values ('hong1', 'abcd', '홍길동');
```

원한다면 한두 개 정도의 샘플 계정을 더 만들어 넣어도 좋겠다. 테이블을 만들고 나서, 이 데이터베이스의 계정 정보를 읽어 로그인을 처리하도록 프로그램을 수정해 보자. 가만히 생각을 해보면 login_main.jsp나 logout.jsp는 단지 세션 속성값을 읽거나 지울 뿐, 데이터베이스에서 무언가 읽어올 필요는 없다는 것을 알 수 있다. 그렇다면 login.jsp만 다음과 같이 수정하면 된다.

📋 **예제 8-8**　데이터베이스를 이용하는 로그인 처리 프로그램 (login.jsp)

```
1: <%@ page language="java" contentType="text/html; charset=UTF-8"
2:     pageEncoding="UTF-8"%>
3: <%@ page import="java.sql.*" %>
4:
5: <%
6:     Class.forName("org.mariadb.jdbc.Driver");
7:     try (
8:         Connection conn = DriverManager.getConnection(
9:             "jdbc:mariadb://localhost:3306/jspdb", "jsp", "1234");
10:        Statement stmt = conn.createStatement();
11:
12:        // 지정된 아이디와 비밀번호를 가진 레코드가 있는지 쿼리
13:        ResultSet rs = stmt.executeQuery(String.format(
14:            "select * from member where id='%s' and pw='%s'",
15:            request.getParameter("id"), request.getParameter("pw")));
16:     ) {
17:         // 그런 레코드가 있으면, 세션 속성을 등록하고, 메인 화면으로 돌아감
18:         if (rs.next()) {
19:             session.setAttribute("userId",   rs.getString("id"  ));
20:             session.setAttribute("userName", rs.getString("name"));
21:
22:             response.sendRedirect("login_main.jsp");
23:             return;
24:         }
25:
26:     } catch(Exception e) {
27:         e.printStackTrace();
28:     }
29: %>
```

```
30:
31: <!DOCTYPE html>
32: <html>
33: <head>
34:     <meta charset="UTF-8">
35: </head>
36: <body>
37:
38: <script>
39:     alert('아이디 또는 비밀번호가 틀립니다!');
40:     history.back();
41: </script>
42:
43: </body>
44: </html>
```

원래의 프로그램에서 수정된 것은 음영처리를 한 부분뿐이다. 아이디와 비밀번호를 체크하던 한 줄짜리 if 문이, 이제는 데이터베이스 테이블에서 해당하는 아이디와 비밀번호를 가진 레코드를 쿼리하고(6~15번 행), 그런 레코드가 존재하는지 확인하는(18번행) 코드로 바뀌었다.

이제 기본적인 로그인 프로그램이 완성되었다. 데이터베이스에 저장된 hong1이라는 아이디로도 로그인이 가능하면 제대로 동작하는 것이다.

하지만 새롭게 회원가입을 받거나, 기존 회원의 정보를 바꾸는 프로그램이 없는 상태이다. 이 두 개의 프로그램을 추가해 보자.

8.4 회원가입과 정보 수정

8.4.1 로그인 메인 페이지 완성

회원가입과 정보 수정 프로그램을 추가하려면 먼저 login_main.jsp를 약간 수정해야 한다. 회원가입, 정보 수정 프로그램을 실행시킬 버튼을 만들어야 하기 때문이다. 수정된 코드는 다음과 같으며, 이전 버전인 예제 8-8과 달라진 부분은 음영 표시를 해 두었다.

예제 8-9 로그인 메인 페이지 완성본 (login_main.jsp)

```
1: <%@ page language="java" contentType="text/html; charset=UTF-8"
2:     pageEncoding="UTF-8"%>
3:
4: <!DOCTYPE html>
5: <html>
6: <head>
7:     <meta charset="UTF-8">
8: </head>
9: <body>
10:
11: <%
12:     if ((String)session.getAttribute("userId") != null) {
13:         // 로그인 상태일 때의 출력
14: %>
15:         <form action="logout.jsp" method="post">
16:             <%=(String)session.getAttribute("userName")%>님 로그인
17:             <input type="submit" value="로그아웃">
18:             <input type="button" value="회원정보 수정"
19:                     onclick="window.open('member_update_form.jsp', 'popup',
20:                                         'width=400, height=200')">
21:         </form>
22: <%
23:     } else {
24:         // 로그인되지 않은 상태일 때의 출력
25: %>
26:         <form action="login.jsp" method="post">
27:             아이디:  <input type="text"      name="id">  
28:             비밀번호: <input type="password" name="pw">
29:             <input type="submit" value="로그인">
30:             <input type="button" value="회원가입"
31:                     onclick="window.open('member_join_form.jsp', 'popup',
32:                                         'width=400, height=200')">
33:         </form>
34: <%
35:     }
36: %>
37:
```

```
38: </body>
39: </html>
```

🖥 **실행 결과**

[로그인되지 않았을 때]

아이디: [＿＿＿＿＿]　　　비밀번호: [＿＿＿＿＿]　　[로그인] [회원가입]

[로그인되었을 때]

관리자님 로그인 [로그아웃] [회원정보 수정]

먼저 18~20번 행을 보자. "회원정보 수정" 버튼을 추가하였다. 이 버튼을 누르면 자바스크립트 window.open() 메소드가 실행된다. 이 메소드는 새 창을 여는 동작을 하며, 사용법은 다음과 같다.

```
window.open('새_창에_보여줄_웹_문서', '새_창의_이름', '옵션1, 옵션2, ...');
```

우리가 사용한 코드와 window.open()의 사용 형식을 같이 보면서 의미를 살펴보도록 하자.

```
window.open('member_update_form.jsp', 'popup', 'width=400, height=200')
```

먼저, 첫 번째 인자를 보면, 새 창에 보여줄 웹 문서의 이름이 적혀 있다. member_update_form.jsp은 회원가입 양식을 담고 있으므로, 새 창에 회원가입 양식이 나타나게 된다.

그 뒤의 **popup**은 새로 열린 창의 이름이다. 이 이름은 화면에 보이는 제목과는 다르며, HTML 문서에서 특정한 창을 가리키려고 할 때 사용하는 이름이다. 우리가 만들고 있는 예제에서는 이 이름을 사용할 일은 없으므로 가볍게 보고 넘어가도 되겠다.

마지막 인자에는 새 창에 관련된 옵션들을 쉼표로 연결하여 적어준다. 이 예제에서는 새 창의 가로 크기를 400픽셀, 세로 크기를 200픽셀로 지정하였다.

30~32번 행도 새 창에서 실행할 프로그램의 이름만 다를 뿐, 거의 같은 코드이다. "회원가입" 버튼을 누르면 새 창을 열고, 여기에 회원가입 양식을 출력하는 member_join_form.jsp를 실행해 준다.

8.4.2 회원가입

회원가입 버튼을 눌렀을 때 뜨는 창에서 실행될 회원가입 양식을 살펴보자. 코드는 다음과 같다.

📁 **예제 8-10** 회원가입 양식 (member_join_form.jsp)

```
 1: <%@ page language="java" contentType="text/html; charset=UTF-8"
 2:     pageEncoding="UTF-8"%>
 3:
 4: <!DOCTYPE html>
 5: <html>
 6: <head>
 7:     <meta charset="UTF-8">
 8:     <title>회원가입</title>
 9: </head>
10: <body>
11:
12: <form action="member_join.jsp" method="post">
13:     <table>
14:         <tr>
15:             <td>아이디</td>
16:             <td><input type="text" name="id"></td>
17:         </tr>
18:         <tr>
19:             <td>비밀번호</td>
20:             <td><input type="password" name="pw"></td>
21:         </tr>
22:         <tr>
23:             <td>이름</td>
24:             <td><input type="text" name="name"></td>
25:         </tr>
26:     </table>
```

```
27:     <input type="submit" value="등록">
28: </form>
29:
30: </body>
31: </html>
```

🖥 **실행 결과**

회원가입 양식을 별다르게 살펴볼 것이 없다. 확장 자가 jsp일 뿐이지, 실제로는 HTML로만 구성된 문서이기 때문이다. 사용자가 회원가입 정보를 입력하고, "등록" 버튼을 누르면 member_join.jsp를 실행하는 것이 전부이다.

회원가입을 실제로 처리해주는 프로그램은 다음과 같다.

📄 **예제 8-11** 회원가입 처리 (member_join.jsp)

```
1: <%@ page language="java" contentType="text/html; charset=UTF-8"
2:     pageEncoding="UTF-8"%>
3: <%@ page import="java.sql.*" %>
4:
5: <!DOCTYPE html>
6: <html>
7: <head>
8:     <meta charset="UTF-8">
9: </head>
10: <body>
11:
12: <%
13:     request.setCharacterEncoding("utf-8");
14:
15:     Class.forName("org.mariadb.jdbc.Driver");
```

```jsp
16:     try (
17:         Connection conn = DriverManager.getConnection(
18:                 "jdbc:mariadb://localhost:3306/jspdb", "jsp", "1234");
19:         Statement stmt = conn.createStatement();
20:
21:         // 이미 존재하는 아이디인지 체크하는 쿼리
22:         ResultSet rs = stmt.executeQuery(String.format(
23:                 "select * from member where id='%s'",
24:                 request.getParameter("id")));
25:     ) {
26:         if (rs.next()) {
27:             // 이미 있는 아이디이면 오류 표시
28: %>
29:             <script>
30:                 alert('이미 등록된 아이디입니다.');
31:                 history.back()
32:             </script>
33: <%
34:         } else {
35:
36:             // 새로운 회원정보를 DB에 추가하는 쿼리
37:             stmt.executeUpdate(String.format(
38:                     "insert into member values('%s', '%s', '%s')",
39:                     request.getParameter("id"   ),
40:                     request.getParameter("pw"   ),
41:                     request.getParameter("name")));
42: %>
43:             <script>
44:                 alert('가입이 완료되었습니다.');
45:                 window.close();
46:             </script>
47: <%
48:         }
49:     } catch(Exception e) {
50:         e.printStackTrace();
51:     }
52: %>
53:
54: </body>
55: </html>
```

먼저 21~32번 행의 코드를 살펴보도록 하자. 이 코드는 select 쿼리를 실행해서 사용자가 입력한 아이디가 이미 존재하는 것이면 오류를 화면에 출력하는 코드이다. 이런 경우 이전 페이지로 돌아가서 다시 사용자 정보를 입력하도록 한다.

```
21:          // 이미 존재하는 아이디인지 체크하는 쿼리
22:          ResultSet rs = stmt.executeQuery(String.format(
23:              "select * from member where id='%s'",
24:              request.getParameter("id")));
25:      ) {
26:      if (rs.next()) {
27:          // 이미 있는 아이디이면 오류 표시
28: %>
29:          <script>
30:            alert('이미 등록된 아이디입니다.');
31:            history.back()
32:          </script>
```

34~48번 행은 사용자가 입력한 아이디에 문제가 없는 경우에 실행된다. 이 코드는 데이터베이스 테이블에 회원 정보를 insert 하고, 화면에 가입이 완료되었다는 메시지를 출력한 후 회원가입 창을 닫는다.

```
34:      } else {
35:
36:          // 새로운 회원정보를 DB에 추가하는 쿼리
37:          stmt.executeUpdate(String.format(
38:              "insert into member values('%s', '%s', '%s')",
39:              request.getParameter("id"  ),
40:              request.getParameter("pw"  ),
41:              request.getParameter("name")));
42: %>
43:          <script>
44:            alert('가입이 완료되었습니다.');
45:            window.close();
46:          </script>
47: <%
48:      }
```

45번 행의 window.close()는 현재 창을 닫는 자바스크립트 코드이다.

8.4.3 회원 정보 수정

회원 정보 수정 입력 양식의 코드를 보자.

📋 **예제 8-12** 회원 정보 수정 양식 (member_update_form.jsp)

```
 1: <%@ page language="java" contentType="text/html; charset=UTF-8"
 2:     pageEncoding="UTF-8"%>
 3: <%@ page import="java.sql.*" %>
 4:
 5: <!DOCTYPE html>
 6: <html>
 7: <head>
 8:     <meta charset="UTF-8">
 9:     <title>회원 정보 수정</title>
10: </head>
11: <body>
12:
13: <%
14:     request.setCharacterEncoding("utf-8");
15:
16:     Class.forName("org.mariadb.jdbc.Driver");
17:     try (
18:         Connection conn = DriverManager.getConnection(
19:                 "jdbc:mariadb://localhost:3306/jspdb", "jsp", "1234");
20:         Statement stmt = conn.createStatement();
21:
22:         // 현재 로그인한 사용자 정보를 읽어옴
23:         ResultSet rs = stmt.executeQuery(String.format(
24:                 "select * from member where id='%s'",
25:                 (String)session.getAttribute("userId")));
26:     ) {
27:         rs.next();
28: %>
29:         <form action="member_update.jsp" method="post">
```

```
30:              <table>
31:                  <tr>
32:                      <td>아이디</td>
33:                      <td><input type="text" name="id" readonly
34:                              value="<%=rs.getString("id")%>"></td>
35:                  </tr>
36:                  <tr>
37:                      <td>비밀번호</td>
38:                      <td><input type="password" name="pw"
39:                              value="<%=rs.getString("pw")%>"></td>
40:                  </tr>
41:                  <tr>
42:                      <td>이름</td>
43:                      <td><input type="text" name="name"
44:                              value="<%=rs.getString("name")%>"></td>
45:                  </tr>
46:              </table>
47:              <input type="submit" value="저장">
48:          </form>
49: <%
50:      } catch(Exception e) {
51:          e.printStackTrace();
52:      }
53: %>
54:
55: </body>
56: </html>
```

🖥 실행 결과

아이디 admin
비밀번호 ••••
이름   관리자
저장

기본적인 형태는 회원가입 양식과 똑같다. 다만 회원 정보 수정 양식은 현재 로그인한 사용자의 기존 회원 정보를 읽어서 입력란에 초깃값으로 준다는 점만 다를 뿐이다. 이를 위하여 14~27번 행의 코드에서 select 쿼리를 실행하여 그 결과를 rs에 담는다. 그렇게 하고 나면, 34, 39, 44번 행과 같이 입력란에 value 속성에 초깃값을 주는 것만으로 회원 정보 수정 양식을 마무리할 수 있다.

다만 33번 행에서 아이디 입력란을 위한 input 태그에 "readonly"속성을 준 것은 기억하도록 하자. 이렇게 하면 이 입력란의 내용은 수정할 수가 없어서, 아이디를 함부로 바꿀 수 없게 막는 역할을 한다.

이 화면에서 회원정보를 수정한 뒤 저장 버튼을 누르게 되면 다음과 같은 회원 정보 수정 처리 프로그램으로 넘어간다.

예제 8-13 회원 정보 수정 처리 (member_update.jsp)

```
1: <%@ page language="java" contentType="text/html; charset=UTF-8"
2:     pageEncoding="UTF-8"%>
3: <%@ page import="java.sql.*" %>
4:
5: <%
6:     request.setCharacterEncoding("utf-8");
7:
8:     Class.forName("org.mariadb.jdbc.Driver");
9:     try (
10:         Connection conn = DriverManager.getConnection(
11:             "jdbc:mariadb://localhost:3306/jspdb", "jsp", "1234");
12:         Statement stmt = conn.createStatement();
13:     ) {
14:         // 회원 정보 양식에 입력된 값을 DB에 저장
15:         stmt.executeUpdate(String.format(
16:             "update member set pw='%s', name='%s' where id='%s'",
17:             request.getParameter("pw"  ),
18:             request.getParameter("name"),
19:             request.getParameter("id"  )));
20:
21:         // 사용자 이름을 담은 세션 속성도 업데이트
```

```
22:            // 아이디는 바뀌지 않지만, 사용자 이름은 바뀔 수 있기 때문임
23:            session.setAttribute("userName", request.getParameter("name"));
24:
25:        } catch(Exception e) {
26:            e.printStackTrace();
27:        }
28: %>
29:
30: <!DOCTYPE html>
31: <html>
32: <head>
33:     <meta charset="UTF-8">
34: </head>
35: <body>
36:
37: <script>
38:     alert('수정이 완료되었습니다.');
39:     opener.location.reload(true);   // 사용자 이름이 바뀌었으면 바로 반영
40:     window.close();
41: </script>
42:
43: </body>
44: </html>
```

회원 정보 수정 역시 기본적인 형태는 회원가입 처리 프로그램과 유사하다. 다만, 회원 가입은 insert 쿼리를 실행하는데, 회원 정보 수정은 update를 실행한다는 점이 다르다. 15~19번이 update 쿼리를 실행하는 코드이다.

```
15:        stmt.executeUpdate(String.format(
16:            "update member set pw='%s', name='%s' where id='%s'",
17:            request.getParameter("pw"  ),
18:            request.getParameter("name"),
19:            request.getParameter("id"  )));
```

다른 것은 크게 어려울 것이 없다. 다만 23번 행과, 39번 행은 주의 깊게 보도록 하자.

```
23:          session.setAttribute("userName", request.getParameter("name"));
...
37: <script>
38:     alert('수정이 완료되었습니다.');
39:     opener.location.reload(true);  // 사용자 이름이 바뀌었으면 바로 반영
40:     window.close();
41: </script>
```

23번 행은 수정된 사용자 이름을 세션 속성에 반영한다. 이렇게 세션 속성 값도 바로 바꾸어주어야 바뀐 사용자 이름을 로그인 메인 화면에서 출력할 수 있기 때문이다. 하지만 이것만으로 바뀐 이름이 바로 화면에 반영되지는 않는다. 만약 39번 행이 없다면, 그저 회원 정보 수정 창만 닫히고, 바뀌기 전에 출력되었던 사용자 이름이 아직도 화면에 그대로 남아있을 것이다. 따라서 회원 정보 수정 창 자신을 열어준 웹 문서(opener)의 내용을 새로 고침해 주어야 하는데 39번 행이 바로 그 동작을 하는 자바스크립트 코드이다.

연습문제

1. 이름이 "name", 값이 "value"인 쿠키를 생성하는 코드를 적어 보시오. 단 이 쿠키는 생성 후 한 시간 동안 유지된다.

2. 이름이 "name", 값이 "value"인 쿠키값을 읽는 코드를 적어보시오.

3. 위에서 만든 쿠키를 삭제하는 코드를 적어보시오.

4. 다음은 이름이 "name", 값이 "value"인 세션 속성을 생성하고, 그 값을 읽고, 삭제하는 문장을 정리한 표이다. 빈 칸을 채워 표를 완성해 보아라.

동작	문장	조건
생성		
읽기		변수 cv에 값을 넣음
삭제		

5. 일반적으로 관리자 페이지에는 모든 회원들의 회원 정보 리스트를 볼 수 있는 기능이 있다. 회원 정보 리스트를 출력하는 프로그램을 작성해 보시오.

CHAPTER 9

게시판

CHAPTER 9

게시판은 웹 프로그램 강좌의 마지막 단계에 많이 등장하는 실습 주제이다. 이번 장에서는 간단한 게시판 프로그램을 작성해 본다. 여기에서는 게시판의 기본기능이 어떻게 구현되는지 공부하는 데 중점을 둘 것이므로, 디자인도 매우 간단하게 하고, 글쓰기, 수정, 삭제도 별다른 권한 검사 없이 바로 실행되도록 만들 것이다. 또한, 페이지 단위로 게시글의 리스트를 보여주는 기능도 여기에서는 구현하지 않고, 게시판의 모든 게시글을 한 페이지에 다 보여주는 형태로 만들 것이다. 이렇게 간단한 형태의 게시판이어야, 뒤에서 새로운 내용을 배울 때마다 그것을 게시판에 적용하기가 쉽기 때문이다. 페이지네이션은 가장 마지막에 추가하여 게시판을 완성할 것이다.

9.1 게시판 프로그램 구성과 준비 작업

9.1.1 게시판 프로그램 구성

게시판은 꽤 많은 프로그램 파일들이 서로 연관되어 동작하므로 그 관계를 머릿속에 잘 정리하고 있어야 전체 프로그램을 쉽게 이해할 수 있을 것이다. 프로그램 파일 간의 관계를 그림으로 정리하면 다음과 같다.

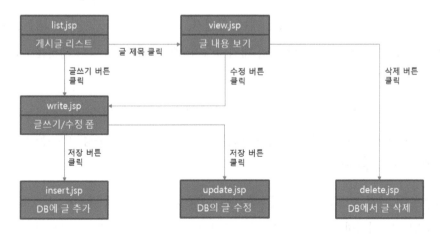

[그림 9-1] 게시판 프로그램의 구성

여기에서 insert.jsp, update.jsp, delete.jsp는 별도의 화면을 가지지 않고, 데이터베이스에 접근하여 데이터를 읽거나 쓴 뒤, 게시글 리스트 또는 글 보기 화면으로 이동하고 끝나는 프로그램들이다. 그리고 자신의 화면을 가지는 프로그램은 list.jsp(게시글 리스트), view.jsp(글 보기), write.jsp(글쓰기/수정 양식)이다. 화면 출력이 있는 프로그램들의 실행 화면 흐름을 정리하면 다음과 같다.

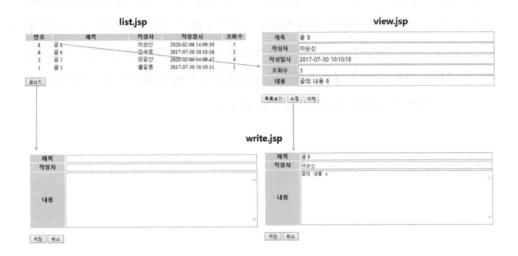

[그림 9-2] 게시판 프로그램의 화면

게시판을 실행하면 제일 먼저 게시글 리스트 페이지(list.jsp)가 나타난다. 이 화면의 아래쪽에는 "글쓰기" 버튼이 있는데, 이것을 클릭하면 새로운 글을 작성할 수 있는 글쓰기 양식(write.jsp)이 나타난다. 여기에서 제목, 작성자, 내용을 입력하고 "저장" 버튼을 누르면 insert.jsp가 실행되어 작성한 글이 데이터베이스에 저장된 후, 다시 게시글 리스트 화면으로 돌아간다.

게시글 리스트 화면에서 게시 글의 제목을 클릭하면, 글 내용 보기 화면(view.jsp)으로 바뀌게 된다. 여기에서 "삭제" 버튼을 누르면 그 글이 삭제되며, "수정" 버튼을 누르면 글쓰기 양식(write.jsp)이 나타난다.

write.jsp는 두 가지 모드(mode)로 실행되는데, 그냥 실행시키면 새 글쓰기 모드로 동작하고, 글 번호를 지정하며 실행시키면 글 수정 모드로 동작하게 된다. 새 글쓰기나 기존 글 수정이나 화면에 출력되는 양식은 같으므로, 하나의 프로그램으로 두 가지 기능을 하도록 만든 것이다.

이 화면에서 사용자가 내용을 입력한 뒤 "저장" 버튼을 누르면, 어떤 모드인가에 따라 입력된 내용이 데이터베이스에 새로 추가되거나 업데이트되며, 화면은 다시 게시글 리스트로 바뀌게 된다.

게시판을 구성하는 JSP 파일들과 각각의 역할을 요약하면 다음과 같다.

구분	파일명	역할
직접 화면에 출력하는 프로그램	list.jsp	등록된 글들의 리스트를 보여줌.
	view.jsp	하나의 글 내용을 보여줌.
	write.jsp	글쓰기 또는 수정 양식.
독자적인 화면 출력이 없는 프로그램	insert.jsp	write.jsp에 입력된 글을 데이터베이스에 추가.
	update.jsp	write.jsp에 입력된 글을 데이터베이스에 업데이트.
	delete.jsp	하나의 글을 데이터베이스에서 삭제.

9.1.2 테이블 및 샘플 데이터 생성

이제 게시판 데이터를 담을 테이블을 생성하도록 하자. 실행할 쿼리는 다음과 같다.

예제 9-1 게시판 테이블 및 샘플 데이터 생성 (board.sql)

```
 1: create table board (
 2:     num     int             auto_increment primary key,
 3:     writer  varchar(20),
 4:     title   varchar(60),
 5:     content text,
 6:     regtime varchar(20),
 7:     hits    int
 8: );
 9:
10: insert into board values
11:     (1, '홍길동', '글 1', '글의 내용 1', '2017-07-30 10:10:11', 0),
12:     (2, '이순신', '글 2', '글의 내용 2', '2017-07-30 10:10:12', 0),
13:     (3, '강감찬', '글 3', '글의 내용 3', '2017-07-30 10:10:13', 0),
14:     (4, '김수로', '글 4', '글의 내용 4', '2017-07-30 10:10:14', 0),
15:     (5, '장길산', '글 5', '글의 내용 5', '2017-07-30 10:10:15', 0),
16:     (6, '김수로', '글 6', '글의 내용 6', '2017-07-30 10:10:16', 0),
```

```
17:    (7, '홍길동', '글 7', '글의 내용 7', '2017-07-30 10:10:17', 0),
18:    (8, '이순신', '글 8', '글의 내용 8', '2017-07-30 10:10:18', 0);
```

1~8번 행은 board라는 이름의 테이블을 생성하는 create table 쿼리이고, 10~18번 행은 프로그램 작성 중 사용할 샘플 데이터를 추가하는 insert 쿼리이다. 각 필드의 의미는 다음과 같다.

필드명	의미
num	글의 고유 번호. 값 자동 생성. 프라이머리 키.
writer	작성자.
title	글 제목.
content	글 내용.
regtime	글 작성일시.
hits	조회 수.

9.1.3 게시판 화면 구성

앞에서 게시판을 구성하는 프로그램 모듈 중 3개, 즉 list.jsp, view.jsp, write.jsp는 화면에 게시글 리스트, 글 내용 보기, 글 입력 화면을 출력한다고 얘기했다. 따라서 기본적인 HTML 구성은 미리 잡아두고, 여기에 자바 코드를 추가해 나가는 것이 좋겠다. 먼저 게시글 리스트 화면을 살펴보자.

📖 **예제 9-2**   게시글 리스트 화면 (list.jsp)

```
1: <%@ page language="java" contentType="text/html; charset=UTF-8"
2:     pageEncoding="UTF-8"%>
3:
4: <!DOCTYPE html>
5: <html>
6: <head>
7:     <meta charset="UTF-8">
8:     <style>
```

```
 9:        table      { width:680px; text-align:center; }
10:        th         { background-color:cyan; }
11:
12:        .num       { width: 80px; }
13:        .title     { width:230px; }
14:        .writer     { width:100px; }
15:        .regtime    { width:180px; }
16:
17:        a:link     { text-decoration:none; color:blue; }
18:        a:visited { text-decoration:none; color:gray; }
19:        a:hover    { text-decoration:none; color:red;  }
20:    </style>
21: </head>
22: <body>
23:
24: <table>
25:     <tr>
26:         <th class="num"    >번호    </th>
27:         <th class="title"  >제목     </th>
28:         <th class="writer" >작성자  </th>
29:         <th class="regtime">작성일시</th>
30:         <th                >조회수  </th>
31:     </tr>
32:     <tr>
33:         <td>3</td>
34:         <td style="text-align:left;">
35:             <a href="view.jsp?num=3">글 제목 3</a>
36:         </td>
37:         <td>홍길동</td>
38:         <td>2020-02-06 17:31:25</td>
39:         <td>12</td>
40:     </tr>
41:     <tr>
42:         <td>2</td>
43:         <td style="text-align:left;">
44:             <a href="view.jsp?num=3">글 제목 2</a>
45:         </td>
46:         <td>장길산</td>
47:         <td>2020-02-06 14:32:25</td>
```

```
48:        <td>31</td>
49:     </tr>
50: </table>
51:
52: <br>
53: <input type="button" value="글쓰기" onclick="location.href='write.jsp'">
54:
55: </body>
56: </html>
```

🖥 **실행 결과**

번호	제목	작성자	작성일시	조회수
3	글 제목 3	홍길동	2020-02-06 17:31:25	12
2	글 제목 2	장길산	2020-02-06 14:32:25	31

글쓰기

이것은 1~2번 행의 page 지시자 말고는 JSP 코드가 한 줄도 없는 순수한 HTML이다. 그리고 HTML과 CSS의 기초만 알고 있다면 이해하는 데 큰 문제는 없을 것이다. 먼저 9~15번 행을 보자.

```
 9:        table      { width:680px; text-align:center; }
10:        th         { background-color:cyan; }
11:
12:        .num       { width: 80px; }
13:        .title     { width:230px; }
14:        .writer    { width:100px; }
15:        .regtime   { width:180px; }
```

9번 행에서는 table의 가로 폭을 680px로 하고 텍스트는 중앙 정렬하도록 지정하고 있다. 게시글 리스트는 table로 구성되므로 게시글 리스트의 가로 폭과 정렬 방식을 지정했다고 생각하면 된다.

10번 행에서는 테이블 헤더 칸의 바탕색을 하늘색으로 하여 구분이 쉽게 한다.

12~15번 행은 게시글 리스트에서 각 컬럼의 가로 폭을 지정한 것이다. 12번 행부터 순

서대로 글 번호, 제목, 작성자, 작성일시 컬럼의 가로 폭을 지정하였다.

```
17:        a:link    { text-decoration:none; color:blue; }
18:        a:visited { text-decoration:none; color:gray; }
19:        a:hover   { text-decoration:none; color:red;  }
```

그다음 17~19번 행은 글 제목의 스타일을 지정한 것이다. 글 제목을 클릭했을 때 해당 글을 보여주는 페이지로 넘어가도록 하려면, 글 제목은 a 태그를 사용하여 링크로 만들게 된다. 이 링크에 마우스를 올려놓아도 밑줄이 생기지 않도록 하고(text-decoration:none), 기본 색상은 파란색, 한번 방문했던 링크는 회색, 그리고 마우스 커서를 올려놓았을 때의 색상은 빨간색이 되도록 설정한 것이다.

```
25:     <tr>
26:        <th class="num"    >번호    </th>
27:        <th class="title"  >제목    </th>
28:        <th class="writer" >작성자   </th>
29:        <th class="regtime">작성일시</th>
30:        <th                >조회수   </th>
31:     </tr>
```

25~31번 행은 게시글 리스트의 헤더를 출력한다. 그리고 이때 가로 폭은 앞서 12~15번 행에서 지정했던 것을 적용한다. 30번 행의 조회 수에는 따로 스타일이 지정되어있지 않은데, 이렇게 하면 전체폭 680px에서 다른 컬럼들이 차지하는 폭을 뺀 나머지 폭이 자동으로 지정된다.

```
32:     <tr>
33:        <td>3</td>
34:        <td style="text-align:left;">
35:            <a href="view.jsp?num=3">글 제목 3</a>
36:        </td>
37:        <td>홍길동</td>
38:        <td>2020-02-06 17:31:25</td>
39:        <td>12</td>
40:     </tr>
```

32~49번 행은 화면 구성이 어떤지 볼 수 있도록 가짜 게시글 데이터를 출력하는 부분이다. 이 부분을 음영으로 표시해놓은 이유는, 나중에 이 부분을 삭제하고 실제 데이터를 출력하는 자바 코드를 넣어야 할 곳이기 때문이다. 이 예제에서는 가짜 데이터 두 줄을 출력하는데, 그 형식이 똑같으므로 첫 번째 줄을 출력하는 부분인 32~40번 행만 살펴보면 되겠다. 사실 살펴볼 것도 별로 없는 것이, 그저 td 태그를 사용해서 테이블의 각 칸에 값을 넣어준 것이 전부이다. 그나마 다른 칸들과 다른 것이 34~36번 행에 있는 글 제목 칸인데, 클릭하면 해당 글 내용 보기 페이지로 이동하도록 링크를 넣어주었다. 글 내용을 보여줄 프로그램 이름은 view.jsp이고 어떤 글의 내용을 보여줄지를 지정해야 하므로, num이라는 이름으로 글 번호인 3을 넘겨주는 것을 볼 수 있다.

```
53: <input type="button" value="글쓰기" onclick="location.href='write.jsp'">
```

53번 행은 글쓰기 버튼이고, 이 버튼을 클릭하면 글쓰기 화면을 출력하는 write.jsp로 이동하게 된다. 그럼 이제 글쓰기 화면을 살펴보도록 하자.

예제 9-3   글쓰기 화면 (write.jsp)

```
1: <%@ page language="java" contentType="text/html; charset=UTF-8"
2:     pageEncoding="UTF-8"%>
3:
4: <!DOCTYPE html>
5: <html>
6: <head>
7:     <meta charset="UTF-8">
8:     <style>
9:         table { width:680px; text-align:center; }
10:        th    { width:100px; background-color:cyan; }
11:        input[type=text], textarea { width:100%; }
12:     </style>
13: </head>
14: <body>
15:
16: <form method="post" action="insert.jsp">
17:     <table>
18:         <tr>
```

```
19:            <th>제목</th>
20:            <td><input type="text" name="title"  maxlength="80"
21:                      value="">
22:            </td>
23:        </tr>
24:        <tr>
25:            <th>작성자</th>
26:            <td><input type="text" name="writer" maxlength="20"
27:                      value="">
28:            </td>
29:        </tr>
30:        <tr>
31:            <th>내용</th>
32:            <td><textarea name="content" rows="10"></textarea>
33:            </td>
34:        </tr>
35:    </table>
36:
37:    <br>
38:    <input type="submit" value="저장">
39:    <input type="button" value="취소" onclick="history.back()">
40: </form>
41:
42: </body>
43: </html>
```

실행 결과

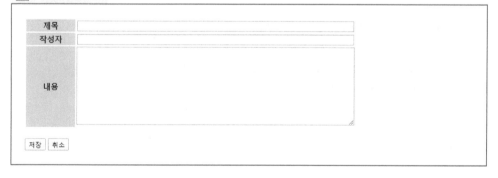

CSS 스타일 정의 중, table과 th 태그에 대한 것은 별 특이한 것이 없다. 다만 11번 행의 형태는 처음 보는 사람이 있을 수도 있겠다.

```
 9:        table { width:680px; text-align:center; }
10:        th    { width:100px; background-color:cyan; }
11:        input[type=text], textarea { width:100%; }
```

이것은 두 가지 종류의 태그에 대해 가로 폭을 설정하겠다는 의미이다. 첫 번째는 input 태그 중 "type=text"인 것이고, 두 번째는 textarea 태그이다. 이 예제에서 이것은 각각 제목, 작성자, 그리고 내용을 위한 입력란인데, 모두 테이블의 오른쪽 컬럼에 위치한다. 11번 행은 이것들이 테이블의 오른쪽 컬럼을 꽉 채우도록 가로 폭을 지정(width:100%)한 것이다.

나머지 부분은 특이한 것이 없다. 16번 행을 보면 이 입력 폼의 submit 버튼을 누르면 실행될 프로그램을 insert.jsp로 설정하였다. 그리고 제목, 작성자를 입력하는 텍스트 필드, 글 내용을 입력하는 텍스트 입력란이 순서대로 나온다.

이제 마지막으로 글 내용 보기 화면을 살펴보자.

예제 9-4 글 내용 보기 화면 (view.jsp)

```
 1: <%@ page language="java" contentType="text/html; charset=UTF-8"
 2:     pageEncoding="UTF-8"%>
 3:
 4: <!DOCTYPE html>
 5: <html>
 6: <head>
 7:     <meta charset="UTF-8">
 8:     <style>
 9:        table { width:680px; text-align:center; }
10:        th    { width:100px; background-color:cyan; }
11:        td    { text-align:left; border:1px solid gray; }
12:     </style>
13: </head>
14: <body>
15:
16: <table>
17:     <tr>
```

```
18:        <th>제목</th>
19:        <td>글 제목 2</td>
20:      </tr>
21:      <tr>
22:        <th>작성자</th>
23:        <td>장길산</td>
24:      </tr>
25:      <tr>
26:        <th>작성일시</th>
27:        <td>2020-02-06 14:32:25</td>
28:      </tr>
29:      <tr>
30:        <th>조회수</th>
31:        <td>31</td>
32:      </tr>
33:      <tr>
34:        <th>내용</th>
35:        <td>글의 내용입니다.</td>
36:      </tr>
37: </table>
38:
39: <br>
40: <input type="button" value="목록보기" onclick="location.href='list.jsp'">
41: <input type="button" value="수정"
42:        onclick="location.href='write.jsp?num=2'">
43: <input type="button" value="삭제"
44:        onclick="location.href='delete.jsp?num=2'">
45:
46: </body>
47: </html>
```

🖵 실행 결과

제목	글 제목 2
작성자	장길산
작성일시	2020-02-06 14:32:25
조회수	31
내용	글의 내용입니다.

목록보기　수정　삭제

이 예제는 앞의 두 프로그램을 보면서 대부분 다 설명된 것들로만 구성되어 있으므로 별다른 설명 없이도 이해할 수 있을 것이다. 역시 음영 처리해놓은 19, 23, 27, 31, 35번 행은 데이터베이스에서 해당 글 데이터를 읽어 와서 출력하는 자바 코드로 수정되어야 할 부분이다. 42, 44번 행은 다른 내용은 바뀔 필요가 없고, "num=" 다음에 적힌 숫자만 해당하는 글의 번호가 들어가도록 프로그램을 수정해야 할 것이다. write.jsp와 delete.jsp에서는 num이라는 이름으로 넘어온 값을 수정 또는 삭제할 글의 번호로 생각하도록 프로그램을 작성할 것이기 때문이다.

자, 이것으로 게시판의 화면 구성은 마무리되었다. 이제 이것을 동작하는 게시판 프로그램으로 만들어 보자.

9.2 게시글 리스트

list.jsp는 게시판에 등록된 글들의 리스트를 보여주는 프로그램이다. 앞서 말한 바와 같이 데이터베이스의 게시판 테이블에서 모든 데이터를 읽어 한 번에 화면에 출력해준다. 우리가 그동안 데이터베이스 프로그래밍을 연습하면서 해보았던 성적처리, 웹하드 등의 소스 코드를 이용하면 어렵지 않게 작성할 수 있을 것이다. 데이터베이스의 board 테이블에서 모든 데이터를 읽어 들이는 코드는 다음과 같은 형태가 된다.

```
Class.forName("org.mariadb.jdbc.Driver");
try (
    Connection conn = DriverManager.getConnection(
            "jdbc:mariadb://localhost:3306/jspdb", "jsp", "1234");
    Statement stmt = conn.createStatement();

    ResultSet rs = stmt.executeQuery(
            "select * from board order by num desc");
) {
    while (rs.next()) {

        // rs.getString("필드명") 또는
        // rs.getInt("필드명")으로
```

```
        // 필드 값을 읽어서 출력

    }
} catch(Exception e) {
    e.printStackTrace();
}
```

이 코드는 board 테이블에서 모든 데이터를 읽는 쿼리를 실행한다. 다만 select 쿼리에서 "order by num desc"옵션을 사용했음에 주목하자. "order by 필드명" 뒤에 "desc"를 붙여주면 레코드들이 지정된 필드 값에 따라 내림차순으로 정렬되어 얻어진다. 이렇게 글 번호의 역순으로 정렬해서 데이터를 가져오는 것은, 최근 글이 가장 먼저 나오는 게시판의 속성 때문이다.

이제 앞서 살펴보았던 list.jsp를 띄워놓고 살펴보자. 다른 부분은 손댈 것이 없고 다음과 같은 부분만 실제 데이터를 출력하도록 바꾸면 된다고 얘기했었다.

```
32:     <tr>
33:         <td>3</td>
34:         <td style="text-align:left;">
35:             <a href="view.jsp?num=3">글 제목 3</a>
36:         </td>
37:         <td>홍길동</td>
38:         <td>2020-02-06 17:31:25</td>
39:         <td>12</td>
40:     </tr>
```

while 반복 문에서 각 레코드의 필드 값을 읽은 후 위의 형태로 출력하면 게시글 리스트가 화면에 나타나게 될 것이다. 일단 앞에서 보았던 데이터베이스의 board 테이블에서 모든 데이터를 읽어들이는 코드 중, while 반복문 안에 위의 코드를 복사해 넣으면 다음과 같은 형태의 코드를 얻을 수 있다.

```
<%
    Class.forName("org.mariadb.jdbc.Driver");
    try (
```

```
        Connection conn = DriverManager.getConnection(
            "jdbc:mariadb://localhost:3306/jspdb", "jsp", "1234");
        Statement stmt = conn.createStatement();

        // 쿼리 실행
        ResultSet rs = stmt.executeQuery(
            "select * from board order by num desc");
    ) {
        while (rs.next()) {
%>
        <tr>
            <td>3</td>
            <td style="text-align:left;">
                <a href="view.jsp?num=3">글 제목 3</a>
            </td>
            <td>홍길동</td>
            <td>2020-02-06 17:31:25</td>
            <td>12</td>
        </tr>
<%
        }
    } catch(Exception e) {
        e.printStackTrace();
    }
%>
```

거의 다 되었다. 음영 처리된 부분에서 글 번호, 제목, 작성자, 작성일시, 조회 수가 적혀
있는 것을 모두 찾아서, 데이터베이스에서 읽어 들인 값으로 바꾸어 놓으면 된다. 이렇
게 완성된 소스 코드는 다음과 같다.

📄 **예제 9-5**　게시글 리스트 프로그램 (list.jsp)

```
1: <%@ page language="java" contentType="text/html; charset=UTF-8"
2:     pageEncoding="UTF-8"%>
3:
4: <%@ page import="java.sql.*" %>
```

```
 5:
 6: <!DOCTYPE html>
 7: <html>
 8: <head>
 9:     <meta charset="UTF-8">
10:     <style>
11:         table     { width:680px; text-align:center; }
12:         th        { background-color:cyan; }
13:
14:         .num      { width: 80px; }
15:         .title    { width:230px; }
16:         .writer   { width:100px; }
17:         .regtime  { width:180px; }
18:
19:         a:link    { text-decoration:none; color:blue; }
20:         a:visited { text-decoration:none; color:gray; }
21:         a:hover   { text-decoration:none; color:red;  }
22:     </style>
23: </head>
24: <body>
25:
26: <table>
27:     <tr>
28:         <th class="num"    >번호    </th>
29:         <th class="title"  >제목    </th>
30:         <th class="writer" >작성자  </th>
31:         <th class="regtime">작성일시</th>
32:         <th                >조회수  </th>
33:     </tr>
34: <%
35:     // 게시글 리스트 읽어오기
36:     Class.forName("org.mariadb.jdbc.Driver");
37:     try (
38:         Connection conn = DriverManager.getConnection(
39:                 "jdbc:mariadb://localhost:3306/jspdb", "jsp", "1234");
40:         Statement stmt = conn.createStatement();
41:
42:         // 쿼리 실행
43:         ResultSet rs = stmt.executeQuery(
44:                 "select * from board order by num desc");
```

```
45:      ) {
46:          // 게시글 레코드가 남아있는 동안 반복하며 화면에 출력
47:          while (rs.next()) {
48: %>
49:      <tr>
50:          <td><%=rs.getInt("num")%></td>
51:          <td style="text-align:left;">
52:              <a href="view.jsp?num=<%=rs.getInt("num")%>">
53:                  <%=rs.getString("title")%>
54:              </a>
55:          </td>
56:          <td><%=rs.getString("writer" )%></td>
57:          <td><%=rs.getString("regtime")%></td>
58:          <td><%=rs.getInt   ("hits"  )%></td>
59:      </tr>
60: <%
61:          }
62:      } catch(Exception e) {
63:          e.printStackTrace();
64:      }
65: %>
66: </table>
67:
68: <br>
69: <input type="button" value="글쓰기" onclick="location.href='write.jsp'">
70:
71: </body>
72: </html>
```

🖥 실행 결과

번호	제목	작성자	작성일시	조회수
8	글 8	이순신	2017-07-30 10:10:18	0
7	글 7	홍길동	2017-07-30 10:10:17	0
6	글 6	김수로	2017-07-30 10:10:16	0
5	글 5	장길산	2017-07-30 10:10:15	0
4	글 4	김수로	2017-07-30 10:10:14	0
3	글 3	강감찬	2017-07-30 10:10:13	0
2	글 2	이순신	2017-07-30 10:10:12	0
1	글 1	홍길동	2017-07-30 10:10:11	0

글쓰기

음영 처리된 34~65번 행이, 기본 틀만 만들어둔 첫 버전에 비교해 달라진 곳이다. 이것으로 게시글 리스트 페이지가 완성되었다.

9.3 새 글쓰기

게시판 메인 페이지인 게시글 리스트 화면에서 글쓰기 버튼을 누르면 write.jsp로 이동한다. 이 페이지는 새 글을 작성할 수 있는 양식을 띄워주고, 사용자가 "저장" 버튼을 누르면 입력된 내용을 insert.jsp에게 전달해 주는 일만 하면 된다. 실제 테이블에 글의 내용을 기록하는 것은 insert.jsp가 실행할 것이다.

따라서 새 글쓰기 양식으로만 사용할 목적이라면 앞에서 살펴보았던 HTML로만 이루어진 write.jsp에 아무런 수정을 하지 않고 그대로 사용할 수 있다. write.jsp는 글 수정 양식의 기능을 넣을 때나 수정하면 될 것이다.

그렇다면 write.jsp에 입력된 내용을 받아서, 그 내용을 테이블 board의 새로운 레코드로 추가하는 프로그램은 어떻게 작성하면 될까? insert 쿼리를 실행해야 하므로 코드의 기본 형태는 다음과 같을 것이다.

```
Class.forName("org.mariadb.jdbc.Driver");
try (
    Connection conn = DriverManager.getConnection(
            "jdbc:mariadb://localhost:3306/jspdb", "jsp", "1234");
    Statement stmt = conn.createStatement();
) {
    stmt.executeUpdate(실행할_쿼리);

} catch(Exception e) {
    e.printStackTrace();
}
```

그리고 실행해야 할 쿼리는 다음과 같은 형태가 될 것이다.

```
insert into board (writer, title, content, regtime, hits)
        values ('작성자', '제목', '내용', '작성일시', 0);
```

우리가 값을 넣어주어야 할 필드는 작성자, 제목, 내용, 작성일시, 조회 수이다. 이 중에서 작성자, 제목, 내용은 write.jsp가 POST 방식으로 넘겨줄 것이니 그것을 쓰면 되고, 작성일시는 우리가 웹하드 프로그램을 작성할 때와 같은 방법으로 알아내면 된다. 그리고 조회 수는 처음 작성하는 글이니 0으로 넣어주면 되겠다. 그러면 코드는 다음과 같이 될 것이다.

```java
request.setCharacterEncoding("utf-8");

String writer  = request.getParameter("writer" );
String title   = request.getParameter("title"  );
String content = request.getParameter("content");

Class.forName("org.mariadb.jdbc.Driver");
try (
    Connection conn = DriverManager.getConnection(
            "jdbc:mariadb://localhost:3306/jspdb", "jsp", "1234");
    Statement stmt = conn.createStatement();
) {
    String curTime = LocalDate.now() + " " +
                    LocalTime.now().toString().substring(0, 8);

    stmt.executeUpdate(
            String.format(
            "insert into board " +
            "(writer, title, content, regtime, hits)" +
            "values ('%s', '%s', '%s', '%s', 0)",
            writer, title, content, curTime)
    );

} catch(Exception e) {
    e.printStackTrace();
}
```

음영 처리된 부분이 수정된 곳이다. 작성자, 제목, 글 내용, 작성 시간을 얻어내는 코드
가 추가되었고, insert 쿼리가 들어간 것만 달라졌다. 이것이 insert.jsp의 핵심 코드이고,
간단한 기능 두 가지만 추가하면 된다. 완성된 소스 코드를 보자.

예제 9-6   새 글 등록 (insert.jsp)

```
 1: <%@ page language="java" contentType="text/html; charset=UTF-8"
 2:     pageEncoding="UTF-8"%>
 3:
 4: <%@ page import="java.sql.*" %>
 5: <%@ page import="java.time.*" %>
 6:
 7: <%
 8:     request.setCharacterEncoding("utf-8");
 9:
10:     // 양식에 입력되었던 값 읽기
11:     String writer  = request.getParameter("writer" );
12:     String title   = request.getParameter("title"  );
13:     String content = request.getParameter("content");
14:
15:     // 빈 칸이 하나라도 있으면 오류 출력하고 종료
16:     if (writer  == null || writer.length()  == 0 ||
17:         title   == null || title.length()   == 0 ||
18:         content == null || content.length() == 0) {
19: %>
20:         <script>
21:             alert('모든 항목이 빈칸 없이 입력되어야 합니다.');
22:             history.back();
23:         </script>
24: <%
25:         return;
26:     }
27:
28:     // 입력된 내용으로 새 글 레코드 추가
29:     Class.forName("org.mariadb.jdbc.Driver");
30:     try (
31:         Connection conn = DriverManager.getConnection(
32:                 "jdbc:mariadb://localhost:3306/jspdb", "jsp", "1234");
```

```
33:            Statement stmt = conn.createStatement();
34:        ) {
35:            // 현재 시간 얻기
36:            String curTime = LocalDate.now() + " " +
37:                            LocalTime.now().toString().substring(0, 8);
38:
39:            // 쿼리 실행
40:            stmt.executeUpdate(String.format(
41:                "insert into board " +
42:                "(writer, title, content, regtime, hits)" +
43:                "values ('%s', '%s', '%s', '%s', 0)",
44:                writer, title, content, curTime));
45:
46:        } catch(Exception e) {
47:            e.printStackTrace();
48:        }
49:
50:        // 목록보기 화면으로 돌아감
51:        response.sendRedirect("list.jsp");
52: %>
```

음영 처리된 부분이 더 추가된 부분이다. 먼저 16~26번 행을 보자.

```
16:    if (writer  == null || writer.length()  == 0 ||
17:        title   == null || title.length()   == 0 ||
18:        content == null || content.length() == 0) {
19: %>
20:        <script>
21:            alert('모든 항목이 빈칸 없이 입력되어야 합니다.');
22:            history.back();
23:        </script>
24: <%
25:        return;
26:    }
```

사용자가 write.jsp에서 입력한 글 작성자, 제목, 내용은 이 프로그램에 전달되어 각각
writer, title, content에 담긴다. 그런데 사용자가 이 입력란 중 하나라도 비워둔 상태에서

저장 버튼을 눌렀다면 오류를 출력해야 하므로, 이 값들 중 비어있는 것이 있는지 확인하는 것이다. 이 예제에서처럼 "writer"라는 이름으로 전달된 값을 변수 writer에 넣어주었을 때, 이 값이 비어있는지를 검사하는 일반적인 방법은 다음과 같다.

```
if (writer  == null || writer.length()  == 0)
```

이것은 전달된 값 자체가 아예 없는지(writer == null), 또는 전달이 되긴 했는데 그 값이 빈 문자열인지(writer.length() == 0)를 체크하는 것이다.

따라서 16~26번 행의 코드는 writer, title, content 변수에 값이 잘 전달되어 저장되었는지를 검사한다. 만약 하나라도 비어있다면 20~23번 행의 자바스크립트 코드를 출력하고 이 프로그램 실행을 종료한다. 그리고 이렇게 출력된 자바스크립트 코드가 웹브라우저에서 실행되면, 경고 창에 오류를 출력한 뒤, 사용자가 확인 버튼을 누르면 이전 화면(글쓰기 화면)으로 이동하게 된다.

마지막으로 51번 행은 데이터베이스에 레코드를 추가하는 작업을 끝낸 후에 게시글 리스트 화면으로 이동하는 코드이다. 여기까지 완성되면 이제 새 글을 게시판에 등록할 수 있다. 글을 등록해 보고 이것이 게시글 리스트에 반영되는지 확인해 본다.

9.4 글 내용 보기

이 프로그램은 글 하나의 내용을 보여주는 역할을 한다. 따라서 게시글 리스트를 데이터베이스에서 읽는 소스 코드를 살짝 수정해서, 지정된 글 번호의 레코드 하나만 읽는 것으로 바꾸어주면 될 것이다. 그러면 소스 코드의 형태는 다음과 같이 된다.

```
int num = request.getParameter("num");

Class.forName("org.mariadb.jdbc.Driver");
try (
    Connection conn = DriverManager.getConnection(
            "jdbc:mariadb://localhost:3306/jspdb", "jsp", "1234");
    Statement stmt = conn.createStatement();
```

```
    ResultSet rs = stmt.executeQuery(
            "select * from board where num=" + num);
) {
    if (rs.next()) {

        // rs.getString("필드명") 또는
        // rs.getInt("필드명")으로
        // 필드 값을 읽어서 출력
    }
} catch(Exception e) {
    e.printStackTrace();
}
```

게시글 리스트와 비교할 때, 음영 처리된 두 군데만 달라졌다. 데이터베이스에 줄 쿼리가 하나의 레코드를 읽어오는 것으로 바뀌었고, 쿼리 실행 후 필드 값을 읽어올 때 while이 아니라 if를 사용하였다. 읽어 들일 레코드가 하나뿐이라 반복할 필요가 없기 때문이다.

이제 if 문의 블록에서 처리할 코드를 생각해보자. 글 보기에서는 5개의 필드 값을 출력해야 한다. 작성자, 제목, 내용, 작성일시, 조회 수가 그것이다. 각각의 필드 값을 담을 변수를, writer, title, content, regtime, hits 라는 이름의 변수로 다음과 같이 선언해보자.

```
String writer  = "";
String title   = "";
String content = "";
String regtime = "";
int    hits    = 0;
```

그러면 필드 값을 읽는 코드는 다음과 같이 작성하면 될 것이다.

```
writer  = rs.getString("writer" );
title   = rs.getString("title"  );
content = rs.getString("content");
regtime = rs.getString("regtime");
hits    = rs.getInt   ("hits"   );
```

그런데, 다른 필드들은 별문제가 없는데, 제목과 내용 필드는 데이터베이스에서 읽은 값을 출력하기 전에 처리를 한번 해주어야 한다. 우리가 글쓰기 화면에서 제목을 입력할 때 일부러 단어 사이에 공백을 5개 주었다고 가정해보자. 예를 들면 다음과 같이 말이다.

제목에 공백　　　5개　넣은　글

이렇게 입력하고 글을 저장했다면 데이터베이스에도 그대로 저장이 되었을 것이다. 그런데, 우리가 이 값을 웹브라우저에 그대로 출력하면, 다음과 같이 화면에 나온다.

제목에 공백 5개 넣은 글

이것은 HTML의 특성 때문이다. HTML 문서에 연속된 공백을 적어 넣으면, 웹브라우저는 이것을 한 개의 공백으로 출력하기로 약속이 되어 있다. 따라서, 제목에 넣은 공백이 그대로 화면에 나타나도록 하려면, 공백 문자를 로 바꿔주어야 한다. 이 코드는 다음과 같다.

```
title = title.replace(" ", " ");
```

여기에서는 String 객체의 replace() 메서드를 사용했다. 사용법은 다음과 같다.

```
변경된_문자열 = 문자열_객체.replace(찾는_문자열, 바꿀_문자열);
```

replace() 메서드는 "문자열_객체"에 담긴 문자열에서 "찾는_문자열"을 모두 찾아서 "바꿀_문자열"로 바꾸어 준 문자열을 반환한다. 따라서 이 코드는 변수 title에 담긴 문자열에서 공백 문자(" ")를 발견하면 이것들을 모두 로 바꾸어 준 문자열을 만들고, 이것을 다시 문자열 변수 title에 담아주는 역할을 하게 된다.

여기에 덧붙여, 글 내용이 담겨있는 content는 처리할 것이 하나 더 있다. 제목은 한 줄 뿐이지만, 내용은 여러 줄로 작성되기 때문이다. 글 내용을 입력할 때 textarea에서 엔터를 치면 줄이 넘어가고, 이것은 데이터베이스에 줄 바꿈 문자(\n)로 저장된다. 하지만 이것을 읽어 그대로 출력하면 HTML 소스 코드에만 줄이 바뀔 뿐, 웹브라우저에 출력된 내용에 줄이 넘어가지는 않는다. 따라서 줄 바꿈 문자를
태그로 바꿔주어야 줄 바꿈이 제대로 출력된다. 글 내용에서 공백과 줄 바꿈 문자를 처리하는 코드는 다음과 같다.

```
content = content.replace(" ", " ").replace("\n", "<br>");
```

이제 글 내용을 출력할 준비가 모두 끝났다. 다만 한 가지 더 처리할 것이 남았는데, 글 보기를 한 번 하면 이 글의 조회 수를 1 올려주는 작업이 필요하다. 이것은 다음과 같은 쿼리를 실행하면 된다.

```
update board set hits=hits+1 where num=글번호
```

지금까지 얘기한 것을 모두 반영하여 글 보기 화면을 작성하면 다음과 같다.

예제 9-7　글 내용 보기 (view.jsp)

```
1: <%@ page language="java" contentType="text/html; charset=UTF-8"
2:     pageEncoding="UTF-8"%>
3:
4: <%@ page import="java.sql.*" %>
5:
6: <%
7:     // 지정된 글 번호 얻기
8:     int num = Integer.parseInt(request.getParameter("num"));
9:
10:    // 게시글 데이터를 담을 변수 정의
11:    String writer  = "";
12:    String title   = "";
13:    String content = "";
14:    String regtime = "";
15:    int    hits    = 0;
16:
17:    // 지정된 글 번호를 가진 레코드 읽기
18:    Class.forName("org.mariadb.jdbc.Driver");
```

```
19:     try (
20:         Connection conn = DriverManager.getConnection(
21:                 "jdbc:mariadb://localhost:3306/jspdb", "jsp", "1234");
22:         Statement stmt = conn.createStatement();
23:
24:         // 쿼리 실행
25:         ResultSet rs = stmt.executeQuery(
26:                 "select * from board where num=" + num);
27:     ) {
28:         if (rs.next()) {
29:
30:             // 글 데이터를 변수에 저장
31:             writer  = rs.getString("writer" );
32:             title   = rs.getString("title"  );
33:             content = rs.getString("content");
34:             regtime = rs.getString("regtime");
35:             hits    = rs.getInt   ("hits"   );
36:
37:             // 글 제목과 내용이 웹 페이지에 올바르게 출력되도록
38:             // 공백과 줄 바꿈 처리
39:             title   = title.replace  (" ", " ");
40:             content = content.replace(" ", " ").replace("\n", "<br>");
41:
42:             // 이 글의 조회수를 1 올림
43:             stmt.executeUpdate(
44:                     "update board set hits=hits+1 where num=" + num);
45:         }
46:     } catch(Exception e) {
47:         e.printStackTrace();
48:     }
49: %>
50:
51: <!DOCTYPE html>
52: <html>
53: <head>
54:     <meta charset="UTF-8">
55:     <style>
56:         table { width:680px; text-align:center; }
57:         th    { width:100px; background-color:cyan; }
```

```
58:          td     { text-align:left; border:1px solid gray; }
59:     </style>
60: </head>
61: <body>
62:
63: <table>
64:     <tr>
65:          <th>제목</th>
66:          <td><%=title%></td>
67:     </tr>
68:     <tr>
69:          <th>작성자</th>
70:          <td><%=writer%></td>
71:     </tr>
72:     <tr>
73:          <th>작성일시</th>
74:          <td><%=regtime%></td>
75:     </tr>
76:     <tr>
77:          <th>조회수</th>
78:          <td><%=hits%></td>
79:     </tr>
80:     <tr>
81:          <th>내용</th>
82:          <td><%=content%></td>
83:     </tr>
84: </table>
85:
86: <br>
87: <input type="button" value="목록보기" onclick="location.href='list.jsp'">
88: <input type="button" value="수정"
89:          onclick="location.href='write.jsp?num=<%=num%>'">
90: <input type="button" value="삭제"
91:          onclick="location.href='delete.jsp?num=<%=num%>'">
92:
93: </body>
94: </html>
```

🖥 실행 결과

제목	글 8
작성자	이순신
작성일시	2017-07-30 10:10:18
조회수	3
내용	글의 내용 8

목록보기 수정 삭제

HTML로만 되어있던 이전 버전에 비해 달라진 곳은 음영으로 표시하였다.

자바 코드 부분은 이미 앞에서 모두 설명했으므로, 이해하는데 별문제 없을 것이다. 8번 행에서는 보여줄 글의 번호를 알아내고, 11~15번 행에서는 글 데이터를 담을 변수를 선언한다. 25번 행에서 글 데이터를 데이터베이스에서 읽어오는 쿼리가 실행되고, 28번 행에서 그 쿼리가 성공적으로 실행되었음이 확인되면, 31~35번 행에서 각 필드 값을 읽어 변수에 저장한다. 39~40번 행에서는 제목과 내용에 공백과 줄 넘김이 올바르게 출력되도록 처리하고, 43~44번 행에서는 이 글의 조회 수를 1 올려준다.

그 아래쪽 HTML 파트에서는 각 변수에 들어 있는 값을 출력하는 것이 전부이다. 그리고 아래쪽에 목록보기, 수정, 삭제 버튼을 출력한다. 수정 버튼을 누르면 write.jsp가 실행되는데, 이때 수정할 글 번호를 알려준다. 삭제도 지울 글 번호를 알아야 하므로, delete.jsp에 현재 글의 번호를 같이 넘겨준다.

이쯤 되면 몇몇 독자들은 "어라, write.jsp는 그냥 비어있는 글 작성 양식만 출력하는데, 글 번호를 넘겨주면 무슨 소용이지?"라는 생각이 들 것이다. 그렇다. 현재 write.jsp는 자바 코드 한 줄 없이 그저 빈 양식만 출력한다. 이제부터 이것을 고쳐서 글 번호가 주어지지 않았을 때는 현재처럼 빈 양식을 출력하지만, 글 번호가 주어지면 해당 글 데이터를 읽어서 그 글을 수정할 수 있는 상태가 되도록 수정할 것이다.

9.5 글 수정

먼저, write.jsp에서 글쓰기 양식 부분을 다시 살펴보자.

```
16: <form method="post" action="insert.jsp">
17:    <table>
18:       <tr>
19:          <th>제목</th>
20:          <td><input type="text" name="title"  maxlength="80"
21:                    value="">
22:          </td>
23:       </tr>
24:       <tr>
25:          <th>작성자</th>
26:          <td><input type="text" name="writer" maxlength="20"
27:                    value="">
28:          </td>
29:       </tr>
30:       <tr>
31:          <th>내용</th>
32:          <td><textarea name="content" rows="10"></textarea>
33:          </td>
34:       </tr>
35:    </table>
36:
37:    <br>
38:    <input type="submit" value="저장">
39:    <input type="button" value="취소" onclick="history.back()">
40: </form>
```

이 양식을 새 글쓰기와 기존 글 수정에 같이 사용하려고 할 때, 달라져야할 부분은 음영 표시한 4곳뿐이다.

먼저, 현재는 submit 버튼을 누르면 무조건 insert.jsp가 실행되도록 16번 행에 적혀있지만, 이제는 새 글쓰기 모드일 때는 insert.jsp가, 글 수정 모드일 때는 update.jsp가 실행되도록 바뀌어야 한다. 새 글이면 insert.jsp에서 insert 쿼리를 실행하면 되지만, 글 수정일 때에는 update.jsp에서 update 쿼리를 실행하도록 만들 것이기 때문이다.

다음으로, 현재는 새 글쓰기 모드만을 생각하고 21, 27, 32번 행에서 입력란이 빈칸으로 시작하도록 초기 값을 주었는데, 이제 글 수정 모드일 때는 기존 글의 데이터가 들어있는 상태에서 시작하도록 바꿔주어야 한다.

단계적으로 write.jsp를 바꾸어 나가도록 하자. 그 첫 단계로서, 지금처럼 새 글쓰기 양식으로 동작하는 것은 같지만, 수정 모드로도 사용할 것을 염두에 두고 살짝만 고쳐보자. 그렇다면 글쓰기/수정 모드에 따라 달라지는 내용을 변수로 뽑아내고 이에 맞게 HTML 파트를 수정하면 될 것이다. 그러면 코드는 다음과 같이 된다.

```jsp
<%
    String writer  = "";
    String title   = "";
    String content = "";
    String action  = "insert.jsp";
%>

...

<form method="post" action="<%=action%>">
    <table>
        <tr>
            <th>제목</th>
            <td><input type="text" name="title"  maxlength="80"
                        value="<%=title%>">
            </td>
        </tr>
        <tr>
            <th>작성자</th>
            <td><input type="text" name="writer" maxlength="20"
                        value="<%=writer%>">
            </td>
        </tr>
        <tr>
            <th>내용</th>
            <td><textarea name="content" rows="10"><%=content%></textarea>
```

```
            </td>
        </tr>
    </table>

    <br>
    <input type="submit" value="저장">
    <input type="button" value="취소" onclick="history.back()">
</form>

</body>
</html>
```

음영 처리된 부분이 바뀐 부분이다. 먼저 글의 작성자, 제목, 내용을 담을 변수 writer, title, content를 선언하고, 빈 문자열로 설정한다. 그리고 form 태그의 action에도 insert.jsp가 들어가도록, 변수 action의 값을 insert.jsp로 설정한다. 그리고 HTML 파트에서 각 입력란의 시작 값과 form 태그의 action 속성에 이 변수들이 들어가도록 수정하였다. 이렇게 수정해도 이전의 write.jsp와 동작이 달라지는 것은 없다. 그러면 이제 앞쪽의 스크립틀릿(자바 코드)를 다음과 같은 구조를 가지게 수정하면 될 것이다.

```
새 글쓰기 모드를 가정하고 변수 초기값 설정 (현재의 코드)
if (글 번호가 주어졌으면) {
    글번호 num인 레코드를 읽고, 작성자, 제목, 내용, form의 action을 설정
}
```

한 가지 덧붙일 것은 주어진 글 번호를 읽을 때, 다른 프로그램처럼 아래의 코드를 그대로 쓸 수 없다는 점이다.

```
int num = Integer.parseInt(request.getParameter("num"));
```

view.jsp, delete.jsp, update.jsp는 글 번호가 반드시 주어지므로 이렇게 해도 큰 문제 없었지만, write.jsp에서는 글 번호가 주어질 수도 있고, 주어지지 않을 수도 있다. 만약 글 번호가 주어지지 않았을 때 이 코드를 실행하면 Integer.parseInt에서 예외(exception)가 발생한다. 따라서 여기에서는 다음과 같이 글 번호를 얻어내야 한다.

```
String tmp = request.getParameter("num");
int num = (tmp != null && tmp.length() > 0) ? Integer.parseInt(tmp) : 0;
```

이 코드는 num이라는 이름으로 주어진 값이 있는지 먼저 체크하고, 있을 때는Integer. parseInt를 사용하여 정수로 바꾼다. 하지만 주어진 값이 없으면 글 번호를 0으로 설정한다. 글 번호가 0인 글은 없으므로, 글 번호가 주어지지 않았다는 뜻으로 0을 사용하는 것이다.

이제 남은 것은 글 번호 num인 레코드 데이터를 읽는 코드이다. 이것은 글 내용 보기 페이지(view.jsp)에서 사용한 것을 가져다 조금만 수정해서 사용하면 될 것이다.

```
Class.forName("org.mariadb.jdbc.Driver");
try (
    Connection conn = DriverManager.getConnection(
            "jdbc:mariadb://localhost:3306/jspdb", "jsp", "1234");
    Statement stmt = conn.createStatement();

    // 쿼리 실행
    ResultSet rs = stmt.executeQuery(
            "select * from board where num=" + num);
) {
    if (rs.next()) {
        // 읽어들인 글 데이터를 변수에 저장
        writer  = rs.getString("writer" );
        title   = rs.getString("title"  );
        content = rs.getString("content");

        // 글 수정 모드일 때는 저장 버튼을 누르면 UPDATE 실행
        action  = "update.jsp?num=" + num;
    }
} catch(Exception e) {
    e.printStackTrace();
}
```

view.jsp와 비교해 볼 때, 작성일시와 조회 수는 수정의 대상이 아니어서 읽을 필요 없으므로 빠졌다. 그리고 텍스트 필드와 textarea 안에서는 공백과 줄 넘김을 따로 처리하지

않아도 그 내용이 제대로 보이므로, 그것을 처리하는 코드도 필요 없어 빠졌다. 대신 form의 action에 들어갈 문자열을 insert.jsp에서 "update.jsp?num=글번호"로 바꾸는 코드가 들어가야 한다. 그렇게 완성된 write.jsp는 다음과 같다.

📝 **예제 9-8**   완성된 글쓰기/수정 페이지 (write.jsp)

```
1: <%@ page language="java" contentType="text/html; charset=UTF-8"
2:     pageEncoding="UTF-8"%>
3:
4: <%@ page import="java.sql.*" %>
5:
6: <%
7:     // 글 번호 값 얻기, 주어지지 않았으면 0으로 설정
8:     String tmp = request.getParameter("num");
9:     int num = (tmp != null && tmp.length() > 0) ? Integer.parseInt(tmp)
10:                                                 : 0;
11:
12:     // 새 글쓰기 모드를 가정하고 변수 초기값 설정
13:     String writer  = "";
14:     String title   = "";
15:     String content = "";
16:     String action  = "insert.jsp";
17:
18:     // 글 번호가 주어졌으면, 글 수정 모드
19:     if (num > 0) {
20:
21:         Class.forName("org.mariadb.jdbc.Driver");
22:         try (
23:             Connection conn = DriverManager.getConnection(
24:                     "jdbc:mariadb://localhost:3306/jspdb", "jsp", "1234");
25:             Statement stmt = conn.createStatement();
26:
27:             // 쿼리 실행
28:             ResultSet rs = stmt.executeQuery(
29:                     "select * from board where num=" + num);
30:         ) {
31:             if (rs.next()) {
32:                 // 읽어들인 글 데이터를 변수에 저장
```

```
33:                 writer  = rs.getString("writer" );
34:                 title   = rs.getString("title"  );
35:                 content = rs.getString("content");
36:
37:                 // 글 수정 모드일 때는 저장 버튼을 누르면 UPDATE 실행
38:                 action  = "update.jsp?num=" + num;
39:             }
40:         } catch(Exception e) {
41:             e.printStackTrace();
42:         }
43:     }
44: %>
45:
46: <!DOCTYPE html>
47: <html>
48: <head>
49:     <meta charset="UTF-8">
50:     <style>
51:         table { width:680px; text-align:center; }
52:         th    { width:100px; background-color:cyan; }
53:         input[type=text], textarea { width:100%; }
54:     </style>
55: </head>
56: <body>
57:
58: <form method="post" action="<%=action%>">
59:     <table>
60:         <tr>
61:             <th>제목</th>
62:             <td><input type="text" name="title"  maxlength="80"
63:                     value="<%=title%>">
64:             </td>
65:         </tr>
66:         <tr>
67:             <th>작성자</th>
68:             <td><input type="text" name="writer" maxlength="20"
69:                     value="<%=writer%>">
70:             </td>
71:         </tr>
```

```
72:          <tr>
73:              <th>내용</th>
74:              <td><textarea name="content" rows="10"><%=content%></textarea>
75:              </td>
76:          </tr>
77:      </table>
78:
79:      <br>
80:      <input type="submit" value="저장">
81:      <input type="button" value="취소" onclick="history.back()">
82: </form>
83:
84: </body>
85: </html>
```

실행 결과

제목	글 8
작성자	이순신
내용	글의 내용 8

저장 목록보기

HTML로만 작성되었던 기존의 write.jsp와 비교했을 때, 글 수정 모드 처리를 위해 추가 또는 수정된 행은 음영 표시되어 있다.

글 입력 양식을 글 수정에도 사용할 수 있도록 만들었으니, 이제 글의 내용을 입력된 내용으로 업데이트해 주는 update.jsp를 작성해야 한다. 이것은 새 글을 데이터베이스에 저장하는 insert.jsp와 비교할 때, 실행하는 쿼리만 다를 뿐 똑같은 구조를 가지게 된다는 것을 짐작할 수 있을 것이다. insert.jsp에서는 다음과 같은 쿼리를 실행했었다.

```
insert into board (writer, title, content, regtime, hits)
        values ('작성자', '제목', '내용', '작성일시', 0);
```

하지만 update.jsp에서 실행할 쿼리는 다음과 같다.

```
update board set writer='작성자', title='제목', content='내용',
            regtime='작성일시' where num=글_번호;
```

따라서 insert.jsp의 내용을 그대로 복사해서 update.jsp를 만들고, 필요한 부분만 수정하면 다음과 같이 완성된 프로그램을 얻을 수 있을 것이다.

예제 9-9 글 수정 (update.jsp)

```jsp
1: <%@ page language="java" contentType="text/html; charset=UTF-8"
2:     pageEncoding="UTF-8"%>
3:
4: <%@ page import="java.sql.*" %>
5: <%@ page import="java.time.*" %>
6:
7: <%
8:     request.setCharacterEncoding("utf-8");
9:
10:     // 전달받은 값 읽기
11:     int    num     = Integer.parseInt(request.getParameter("num"));
12:     String writer = request.getParameter("writer" );
13:     String title  = request.getParameter("title"  );
14:     String content = request.getParameter("content");
15:
16:     // 빈 칸이 하나라도 있으면 오류 출력하고 종료
17:     if (writer  == null || writer.length()  == 0 ||
18:         title   == null || title.length()   == 0 ||
19:         content == null || content.length() == 0) {
20: %>
21:         <script>
22:             alert('모든 항목이 빈칸 없이 입력되어야 합니다.');
23:             history.back();
24:         </script>
25: <%
26:         return;
```

```
27:     }
28:
29:     // 입력된 내용으로 게시글 데이터 업데이트
30:     Class.forName("org.mariadb.jdbc.Driver");
31:     try (
32:         Connection conn = DriverManager.getConnection(
33:                 "jdbc:mariadb://localhost:3306/jspdb", "jsp", "1234");
34:         Statement stmt = conn.createStatement();
35:     ) {
36:         // 현재 시간 얻기
37:         String curTime = LocalDate.now() + " " +
38:                         LocalTime.now().toString().substring(0, 8);
39:
40:         // 쿼리 실행
41:         stmt.executeUpdate(String.format(
42:                 "update board set writer='%s', title='%s', " +
43:                 "content='%s', regtime='%s' where num=%d",
44:                 writer, title, content, curTime, num));
45:
46:     } catch(Exception e) {
47:         e.printStackTrace();
48:     }
49:
50:     // 글 보기 화면으로 돌아감
51:     response.sendRedirect("view.jsp?num=" + num);
52: %>
53:
```

음영 처리된 부분은 insert.jsp와 달라진 부분이다. 글 수정 시에는 수정할 글의 번호를 알아야 하므로 11번 행에서 수정할 글의 번호를 얻어내고 41~44번 행에서 그 글의 내용을 업데이트한다. 마지막으로, 51번 행에서 view.jsp로 돌아간다. insert.jsp는 새 글을 저장하고 나면 게시글 리스트 화면으로 돌아갔었지만, 글 수정을 하고나면 수정된 글의 내용을 보는 화면으로 돌아가야 하기 때문이다.

9.6 글 삭제

delete.jsp는 글 보기 화면(view.jsp)에서 삭제 버튼을 누르면 실행되며, 지정된 레코드를 삭제한다. 별도의 화면 출력은 없으며, 삭제 작업이 끝나고 나면 게시판 메인 프로그램으로 돌아가므로, 글 삭제 역시 insert.jsp와 거의 같은 구조를 가진다. 단지 실행하는 쿼리만 delete로 바뀌는 것이다. 다음과 같은 쿼리가 될 것이다.

```
delete from board where num=글_번호;
```

따라서 insert.jsp를 복사해서 delete.jsp를 만들고, 딱 두 군데만 수정하면 delete.jsp가 완성된다.

예제 9-10　글 삭제 (delete.jsp)

```jsp
1: <%@ page language="java" contentType="text/html; charset=UTF-8"
2:     pageEncoding="UTF-8"%>
3:
4: <%@ page import="java.sql.*" %>
5:
6: <%
7:     // 지정된 글 번호 얻기
8:     int num = Integer.parseInt(request.getParameter("num"));
9:
10:    // 지정된 글 번호의 레코드를 DB에서 삭제
11:    Class.forName("org.mariadb.jdbc.Driver");
12:    try (
13:       Connection conn = DriverManager.getConnection(
14:             "jdbc:mariadb://localhost:3306/jspdb", "jsp", "1234");
15:       Statement stmt = conn.createStatement();
16:    ) {
17:       // 쿼리 실행
18:       stmt.executeUpdate("delete from board where num=" + num);
19:
20:    } catch(Exception e) {
21:       e.printStackTrace();
```

```
22:     }
23:
24:     // 목록보기 화면으로 돌아감
25:     response.sendRedirect("list.jsp");
26: %>
```

앞에서 얘기한 대로 18번 행에서 실행하는 쿼리만 바뀌었다. 이 쿼리에는 글 번호가 필요하므로, 8번 행에 글 번호를 얻어내는 코드를 넣은 것이 수정 사항의 전부이다.

연습문제

1. 8장에서 만들었던 회원 가입과 로그인 프로그램을 게시판에 붙여 보시오. board.jsp에 다음과 같이 iframe을 넣으면, 로그인 프로그램을 손대지 않고도 서로 간섭없이 두 개의 프로그램이 하나의 화면 안에서 돌아갈 수 있도록 할 수 있습니다.

```
<iframe style="width:100%;height:60px;border:0;"
        src="member/login_main.jsp"></iframe>
```

2. 게시글 리스트 화면에서 사용자가 로그인했을 때만 "글쓰기" 버튼이 보이도록 수정해 보시오. 로그인한 사용자만 글을 쓸 수 있도록 하기 위한 것입니다.

3. 새 글쓰기 양식에 현재 로그인한 사용자의 이름이 자동으로 들어가고, 사용자가 마음대로 변경할 수 없도록 수정해 보시오.

4. 새 글을 저장할 때, 작성자(현재 로그인한 사용자)의 ID도 저장되도록 수정해 보시오. 이를 위해서는 작성자의 ID를 저장할 필드가 게시판 테이블에 있어야 합니다. 이미 만들어둔 테이블에 필드를 추가하는 쿼리의 형식은 다음과 같습니다.

```
alter table [테이블명] add [필드명] [타입] [옵션];
```

따라서 다음 쿼리를 실행하면 userid라는 필드를 board 테이블에 추가할 수 있습니다. 이미 만들어진 레코드의 userid 필드에는 'admin'이 들어갑니다.

```
alter table board add userid varchar(20) not null default 'admin';
```

5. 글 내용 보기 페이지에서, 현재 로그인한 사용자가 관리자거나 해당 글의 작성자일 때만 수정과 삭제 버튼이 나타나도록 수정해 보시오.

DAO와 DTO

CHAPTER 10

우리는 앞 장에서 간단한 게시판을 만들었다. 물론 그 상태로도 동작은 잘 되지만, 그것이 "잘 만들어진 프로그램인가?"라는 질문을 누군가 한다면 망설이게 되는 문제점들이 있다. 따라서 이제부터는 게시판을 좀 더 알아보기 쉽고 유지 보수하기 쉬운 형태로 조금씩 바꾸어 나갈 것이다. 그리고 그 마지막 단계까지 가면 게시판은 웹 애플리케이션 아키텍처 측면에서 볼 때, 모델 2라는 형태를 가지게 될 것이다. 이번 장에서는 그 첫 단계로서 DAO와 DTO의 개념을 공부하고 이를 이용하여 게시판 프로그램을 업그레이드해 본다.

10.1 DAO (delete.jsp에 DAO 적용)

DAO는 Data Access Object의 약자이다. 우리가 앞에서 만든 게시판 프로그램을 가만히 머릿속에 떠올려보자. 만든 프로그램 모듈 각각에 데이터베이스에 접근하는 코드가 여기저기 들어있다. 즉 하나의 프로그램 모듈에, 데이터베이스 접근, 데이터 처리, 화면 출력을 하는 코드가 모두 섞여 있는 것이다.

우리가 작성한 게시판은 사실 아주 작은 프로그램에 속하므로 크게 문제가 되지 않을 수도 있겠지만, 수백 개 이상의 페이지로 이루어진 웹 애플리케이션이 이렇게 작성되어 있다면 코드를 읽기도 어렵고, 문제가 생겼을 때 어느 곳이 문제인지 찾아서 수정하기도 어려울 것이다.

따라서 웹 애플리케이션을 작성할 때에는 데이터베이스에 관련된 코드를 모두 하나의 클래스에 몰아놓고, 애플리케이션의 다른 곳에서는 그 객체의 메서드만 호출할 뿐, 직접 데이터베이스에 접근하는 코드를 가지지 않도록 작성하는 것이 일반적이다. 그리고 이때 이렇게 데이터베이스에 관련된 코드가 모두 모여있는 클래스의 객체를 DAO라 한다.

그럼 이제 게시판을 위한 DAO 클래스를 작성해 보자. DAO 클래스는 자바 클래스이므로 확장자 .jsp 파일 안에 작성하는 것이 아니라, 확장자 .java인 별도의 파일로 만들어야 한다. 이클립스 좌측의 Project Explorer에서 프로젝트 이름에 마우스 우클릭을 하면 메뉴가 나타난다. 여기에서 New를 선택하면 다시 메뉴가 나타나는데, Package를 선택한다. 웹 애플리케이션 프로젝트에서 사용하는 자바 클래스는 패키지 안에 들어있어야 제대로 동작하기 때문에 먼저 DAO 클래스가 들어갈 패키지를 만드는 것이다.

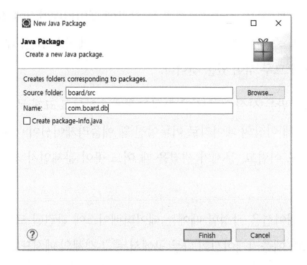

그러면 패키지의 이름을 입력받는 대화상자가 나온다. 여기에 com.board.db라고 입력
하자. 이 패키지에 DAO 클래스를 넣을 것이다.

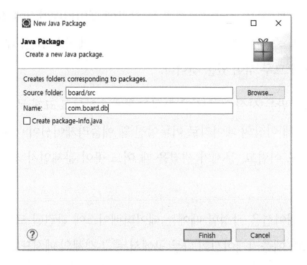

패키지 이름을 입력하고 Finish 버튼을 누르면 패키지가 만들어지고, 이것이 프로젝트
에 나타난다. 이제 클래스를 추가할 차례이다. 방금 만든 패키지에 마우스 우클릭을 하
고, Class를 선택한다.

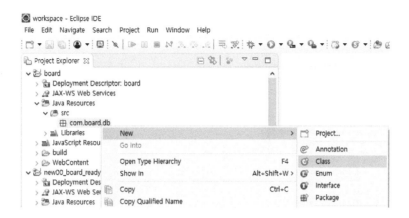

그러면 새로 만들 클래스 이름을 묻는 대화상자가 나오는데, BoardDao를 입력하고 Finish를 누르면 빈 클래스가 생성된다.

다음과 같은 프로젝트 구성이 보이면 제대로 된 것이다.

자, 가장 쉬운 delete.jsp부터 시작해 보자. delete.jsp에 있던 코드 중 데이터베이스에 관련된 코드를 떼 내어, BoardDao 클래스의 한 메서드로 만들면 되겠다. 앞 장에서 만든 delete.jsp는 다음과 같은 내용이었다.

📚 예제 9-10   글 삭제 (delete.jsp)

```
1: <%@ page language="java" contentType="text/html; charset=UTF-8"
2:     pageEncoding="UTF-8"%>
3:
4: <%@ page import="java.sql.*" %>
5:
6: <%
7:     // 지정된 글 번호 얻기
8:     int num = Integer.parseInt(request.getParameter("num"));
9:
10:     // 지정된 글 번호의 레코드를 DB에서 삭제
11:     Class.forName("org.mariadb.jdbc.Driver");
12:     try (
13:         Connection conn = DriverManager.getConnection(
14:                 "jdbc:mariadb://localhost:3306/jspdb", "jsp", "1234");
15:         Statement stmt = conn.createStatement();
16:     ) {
17:         // 쿼리 실행
18:         stmt.executeUpdate("delete from board where num=" + num);
19:
```

```
20:      } catch(Exception e) {
21:          e.printStackTrace();
22:      }
23:
24:      // 목록보기 화면으로 돌아감
25:      response.sendRedirect("list.jsp");
26: %>
```

위의 소스 코드에서 음영 처리된 부분이 데이터베이스 관련 코드인데, 데이터베이스에 접속하고 delete 쿼리를 실행하는 것이 하는 일의 전부이다. BoardDao 클래스에 deleteOne 이라는 이름으로 메서드를 하나 만들고, 이 코드들을 그곳으로 옮기면 다음과 같이 될 것이다. deleteOne은 매개변수 int num으로 지정된 글 번호를 가진 레코드 하나를 삭제하는 메서드이다.

```java
package com.board.db;

import java.sql.*;

public class BoardDao {

    public void deleteOne(int num) {
        Class.forName("org.mariadb.jdbc.Driver");
        try (
            Connection conn = DriverManager.getConnection(
                    "jdbc:mariadb://localhost:3306/jspdb", "jsp", "1234");
            Statement stmt = conn.createStatement();
        ) {
            // 쿼리 실행
            stmt.executeUpdate("delete from board where num=" + num);

        } catch(Exception e) {
            e.printStackTrace();
        }
    }
}
```

그런데 이렇게 하고 나니, Class.ForName이 있는 줄에 빨간 줄이 나타나면서 "Unhandled exception type ClassNotFoundException"이라는 에러가 보인다. 이것은 Class.forName에서 발생할 수 있는 예외(Exception)을 처리하는 구문이 없기 때문이다.

물론 이 문장을 try로 둘러싸서 해결할 수도 있겠지만, 이 기회에 데이터베이스에 접속하는 코드를 별도의 메서드로 뽑아내도록 하자. 나중에 이 클래스에는 쿼리를 실행하는 여러 개의 메서드들이 들어갈 것이다. 따라서 메서드 각각에 데이터베이스에 접속하는 코드를 넣는 것보다는, 데이터베이스 접속 코드를 별도의 메서드로 만들어 두고, 다른 곳에서는 이것을 호출하여 접속하는 것이 좋을 것이다.

데이터베이스에 접속하는 메서드는 접속 부분의 코드 두 문장만 떼어내 다음과 같이 만들 수 있다.

```
private Connection getConnection() throws Exception {

    Class.forName("org.mariadb.jdbc.Driver");
    Connection conn = DriverManager.getConnection(
                "jdbc:mariadb://localhost:3306/jspdb", "jsp", "1234");

    return conn;
}
```

getConnection 메서드는 데이터베이스 커넥터를 로드하고, 데이터베이스에 접속한 뒤, 이렇게 얻어진 데이터베이스 접속 객체를 반환한다. 이 메서드는 외부에서 호출할 것이 아니라 이 클래스의 메서드들만 사용할 것이므로 private으로 하였고, 아까 보았던 "Unhandled exception type ClassNotFoundException" 에러를 없애기 위해서 "throws Exception"을 붙여주었다. 이제 deleteOne 메서드가 지금 만든 getConnection 메서드를 사용하도록 수정하면 BoardDao 클래스는 다음과 같이 된다.

```
1: package com.board.db;
2:
3: import java.sql.*;
4:
```

```
 5: public class BoardDao {
 6:
 7:     private Connection getConnection() throws Exception {
 8:
 9:         Class.forName("org.mariadb.jdbc.Driver");
10:         Connection conn = DriverManager.getConnection(
11:                     "jdbc:mariadb://localhost:3306/jspdb", "jsp", 1234");
12:
13:         return conn;
14:     }
15:
16:     public void deleteOne(int num) {
17:
18:         try (
19:             Connection conn = getConnection();
20:             Statement stmt = conn.createStatement();
21:         ) {
22:             stmt.executeUpdate("delete from board where num=" + num);
23:
24:         } catch(Exception e) {
25:             e.printStackTrace();
26:         }
27:     }
28: }
```

이제 준비가 끝났다. delete.jsp로 돌아가서 지정된 레코드를 삭제하는 코드를 없애버리고, 대신에 DAO 객체를 생성한 뒤, 이 객체의 deleteOne 메서드를 호출하도록 수정해보자. 그러면 코드는 다음과 같이 바뀔 것이다.

📋 **예제 10-1** 글 삭제 (delete.jsp)

```
1: <%@ page language="java" contentType="text/html; charset=UTF-8"
2:     pageEncoding="UTF-8"%>
3:
4: <%@ page import="com.board.db.*" %>
5:
6: <%
```

```
 7:      // 지정된 글 번호의 레코드를 DB에서 삭제
 8:      int num = Integer.parseInt(request.getParameter("num"));
 9:      new BoardDao().deleteOne(num);
10:
11:      // 목록보기 화면으로 돌아감
12:      response.sendRedirect("list.jsp");
13: %>
```

음영 처리된 부분이 기존의 delete.jsp에서 달라진 부분이다. DAO를 사용해야 하므로 com.board.db.*을 import 했고, 데이터베이스 관련된 코드를 모두 삭제한 뒤 9번 행 한 줄로 바꾸어 넣었다. "new BoardDaO()"로 DAO 객체를 생성한 뒤, 이 객체의 deleteOne 메서드를 호출하는 것만으로 모든 작업이 끝난다. 데이터베이스에 접근하는 실제 코드는 모두 DAO로 이동했기 때문이다.

이제 BoardDao와 delete.jsp를 같이 펼쳐 놓고 보면서, DAO의 개념을 정리해 보기 바란다. 이렇게 DAO를 사용하게 되면, 데이터베이스 관련된 오류가 생겼을 때, 다른 곳은 볼 필요 없이 DAO 코드만 살펴보면 된다. 또 delete.jsp를 작성하는 동안에는 데이터베이스가 어떻게 다루어지는지 생각하지 않고, 그저 deleteOne만 호출하면 알아서 해당 데이터가 삭제된다고만 생각하면서 코드를 작성할 수 있다.

10.2 DTO (view.jsp에 DAO 적용)

이제 다음으로 글의 내용을 보여주는 view.jsp에서 데이터베이스 관련 코드를 떼 내어 DAO로 옮겨보자. 예전에 작성했던 view.jsp는 다음과 같다.

📦 **예제 9-7**　글 내용 보기 (view.jsp)

```
1: <%@ page language="java" contentType="text/html; charset=UTF-8"
2:     pageEncoding="UTF-8"%>
3:
4: <%@ page import="java.sql.*" %>
5:
6: <%
```

```
 7:      // 지정된 글 번호 얻기
 8:      int num = Integer.parseInt(request.getParameter("num"));
 9:
10:      // 게시글 데이터를 담을 변수 정의
11:      String writer  = "";
12:      String title   = "";
13:      String content = "";
14:      String regtime = "";
15:      int    hits    = 0;
16:
17:      // 지정된 글 번호를 가진 레코드 읽기
18:      Class.forName("org.mariadb.jdbc.Driver");
19:      try (
20:          Connection conn = DriverManager.getConnection(
21:                  "jdbc:mariadb://localhost:3306/jspdb", "jsp", "1234");
22:          Statement stmt = conn.createStatement();
23:
24:          // 쿼리 실행
25:          ResultSet rs = stmt.executeQuery(
26:                  "select * from board where num=" + num);
27:      ) {
28:          if (rs.next()) {
29:
30:              // 글 데이터를 변수에 저장
31:              writer  = rs.getString("writer" );
32:              title   = rs.getString("title"  );
33:              content = rs.getString("content");
34:              regtime = rs.getString("regtime");
35:              hits    = rs.getInt   ("hits"   );
36:
37:              // 글 제목과 내용이 웹 페이지에 올바르게 출력되도록
38:              // 공백과 줄넘김 처리
39:              title   = title.replace  (" ", " ");
40:              content = content.replace(" ", " ").replace("\n", "<br>");
41:
42:              // 이 글의 조회수를 1 올림
43:              stmt.executeUpdate(
44:                      "update board set hits=hits+1 where num=" + num);
45:          }
```

```
46:     } catch(Exception e) {
47:         e.printStackTrace();
48:     }
49: %>
50:
51: <!DOCTYPE html>
52: <html>
53: <head>
54:     <meta charset="UTF-8">
55:     <style>
56:         table { width:680px; text-align:center; }
57:         th    { width:100px; background-color:cyan; }
58:         td    { text-align:left; border:1px solid gray; }
59:     </style>
60: </head>
61: <body>
62:
63: <table>
64:     <tr>
65:         <th>제목</th>
66:         <td><%=title%></td>
67:     </tr>
68:     <tr>
69:         <th>작성자</th>
70:         <td><%=writer%></td>
71:     </tr>
72:     <tr>
73:         <th>작성일시</th>
74:         <td><%=regtime%></td>
75:     </tr>
76:     <tr>
77:         <th>조회수</th>
78:         <td><%=hits%></td>
79:     </tr>
80:     <tr>
81:         <th>내용</th>
82:         <td><%=content%></td>
83:     </tr>
84: </table>
```

```
85:
86: <br>
87: <input type="button" value="목록보기" onclick="location.href='list.jsp'">
88: <input type="button" value="수정"
89:      onclick="location.href='write.jsp?num=<%=num%>'">
90: <input type="button" value="삭제"
91:      onclick="location.href='delete.jsp?num=<%=num%>'">
92:
93: </body>
94: </html>
```

🖥️ **실행 결과**

제목	글 8
작성자	이순신
작성일시	2017-07-30 10:10:18
조회수	3
내용	글의 내용 8

목록보기 수정 삭제

음영 표시한 부분이 데이터베이스에 관련된 코드이다. 게시글 한 개의 데이터를 읽어오는 코드이므로, selectOne이라는 메서드를 만들고 이 코드들을 그대로 복사해 넣는다. 그리고 데이터베이스 접속 코드만 DAO의 getConnection 메서드 호출로 바꾸면 다음과 같이 될 것이다.

```
public [        ] selectOne(int num) {

    try (
        Connection conn = getConnection();
        Statement stmt = conn.createStatement();

        ResultSet rs = stmt.executeQuery(
                "select * from board where num=" + num);
    ) {
        if (rs.next()) {

            writer  = rs.getString("writer" );
```

```
        title   = rs.getString("title"  );
        content = rs.getString("content");
        regtime = rs.getString("regtime");
        hits    = rs.getInt    ("hits"   );

        stmt.executeUpdate(
                "update board set hits=hits+1 where num=" + num);
    }
} catch(Exception e) {
    e.printStackTrace();
}
}
```

자, 이렇게 해놓고 나니 문제가 생겼다. 첫 번째 줄인 메서드 헤더의 빈칸을 보면 알겠지만, 이 메서드는 레코드 하나를 읽어서 여러 필드들의 값, 즉 writer, title, content, regtime, hits 값을 반환해주어야 한다. 하지만 우리 모두 알고 있듯, 메서드는 반환 값을 하나밖에 가질 수 없다.

이렇게 웹 애플리케이션을 작성하다 보면 애플리케이션을 구성하는 모듈끼리 레코드 데이터를 주고받아야 하는 경우가 종종 생긴다. 이를 위해서 데이터베이스 테이블과 똑같은 구조를 가진 클래스를 정의해서, 하나의 레코드 데이터를 이 객체에 담아 사용하는데, 이것이 바로 DTO(Data Transfer Object)이다.

그럼 이제부터 게시판 테이블을 위한 DTO를 만들어 보자. 이클립스 좌측 Project Explorer에서 DAO가 있는 com.board.db 패키지를 찾는다. 그리고 여기에서 마우스 우클릭하여 클래스를 하나 더 추가한다. 클래스의 이름은 BoardDto라고 하면 될 것이다. 그리고 다음과 같은 코드를 먼저 입력한다.

```
1: package com.board.db;
2:
3: public class BoardDto {
4:     private int    num    = 0;
5:     private String writer = "";
6:     private String title  = "";
```

```
 7:     private String content  = "";
 8:     private String regtime  = "";
 9:     private int    hits      = 0;
10:
11: }
```

음영 표시한 것이 여러분이 실제 입력해야 할 코드이다. 테이블의 각 필드에 대응되는 변수들이 private으로 정의되어 있다. 이것을 private으로 놓은 것은 이 변수들을 직접 외부에서 접근할 것이 아니라, 메서드를 통해서만 접근하도록 할 것이기 때문이다. 이제 비어있는 줄인 10번 행에서 마우스 우클릭을 하여 메뉴가 나오면 Source, 그다음에는 Generate Getters and Setters...를 선택하자.

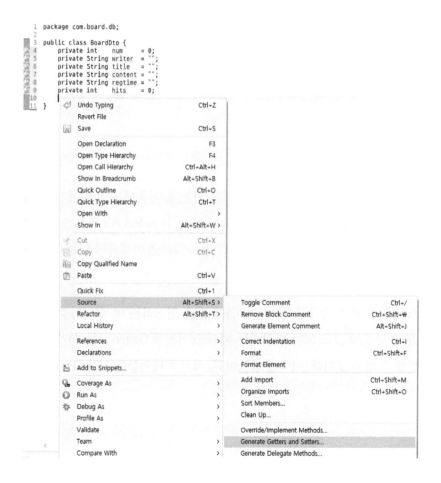

그러면 다음과 같은 대화상자가 나올 것이다.

대화상자 위쪽을 보면 멤버 변수들의 리스트가 있는데, 처음에는 그 앞에 있는 체크박스가 하나도 체크되지 않은 상태일 것이다. 오른쪽에 있는 Select All 버튼을 누르면, 이 그림과 같이 모든 체크박스에 체크 표시가 나타난다. 그러면 아래쪽에 있는 Generate 버튼을 누르면 모든 것이 끝난다.

이제 소스 코드를 보면 각각의 멤버 변수들에 값을 설정하는 메서드(이것을 Setter라고 한다)와 멤버 변수의 값을 읽어 반환하는 메서드(이것을 Getter라 한다)가 자동 생성된 것을 확인할 수 있을 것이다. 이렇게 만들어진, 게시판 테이블을 위한 DTO의 소스 코드는 다음과 같다.

📄 **예제 10-2** 게시판 테이블을 위한 DTO (BoardDto.java)

```
1: package com.board.db;
2:
3: public class BoardDto {
4:     private int    num     = 0;
5:     private String writer  = "";
6:     private String title   = "";
7:     private String content = "";
8:     private String regtime = "";
9:     private int    hits    = 0;
10:
11:     public int getNum() {
12:         return num;
13:     }
14:
15:     public void setNum(int num) {
16:         this.num = num;
17:     }
18:
19:     public String getWriter() {
20:         return writer;
21:     }
22:
23:     public void setWriter(String writer) {
24:         this.writer = writer;
25:     }
26:
27:     public String getTitle() {
28:         return title;
29:     }
30:
31:     public void setTitle(String title) {
32:         this.title = title;
33:     }
34:
35:     public String getContent() {
36:         return content;
37:     }
```

```
38:
39:     public void setContent(String content) {
40:         this.content = content;
41:     }
42:
43:     public String getRegtime() {
44:         return regtime;
45:     }
46:
47:     public void setRegtime(String regtime) {
48:         this.regtime = regtime;
49:     }
50:
51:     public int getHits() {
52:         return hits;
53:     }
54:
55:     public void setHits(int hits) {
56:         this.hits = hits;
57:     }
58: }
```

DTO 클래스를 정의했으니, 이제 레코드 데이터를 하나의 객체에 담아 전달할 수 있다. 앞에서 보았던 selectOne 메서드는 다음과 같이 작성할 수 있게 되었다.

```
public BoardDto selectOne(int num) {

    BoardDto dto = new BoardDto();

    try (
        Connection conn = getConnection();
        Statement stmt = conn.createStatement();

        ResultSet rs = stmt.executeQuery(
                "select * from board where num=" + num);
    ) {
        if (rs.next()) {
```

```
                dto.setNum     (rs.getInt   ("num"    ));
                dto.setWriter (rs.getString("writer" ));
                dto.setTitle  (rs.getString("title"  ));
                dto.setContent(rs.getString("content"));
                dto.setRegtime(rs.getString("regtime"));
                dto.setHits    (rs.getInt   ("hits"   ));

                stmt.executeUpdate(
                        "update board set hits=hits+1 where num=" + num);
            }
        } catch(Exception e) {
            e.printStackTrace();
        }

        return dto;
    }
```

이제 한 가지만 더 생각해보자. 이 메서드는 게시판 테이블에서 글 번호가 num인 하나의 레코드를 읽어 DTO에 담아 반환하는 메서드이다. 그런데, 이 메서드는 view.jsp에서만 쓰는 것이 아니다. write.jsp도 수정 모드로 동작할 때는 기존 글의 내용을 읽기 위해 이 메서드를 사용하게 될 것이다. 그런데, 글 보기를 위해 글을 읽을 때는 이 글의 조회 수가 1 올라가야 하지만, 글 수정을 위해 데이터를 읽을 때는 조회 수가 올라가면 안 된다.

따라서 글을 읽고 나서 조회 수 증가까지 할지를 매개변수로 지정해 줄 수 있게 해주면, 아무 문제없이 view.jsp와 write.jsp 양쪽에서 이 메서드를 사용해서 게시글 데이터를 읽을 수 있을 것이다. 그것을 고려해서 이 메서드를 수정하면 다음과 같은 코드를 최종적으로 얻을 수 있다.

```
// 지정된 글 번호를 가진 레코드 읽기
// incHits가 true이면 해당 글의 조회수를 1 증가시킴
//         false이면 조회수를 증가시키지 않음
public BoardDto selectOne(int num, boolean incHits) {

    BoardDto dto = new BoardDto();
```

```java
    try (
        Connection conn = getConnection();
        Statement stmt = conn.createStatement();

        ResultSet rs = stmt.executeQuery(
                "select * from board where num=" + num);
    ) {
        if (rs.next()) {

            // 글 데이터를 DTO에 저장
            dto.setNum     (rs.getInt   ("num"     ));
            dto.setWriter (rs.getString("writer" ));
            dto.setTitle  (rs.getString("title"  ));
            dto.setContent(rs.getString("content"));
            dto.setRegtime(rs.getString("regtime"));
            dto.setHits   (rs.getInt   ("hits"    ));

            // 이글의 조회수를 증가시켜야 하는 경우
            // (글 보기 화면을 위해 읽을 때)이면 조회수 1 증가
            if (incHits) {
                stmt.executeUpdate(
                        "update board set hits=hits+1 where num=" + num);
            }
        }
    } catch(Exception e) {
        e.printStackTrace();
    }

    return dto;
}
```

음영 처리된 부분이 조회 수 증가 여부를 선택할 수 있게 추가된 코드이다. incHits (Increase Hits)라는 매개변수를 추가하여 이 값이 true일 때만 조회 수 증가 쿼리를 실행 하도록 수정하였다.

이제 DTO도 만들었고, 하나의 레코드를 읽어 DTO에 담아 반환하는 메서드를 작성했 으니, 이 메서드를 이용하도록 view.jsp를 수정해 보자.

📑 **예제 10-3**   DAO를 사용하는 글 내용 보기 페이지 (view.jsp)

```
 1: <%@ page language="java" contentType="text/html; charset=UTF-8"
 2:     pageEncoding="UTF-8"%>
 3:
 4: <%@ page import="com.board.db.*" %>
 5:
 6: <%
 7:     // 지정된 글 번호의 글을 DB에서 읽음
 8:     int num = Integer.parseInt(request.getParameter("num"));
 9:     BoardDto dto = new BoardDao().selectOne(num, true);
10:
11:     // 글 제목과 내용이 웹 페이지에 올바르게 출력되도록
12:     // 공백과 줄넘김 처리
13:     dto.setTitle(dto.getTitle().replace (" ", " "));
14:     dto.setContent(dto.getContent().replace(" ", " ")
15:                             .replace("\n", "<br>"));
16: %>
17:
18: <!DOCTYPE html>
19: <html>
20: <head>
21:     <meta charset="UTF-8">
22:     <style>
23:         table { width:680px; text-align:center; }
24:         th    { width:100px; background-color:cyan; }
25:         td    { text-align:left; border:1px solid gray; }
26:     </style>
27: </head>
28: <body>
29:
30: <table>
31:     <tr>
32:         <th>제목</th>
33:         <td><%=dto.getTitle()%></td>
34:     </tr>
35:     <tr>
36:         <th>작성자</th>
37:         <td><%=dto.getWriter()%></td>
```

```
38:     </tr>
39:     <tr>
40:         <th>작성일시</th>
41:         <td><%=dto.getRegtime()%></td>
42:     </tr>
43:     <tr>
44:         <th>조회수</th>
45:         <td><%=dto.getHits()%></td>
46:     </tr>
47:     <tr>
48:         <th>내용</th>
49:         <td><%=dto.getContent()%></td>
50:     </tr>
51: </table>
52:
53: <br>
54: <input type="button" value="목록보기" onclick="location.href='list.jsp'">
55: <input type="button" value="수정"
56:         onclick="location.href='write.jsp?num=<%=num%>'">
57: <input type="button" value="삭제"
58:         onclick="location.href='delete.jsp?num=<%=num%>'">
59:
60: </body>
61: </html>
```

이전 버전과 비교할 때 음영 표시된 부분만 수정되었다. 9번 행에서 게시글 데이터를 읽어 DTO에 넣고, 그 뒤에 글 제목과 내용의 공백, 줄 바꿈 문자 처리를 한다. 동작은 예전과 똑같지만 view.jsp에서 자바 코드의 양은 많이 줄어든 것을 볼 수 있다. HTML 파트에서는, 개별 변수의 값을 출력하는 것이 아니라 DTO의 메서드를 호출하여 반환된 값을 출력하는 식으로 코드가 살짝 바뀌었다.

10.3 insert.jsp와 update.jsp에 DAO 적용

이제 insert.jsp에 DAO를 적용해보자. 이전 버전의 insert.jsp는 다음과 같다.

📁 **예제 9-6**   새 글 등록 (insert.jsp)

```
1: <%@ page language="java" contentType="text/html; charset=UTF-8"
2:     pageEncoding="UTF-8"%>
3:
4: <%@ page import="java.sql.*" %>
5: <%@ page import="java.time.*" %>
6:
7: <%
8:     request.setCharacterEncoding("utf-8");
9:
10:     // 양식에 입력되었던 값 읽기
11:     String writer  = request.getParameter("writer" );
12:     String title   = request.getParameter("title"  );
13:     String content = request.getParameter("content");
14:
15:     // 빈 칸이 하나라도 있으면 오류 출력하고 종료
16:     if (writer  == null || writer.length()  == 0 ||
17:         title   == null || title.length()   == 0 ||
18:         content == null || content.length() == 0) {
19: %>
20:         <script>
21:             alert('모든 항목이 빈칸 없이 입력되어야 합니다.');
22:             history.back();
23:         </script>
24: <%
25:         return;
26:     }
27:
28:     // 입력된 내용으로 새 글 레코드 추가
29:     Class.forName("org.mariadb.jdbc.Driver");
30:     try (
31:         Connection conn = DriverManager.getConnection(
32:             "jdbc:mariadb://localhost:3306/jspdb", "jsp", "1234");
```

```
33:          Statement stmt = conn.createStatement();
34:      ) {
35:          // 현재 시간 얻기
36:          String curTime = LocalDate.now() + " " +
37:                           LocalTime.now().toString().substring(0, 8);
38:
39:          // 쿼리 실행
40:          stmt.executeUpdate(String.format(
41:              "insert into board " +
42:              "(writer, title, content, regtime, hits)" +
43:              "values ('%s', '%s', '%s', '%s', 0)",
44:              writer, title, content, curTime));
45:
46:      } catch(Exception e) {
47:          e.printStackTrace();
48:      }
49:
50:      // 목록보기 화면으로 돌아감
51:      response.sendRedirect("list.jsp");
52: %>
```

음영으로 표시된 부분이 데이터베이스 관련 코드이다. 이제 BoardDao에 insertOne이라는 이름으로 메서드를 추가한다. 위의 코드를 보면 알겠지만, 이 동작을 위해서는 입력받은 게시글 데이터가 필요하다. 따라서 매개변수에 BoardDto 타입의 객체를 받아와서, 그 객체에 담긴 값으로 insert 쿼리를 실행하도록 하면 될 것이다. 즉 insertOne 메서드는 다음과 같은 형태를 가져야 한다.

```
public void insertOne(BoardDto dto) {
    ...
}
```

이제 이 메서드에 29~48번 행의 코드들을 복사해 넣은 뒤, 데이터베이스 접속 코드를 BoardDao의 getConnection을 사용하도록 수정한다. 그리고 44번 행에 있던 writer, title, content를, dto.getWriter(), dto.getTitle(), dto.getContent()로 고치면 될 것이다. 그리고 꼭 필요한 것은 아니지만, 현재 시간을 얻는 코드는 insert 쿼리와 update 쿼리를 할 때 둘 다 필요하므로, 아예 private 메서드로 뽑아내는 것이 코드의 중복을 줄일 수 있을 것이다. 이렇게 완성된 코드는 다음과 같다.

```java
private String getCurrentTime() {
    return LocalDate.now() + " " +
            LocalTime.now().toString().substring(0, 8);
}


public void insertOne(BoardDto dto) {

    try (
        Connection conn = getConnection();
        Statement stmt = conn.createStatement();
    ) {
        stmt.executeUpdate(String.format(
                "insert into board " +
                "(writer, title, content, regtime, hits)" +
                "values ('%s', '%s', '%s', '%s', 0)",
                dto.getWriter(), dto.getTitle(), dto.getContent(),
                getCurrentTime()));

    } catch(Exception e) {
        e.printStackTrace();
    }
}
```

insert 쿼리를 실행하는 메서드가 준비되었으니, 이제 insert.jsp를 수정할 수 있다. 데이터베이스 관련 코드를 삭제하고, 그 대신 insertOne 메서드를 호출하도록 수정하면 다음과 같은 코드를 얻을 수 있다.

📄 **예제 10-4** DAO를 사용하는 새 글 저장 프로그램 (insert.jsp)

```jsp
1: <%@ page language="java" contentType="text/html; charset=UTF-8"
2:     pageEncoding="UTF-8"%>
3:
4: <%@ page import="com.board.db.*" %>
```

```
 5:
 6: <%
 7:     request.setCharacterEncoding("utf-8");
 8:
 9:     // 양식에 입력되었던 값 읽기
10:     String writer  = request.getParameter("writer" );
11:     String title   = request.getParameter("title"  );
12:     String content = request.getParameter("content");
13:
14:     // 빈 칸이 하나라도 있으면 오류 출력하고 복귀
15:     if (writer  == null || writer.length()  == 0 ||
16:         title   == null || title.length()   == 0 ||
17:         content == null || content.length() == 0) {
18: %>
19:         <script>
20:             alert('모든 항목이 빈칸 없이 입력되어야 합니다.');
21:             history.back();
22:         </script>
23: <%
24:         return;
25:     }
26:
27:     // 글 데이터를 DTO에 저장
28:     BoardDto dto = new BoardDto();
29:
30:     dto.setWriter (writer );
31:     dto.setTitle  (title  );
32:     dto.setContent(content);
33:
34:     // 입력된 내용으로 새 글 레코드 추가
35:     new BoardDao().insertOne(dto);
36:
37:     // 목록보기 화면으로 돌아감
38:     response.sendRedirect("list.jsp");
39: %>
40:
```

수정된 부분은 음영 표시를 해 두었다. 28번 행에서 DTO 객체를 생성하고, 30~32번 행에서 사용자가 입력한 내용을 그 DTO에 저장한 뒤 35번 행에서, insertOne 메서드를 실행한다.

update.jsp도 같은 방식으로 수정하면 된다. 게시글 데이터를 업데이트하는 메서드를 updateOne이라고 만들고 똑같은 방식으로 수정하면 다음과 같은 메서드를 만들 수 있을 것이다.

```java
public void updateOne(BoardDto dto) {

    try (
        Connection conn = getConnection();
        Statement stmt = conn.createStatement();
    ) {
        stmt.executeUpdate(String.format(
                "update board set writer='%s', title='%s', " +
                "content='%s', regtime='%s' where num=%d",
                dto.getWriter(), dto.getTitle(), dto.getContent(),
                getCurrentTime(), dto.getNum()));

    } catch(Exception e) {
        e.printStackTrace();
    }
}
```

insertOne 메서드와 비교해 보면, 실행하는 쿼리만 다르므로, 이해하는 데 큰 문제 없을 것이다. 이 메서드를 이용하도록 update.jsp를 수정하면 다음과 같다.

📋 **예제 10-5** DAO를 사용하는 게시글 업데이트 프로그램 (update.jsp)

```jsp
1: <%@ page language="java" contentType="text/html; charset=UTF-8"
2:     pageEncoding="UTF-8"%>
3:
4: <%@ page import="com.board.db.*" %>
5:
6: <%
```

```
 7:     request.setCharacterEncoding("utf-8");
 8:
 9:     // 업데이트할 글 번호 얻기
10:     int num = Integer.parseInt(request.getParameter("num"));
11:
12:     // 양식에 입력되었던 값 읽기
13:     String writer  = request.getParameter("writer" );
14:     String title   = request.getParameter("title"  );
15:     String content = request.getParameter("content");
16:
17:     // 빈 칸이 하나라도 있으면 오류 출력하고 복귀
18:     if (writer  == null || writer.length()  == 0 ||
19:         title   == null || title.length()   == 0 ||
20:         content == null || content.length() == 0) {
21: %>
22:         <script>
23:             alert('모든 항목이 빈칸 없이 입력되어야 합니다.');
24:             history.back();
25:         </script>
26: <%
27:         return;
28:     }
29:
30:     // 글 데이터를 DTO에 저장
31:     BoardDto dto = new BoardDto();
32:
33:     dto.setNum    (num    );
34:     dto.setWriter (writer );
35:     dto.setTitle  (title  );
36:     dto.setContent(content);
37:
38:     // 입력된 내용으로 글 내용 업데이트
39:     new BoardDao().updateOne(dto);
40:
41:     // 글보기 화면으로 돌아감
42:     response.sendRedirect("view.jsp?num=" + num);
43: %>
44:
```

수정된 부분은 음영 표시를 하였다. 31번 행에서 DTO 객체를 만들고, 33~36번 행에서 사용자가 입력한 데이터를 여기에 저장한 뒤, 39번 행에서 updateOne 메서드를 호출하여 업데이트 작업을 수행한다.

10.4 write.jsp에 DAO 적용

write.jsp는 글 번호가 주어지지 않으면 새 글쓰기 모드로, 글 번호가 주어지면 기존 글 수정 모드로 동작한다. 이전에 작성했던 버전은 다음과 같다.

📋 **예제 9-8**   DAO를 사용하기 전의 글쓰기/수정 페이지 (write.jsp)

```
1: <%@ page language="java" contentType="text/html; charset=UTF-8"
2:     pageEncoding="UTF-8"%>
3:
4: <%@ page import="java.sql.*" %>
5:
6: <%
7:     // 글 번호 값 얻기, 주어지지 않았으면 0으로 설정
8:     String tmp = request.getParameter("num");
9:     int num = (tmp != null && tmp.length() > 0) ? Integer.parseInt(tmp)
10:                                                  : 0;
11:
12:     // 새 글쓰기 모드를 가정하고 변수 초기값 설정
13:     String writer  = "";
14:     String title   = "";
15:     String content = "";
16:     String action  = "insert.jsp";
17:
18:     // 글 번호가 주어졌으면, 글 수정 모드
19:     if (num > 0) {
20:
21:         Class.forName("org.mariadb.jdbc.Driver");
22:         try (
23:             Connection conn = DriverManager.getConnection(
24:                     "jdbc:mariadb://localhost:3306/jspdb", "jsp", "1234");
```

```
25:              Statement stmt = conn.createStatement();
26:
27:              // 쿼리 실행
28:              ResultSet rs = stmt.executeQuery(
29:                      "select * from board where num=" + num);
30:         ) {
31:              if (rs.next()) {
32:                  // 읽어들인 글 데이터를 변수에 저장
33:                  writer  = rs.getString("writer" );
34:                  title   = rs.getString("title"  );
35:                  content = rs.getString("content");
36:
37:                  // 글 수정 모드일 때는 저장 버튼을 누르면 UPDATE 실행
38:                  action  = "update.jsp?num=" + num;
39:              }
40:         } catch(Exception e) {
41:              e.printStackTrace();
42:         }
43:     }
44: %>
45:
46: <!DOCTYPE html>
47: <html>
48: <head>
49:     <meta charset="UTF-8">
50:     <style>
51:         table { width:680px; text-align:center; }
52:         th    { width:100px; background-color:cyan; }
53:         input[type=text], textarea { width:100%; }
54:     </style>
55: </head>
56: <body>
57:
58: <form method="post" action="<%=action%>">
59:     <table>
60:         <tr>
61:             <th>제목</th>
62:             <td><input type="text" name="title"  maxlength="80"
63:                     value="<%=title%>">
```

```
64:            </td>
65:         </tr>
66:         <tr>
67:            <th>작성자</th>
68:            <td><input type="text" name="writer" maxlength="20"
69:                        value="<%=writer%>">
70:            </td>
71:         </tr>
72:         <tr>
73:            <th>내용</th>
74:            <td><textarea name="content" rows="10"><%=content%></textarea>
75:            </td>
76:         </tr>
77:      </table>
78:
79:      <br>
80:      <input type="submit" value="저장">
81:      <input type="button" value="취소" onclick="history.back()">
82: </form>
83:
84: </body>
85: </html>
```

먼저 13~15번 행을 보자.

```
13:      String writer  = "";
14:      String title   = "";
15:      String content = "";
```

이 코드는 작성자, 제목, 내용을 위한 변수를 선언하고 빈 문자열로 초기화하는 코드인데, 이것을 다음과 같이 바꾸어야 할 것이다. 이제 각각의 변수는 사용하지 않고, 하나의 DTO에 다 모아서 사용할 것이기 때문이다.

```
BoardDto dto = new BoardDto();
```

다음으로, 데이터베이스에 관련된 부분은 21~35번 행인데, 이 코드의 내용은 지정된 글 번호를 가진 레코드 하나를 읽는 것이다. 따라서 새로 메서드를 만들 필요가 없고, BoardDao에 이미 만들어둔 selectOne 메서드를 호출하도록 write.jsp만 고치면 될 것이다. 즉, 이 코드는 다음과 같은 한 줄의 코드로 바꿀 수 있다.

```
dto = new BoardDao().selectOne(num, false);
```

두 번째 인자를 false로 한 것은, 수정을 위해 하나의 레코드를 읽을 때는 조회 수를 증가시키지 말아야 하기 때문이다. 그렇게 하면 이 프로그램 앞쪽의 자바 코드는 다음과 같이 정리된다.

```
<%
    String tmp = request.getParameter("num");
    int num = (tmp != null && tmp.length() > 0) ? Integer.parseInt(tmp) : 0;

    BoardDto dto = new BoardDto();
    String action  = "insert.jsp";

    if (num > 0) {
        dto = new BoardDao().selectOne(num, false);
        action  = "update.jsp?num=" + num;
    }
%>
```

음영 표시된 행이 수정된 행이다. 여기까지 하고 나면 화면 출력 부분만 살짝 수정하면 된다. 좀 전에 말했듯 변수 writer 대신에 dto.getWriter()가 들어가는 식으로 세 군데를 수정해 주면 수정작업은 끝이 난다. 완성된 코드는 다음과 같다. 음영 표시된 행이 수정된 곳이다.

📝 **예제 10-6**　　DAO를 사용하도록 수정된 글쓰기/수정 페이지 (write.jsp)

```
1: <%@ page language="java" contentType="text/html; charset=UTF-8"
2:     pageEncoding="UTF-8"%>
3:
```

```jsp
 4: <%@ page import="com.board.db.*" %>
 5:
 6: <%
 7:     // 글 번호 값 얻기, 주어지지 않았으면 0으로 설정
 8:     String tmp = request.getParameter("num");
 9:     int num = (tmp != null && tmp.length() > 0) ? Integer.parseInt(tmp)
10:                                                  : 0;
11:
12:     // 새 글쓰기 모드로 가정하고 시작
13:     BoardDto dto = new BoardDto();
14:     String action = "insert.jsp";
15:
16:     // 글 번호가 주어졌으면 수정 모드
17:     if (num > 0) {
18:         dto = new BoardDao().selectOne(num, false);
19:         action = "update.jsp?num=" + num;
20:     }
21: %>
22:
23: <!DOCTYPE html>
24: <html>
25: <head>
26:     <meta charset="UTF-8">
27:     <style>
28:         table { width:680px; text-align:center; }
29:         th    { width:100px; background-color:cyan; }
30:         input[type=text], textarea { width:100%; }
31:     </style>
32: </head>
33: <body>
34:
35: <form method="post" action="<%=action%>">
36:     <table>
37:         <tr>
38:             <th>제목</th>
39:             <td><input type="text" name="title"  maxlength="80"
40:                     value="<%=dto.getTitle()%>">
41:             </td>
42:         </tr>
```

```
43:        <tr>
44:          <th>작성자</th>
45:          <td><input type="text" name="writer" maxlength="20"
46:                        value="<%=dto.getWriter()%>">
47:          </td>
48:        </tr>
49:        <tr>
50:          <th>내용</th>
51:          <td><textarea name="content"
52:                        rows="10"><%=dto.getContent()%></textarea>
53:          </td>
54:        </tr>
55:    </table>
56:
57:    <br>
58:    <input type="submit" value="저장">
59:    <input type="button" value="취소" onclick="history.back()">
60: </form>
61:
62: </body>
63: </html>
```

10.5 list.jsp에 DAO 적용

이제 마지막으로 게시글 리스트를 보여주는 list.jsp만 남았다. 역시 앞 장에서 작성했던 소스 코드를 다시 훑어보면서 작업을 시작하도록 하자.

📖 **예제 9-5**　게시글 리스트 프로그램 (list.jsp)

```
1: <%@ page language="java" contentType="text/html; charset=UTF-8"
2:     pageEncoding="UTF-8"%>
3:
4: <%@ page import="java.sql.*" %>
5:
6: <!DOCTYPE html>
7: <html>
8: <head>
```

```
 9:     <meta charset="UTF-8">
10:     <style>
11:         table      { width:680px; text-align:center; }
12:         th         { background-color:cyan; }
13:
14:         .num       { width: 80px; }
15:         .title     { width:230px; }
16:         .writer    { width:100px; }
17:         .regtime   { width:180px; }
18:
19:         a:link     { text-decoration:none; color:blue; }
20:         a:visited  { text-decoration:none; color:gray; }
21:         a:hover    { text-decoration:none; color:red;  }
22:     </style>
23: </head>
24: <body>
25:
26: <table>
27:     <tr>
28:         <th class="num"    >번호    </th>
29:         <th class="title"  >제목    </th>
30:         <th class="writer" >작성자  </th>
31:         <th class="regtime">작성일시</th>
32:         <th                >조회수  </th>
33:     </tr>
34: <%
35:     // 게시글 리스트 읽어오기
36:     Class.forName("org.mariadb.jdbc.Driver");
37:     try (
38:         Connection conn = DriverManager.getConnection(
39:             "jdbc:mariadb://localhost:3306/jspdb", "jsp", "1234");
40:         Statement stmt = conn.createStatement();
41:
42:         // 쿼리 실행
43:         ResultSet rs = stmt.executeQuery(
44:             "select * from board order by num desc");
45:     ) {
46:         // 게시글 레코드가 남아있는 동안 반복하며 화면에 출력
47:         while (rs.next()) {
```

```
48: %>
49:        <tr>
50:            <td><%=rs.getInt("num")%></td>
51:            <td style="text-align:left;">
52:                <a href="view.jsp?num=<%=rs.getInt("num")%>">
53:                    <%=rs.getString("title")%>
54:                </a>
55:            </td>
56:            <td><%=rs.getString("writer" )%></td>
57:            <td><%=rs.getString("regtime")%></td>
58:            <td><%=rs.getInt   ("hits"   )%></td>
59:        </tr>
60: <%
61:            }
62:        } catch(Exception e) {
63:            e.printStackTrace();
64:        }
65: %>
66: </table>
67:
68: <br>
69: <input type="button" value="글쓰기" onclick="location.href='write.jsp'">
70:
71: </body>
72: </html>
```

이 프로그램의 핵심 부분은 35~64번 행인데, 테이블의 모든 레코드를 읽어오는 쿼리를 실행한 후, rs.next()로 계속해서 다음 레코드로 이동해가며 각각의 레코드를 출력하는 방식으로 작성되어 있다.

이 점이 다른 프로그램 모듈들과 다른 점인데, 다른 프로그램들은 기껏해야 하나의 레코드만 읽으면 되기 때문에, 프로그램 시작 부분에서 한 레코드를 읽어 DTO에 넣고, 아래쪽의 HTML 파트에서 그 값들을 출력하는 형식으로 작성할 수 있었다.

하지만 게시글 리스트는 하나의 DTO에 저장할 수가 없다. 게시글 수(레코드 수)만큼의 DTO가 있어야 모든 데이터를 저장할 수 있는 것이다. 따라서 게시글 리스트를 읽어 반환하는 메서드를 selectList라는 이름으로 만든다고 하면 다음과 같은 형태이어야 한다.

```
public ArrayList<BoardDto> selectList() {
    ...
}
```

즉, 게시글 리스트를 한 번에 통째로 반환하기 위해서, BoardDto 객체들이 줄줄이 담긴 ArrayList를 반환하는 것이다. 이렇게 하면 list.jsp 쪽에서 그 ArrayList의 첫 번째 객체부터 마지막 객체까지 순서대로 하나씩 화면에 출력해서 게시글 리스트를 만들어낼 수 있다.

그럼 일단 35~64번 행의 코드를 selectList() 안에 복사해 넣어보자. HTML 코드들도 섞여 있어서 오류를 알리는 빨간 줄이 잔뜩 나타날 테지만, 걱정하지 말자. 한 단계씩 바꾸어 나가다 보면 오류 없는 코드를 얻게 될 것이다. 코드를 복사해 넣고 데이터베이스 접속 코드만 고치면 코드는 다음과 같은 상태일 것이다.

```
public ArrayList<BoardDto> selectList() {
    try (
        Connection conn = getConnection();
        Statement stmt = conn.createStatement();

        ResultSet rs = stmt.executeQuery(
                "select * from board order by num desc");
    ) {
        while (rs.next()) {
%>
        <tr>
            <td><%=rs.getInt("num")%></td>
            <td style="text-align:left;">
                <a href="view.jsp?num=<%=rs.getInt("num")%>">
                    <%=rs.getString("title")%>
                </a>
            </td>
            <td><%=rs.getString("writer" )%></td>
            <td><%=rs.getString("regtime")%></td>
            <td><%=rs.getInt   ("hits"   )%></td>
        </tr>
```

```
<%
        }
    } catch(Exception e) {
        e.printStackTrace();
    }
}
```

먼저 손을 보아야 할 부분은 음영 표시된 HTML 코드들이다. 이것은 레코드의 필드 값들을 화면에 출력하는 코드인데, 화면에 출력하는 대신, DTO를 새로 만들고 여기에 담는 코드로 바꾸어야 한다. 그러면 이 while 반복문 코드는 다음과 같이 바뀔 것이다.

```
while (rs.next()) {
    BoardDto dto = new BoardDto();

    dto.setNum    (rs.getInt   ("num"    ));
    dto.setWriter (rs.getString("writer" ));
    dto.setTitle  (rs.getString("title"  ));
    dto.setContent(rs.getString("content"));
    dto.setRegtime(rs.getString("regtime"));
    dto.setHits   (rs.getInt   ("hits"   ));
}
```

이제 거의 다 되었다. 이 반복문의 문제는 DTO 객체를 하나 만들어서 레코드 데이터를 넣는 것까지는 잘했는데, 그리고 나면 그 DTO를 그냥 날려버린다는 점이다. 우리가 앞에서 얘기했던 대로 레코드 데이터를 DTO에 넣은 뒤에는, 이것을 ArrayList에 추가해 주어야 할 것이다. 이를 위해서 이 메서드 첫 줄에서 다음과 같은 코드로 ArrayList를 만들어 준비한다.

```
ArrayList<BoardDto> dtoList = new ArrayList<BoardDto>();
```

그리고 while 반복 문에서 각각의 반복을 수행할 때마다, 새로 만들어진 DTO를 이 ArrayList에 추가해준다. 그러면 while 반복문은 다음과 같이 될 것이다.

```
while (rs.next()) {
    BoardDto dto = new BoardDto();

    dto.setNum     (rs.getInt    ("num"     ));
    dto.setWriter (rs.getString("writer" ));
    dto.setTitle  (rs.getString("title"  ));
    dto.setContent(rs.getString("content"));
    dto.setRegtime(rs.getString("regtime"));
    dto.setHits    (rs.getInt    ("hits"   ));

    dtoList.add(dto);
}
```

그리고 마지막으로, 메서드 맨 끝에서 이렇게 만들어진 dtoList를 반환하면 게시글 리스트를 반환할 수 있게 된다. 지금까지 한 얘기를 정리해서 만들어진 selectList 메서드는 다음과 같다.

```
public ArrayList<BoardDto> selectList() {

    ArrayList<BoardDto> dtoList = new ArrayList<BoardDto>();

    try (
        Connection conn = getConnection();
        Statement stmt = conn.createStatement();

        ResultSet rs = stmt.executeQuery(
                "select * from board order by num desc");
    ) {
        while (rs.next()) {
            BoardDto dto = new BoardDto();

            dto.setNum     (rs.getInt    ("num"     ));
            dto.setWriter (rs.getString("writer" ));
            dto.setTitle  (rs.getString("title"  ));
            dto.setContent(rs.getString("content"));
            dto.setRegtime(rs.getString("regtime"));
```

```
            dto.setHits   (rs.getInt    ("hits"   ));

            dtoList.add(dto);
        }
    } catch(Exception e) {
        e.printStackTrace();
    }

    return dtoList;
}
```

이제 DAO에 들어갈 메서드가 완성되었으니, 이것을 이용해서 list.jsp를 수정해 보자. 먼저 제일 앞쪽에는 이 메서드를 호출해서 DTO들을 담고 있는 ArrayList를 얻는 코드 가 다음과 같이 들어갈 것이다.

```
<%@ page import="java.util.*" %>
<%@ page import="com.board.db.*" %>


<%
    ArrayList<BoardDto> dtoList = new BoardDao().selectList();
%>
```

첫 줄의 import="java.util.*"은 ArrayList를 사용하기 위한 것이다. 이렇게 하고 나면 dtoList에는 게시글 리스트가 있으므로, 여기에 담긴 DTO 객체들을 순서대로 화면에 출력하면 된다.

기존의 list.jsp에 있던 while 반복문을 for 문으로 바꾸어 ArrayList의 모든 DTO 객체에 대해 반복하도록 하고, rs.getInt와 rs.getString으로 필드 값을 얻어내던 것을, dto의 getter 메서드로 값을 얻어내게 바꾸면 다음과 같은 코드를 얻을 수 있다.

```
<%
    for (BoardDto dto : dtoList) {
%>
    <tr>
        <td><%=dto.getNum()%></td>
        <td style="text-align:left;">
            <a href="view.jsp?num=<%=dto.getNum()%>">
                <%=dto.getTitle()%>
            </a>
        </td>
        <td><%=dto.getWriter()%></td>
        <td><%=dto.getRegtime()%></td>
        <td><%=dto.getHits()%></td>
    </tr>
<%
    }
%>
```

혹시나 해서 덧붙이자면 여기에서 사용한 for 문은, 흔히 for each 문이라고 부르는 for 의 한 형태이다. 이 for문의 구조는 다음과 같다.

```
for (데이터_타입 변수 : 배열이나_ArrayList) {
    ...
}
```

이렇게 적어주면 배열이나 ArrayList에서 한 개씩 한 개씩 데이터를 꺼내어 변수에 대입하며 반복을 수행한다. 이 코드에서는, dtoList에서 첫 번째 객체를 꺼내어 변수 dto에 담고 반복부를 실행하고, 다시 두 번째 객체를 꺼내어 변수 dto에 넣고 반복부를 실행하는 식으로 마지막 객체까지 반복하게 되는 것이다.

이제 지금까지 얘기한 것을 정리해서 list.jsp를 완성하면 다음과 같다.

예제 10-7 DAO와 DTO를 사용하는 게시글 리스트 페이지 (list.jsp)

```jsp
 1: <%@ page language="java" contentType="text/html; charset=UTF-8"
 2:     pageEncoding="UTF-8"%>
 3:
 4: <%@ page import="java.util.*" %>
 5: <%@ page import="com.board.db.*" %>
 6:
 7: <%
 8:     // 게시글이 담긴 DTO객체들의 리스트를 얻음
 9:     ArrayList<BoardDto> dtoList = new BoardDao().selectList();
10: %>
11:
12: <!DOCTYPE html>
13: <html>
14: <head>
15:     <meta charset="UTF-8">
16:     <style>
17:         table    { width:680px; text-align:center; }
18:         th       { background-color:cyan; }
19:
20:         .num     { width: 80px; }
21:         .title   { width:230px; }
22:         .writer  { width:100px; }
23:         .regtime { width:180px; }
24:
25:         a:link    { text-decoration:none; color:blue; }
26:         a:visited { text-decoration:none; color:gray; }
27:         a:hover   { text-decoration:none; color:red;  }
28:     </style>
29: </head>
30: <body>
31:
32: <table>
33:     <tr>
34:         <th class="num"    >번호    </th>
35:         <th class="title"  >제목    </th>
36:         <th class="writer" >작성자   </th>
37:         <th class="regtime">작성일시</th>
```

```
38:        <th                 >조회수  </th>
39:      </tr>
40: <%
41:     // 리스트의 모든 DTO 객체의 내용을 화면에 출력
42:     for (BoardDto dto : dtoList) {
43: %>
44:      <tr>
45:         <td><%=dto.getNum()%></td>
46:         <td style="text-align:left;">
47:             <a href="view.jsp?num=<%=dto.getNum()%>">
48:                 <%=dto.getTitle()%>
49:             </a>
50:         </td>
51:         <td><%=dto.getWriter()%></td>
52:         <td><%=dto.getRegtime()%></td>
53:         <td><%=dto.getHits()%></td>
54:      </tr>
55: <%
56:     }
57: %>
58: </table>
59:
60: <br>
61: <input type="button" value="글쓰기" onclick="location.href='write.jsp'">
62:
63: </body>
64: </html>
```

음영 처리된 부분이 수정된 부분이다. 이전 버전의 list.jsp는 HTML과 자바 코드가 여기
저기 섞여 있지만, 이제는 자바 코드의 양이 대폭 줄어들어서 프로그램이 훨씬 알아보기
쉬워졌다.

10.6 BoardDao.java

이제 게시판의 모든 모듈이 DAO를 사용하도록 수정되었다. 그 과정에서 DAO에 메서드들을 계속해서 추가하였는데, 이렇게 해서 완성된 DAO의 소스 코드를 정리하면 다음과 같다.

📎 **예제 10-8** 게시판을 위한 DAO (BoardDao.java)

```
 1: package com.board.db;
 2:
 3: import java.sql.*;
 4: import java.time.*;
 5: import java.util.*;
 6:
 7: public class BoardDao {
 8:
 9:     // DB에 접속하여 Connection 객체를 반환
10:     private Connection getConnection() throws Exception {
11:
12:         Class.forName("org.mariadb.jdbc.Driver");
13:         Connection conn = DriverManager.getConnection(
14:                 "jdbc:mariadb://localhost:3306/jspdb", "jsp", "1234");
15:
16:         return conn;
17:     }
18:
19:     // 현재 시간을 문자열 형태로 반환
20:     private String getCurrentTime() {
21:         return LocalDate.now() + " " +
22:                 LocalTime.now().toString().substring(0, 8);
23:     }
24:
25:     // 게시글 리스트 읽기
26:     public ArrayList<BoardDto> selectList() {
27:
28:         ArrayList<BoardDto> dtoList = new ArrayList<BoardDto>();
29:
```

```
30:        try (
31:            Connection conn = getConnection();
32:            Statement stmt = conn.createStatement();
33:
34:            ResultSet rs = stmt.executeQuery(
35:                    "select * from board order by num desc");
36:        ) {
37:            while (rs.next()) {
38:
39:                // 새 DTO 객체를 만들고 글 데이터를 이 객체에 저장
40:                BoardDto dto = new BoardDto();
41:
42:                dto.setNum    (rs.getInt   ("num"    ));
43:                dto.setWriter (rs.getString("writer" ));
44:                dto.setTitle  (rs.getString("title"  ));
45:                dto.setContent(rs.getString("content"));
46:                dto.setRegtime(rs.getString("regtime"));
47:                dto.setHits   (rs.getInt   ("hits"   ));
48:
49:                // 이 DTO 객체를 ArrayList에 추가
50:                dtoList.add(dto);
51:            }
52:        } catch(Exception e) {
53:            e.printStackTrace();
54:        }
55:
56:        return dtoList;
57:    }
58:
59:    // 지정된 글 번호를 가진 레코드 읽기
60:    // hitsIncreased가 true이면 해당 글의 조회수를 1 증가시킴
61:    //                  false이면 조회수를 증가시키지 않음
62:    public BoardDto selectOne(int num, boolean incHits) {
63:
64:        BoardDto dto = new BoardDto();
65:
66:        try (
67:            Connection conn = getConnection();
68:            Statement stmt = conn.createStatement();
```

```
69:
70:            ResultSet rs = stmt.executeQuery(
71:                "select * from board where num=" + num);
72:        ) {
73:        if (rs.next()) {
74:
75:            // 글 데이터를 DTO에 저장
76:            dto.setNum    (rs.getInt   ("num"    ));
77:            dto.setWriter (rs.getString("writer" ));
78:            dto.setTitle  (rs.getString("title"  ));
79:            dto.setContent(rs.getString("content"));
80:            dto.setRegtime(rs.getString("regtime"));
81:            dto.setHits   (rs.getInt   ("hits"   ));
82:
83:            // 이글의 조회수를 증가시켜야 하는 경우
84:            // (글 보기 화면을 위해 읽을 때)이면 조회수 1 증가
85:            if (incHits) {
86:                stmt.executeUpdate(
87:                    "update board set hits=hits+1 where num=" + num);
88:            }
89:        }
90:    } catch(Exception e) {
91:        e.printStackTrace();
92:    }
93:
94:    return dto;
95:    }
96:
97:    // DTO에 담긴 내용으로 새로운 레코드 저장
98:    public void insertOne(BoardDto dto) {
99:
100:        try (
101:            Connection conn = getConnection();
102:            Statement stmt = conn.createStatement();
103:        ) {
104:            stmt.executeUpdate(String.format(
105:                "insert into board " +
106:                "(writer, title, content, regtime, hits)" +
107:                "values ('%s', '%s', '%s', '%s', 0)",
```

```
108:                        dto.getWriter(), dto.getTitle(), dto.getContent(),
109:                        getCurrentTime()));
110:
111:        } catch(Exception e) {
112:            e.printStackTrace();
113:        }
114:    }
115:
116:    // DTO에 담긴 내용으로 게시글 데이터 업데이트
117:    public void updateOne(BoardDto dto) {
118:
119:        try (
120:            Connection conn = getConnection();
121:            Statement stmt = conn.createStatement();
122:        ) {
123:            stmt.executeUpdate(String.format(
124:                    "update board set writer='%s', title='%s', " +
125:                    "content='%s', regtime='%s' where num=%d",
126:                    dto.getWriter(), dto.getTitle(), dto.getContent(),
127:                    getCurrentTime(), dto.getNum()));
128:
129:        } catch(Exception e) {
130:            e.printStackTrace();
131:        }
132:    }
133:
134:    // 지정된 글 번호의 레코드 삭제
135:    public void deleteOne(int num) {
136:
137:        try (
138:            Connection conn = getConnection();
139:            Statement stmt = conn.createStatement();
140:        ) {
141:            stmt.executeUpdate("delete from board where num=" + num);
142:
143:        } catch(Exception e) {
144:            e.printStackTrace();
145:        }
146:    }
147: }
```

연습문제

1. DAO와 DTO가 무엇인지 설명해 보시오.

2. 현재 DTO를 사용할 때는 일단 비어있는 DTO 객체를 만들고, 그 뒤에 setter들을 실행시켜 일일이 필드 값들을 채워 넣고 있다. DTO에 생성자를 2개 추가하여 보시오. 하나는 매개변수가 없는 생성자, 그리고 다른 하나는 모든 필드 들의 초깃값들을 매개변수로 가지는 생성자로 만드시오. 그렇게 하면 DTO 객체를 만들면서 동시에 값을 설정할 수 있다.

3. 위에서 만든 매개변수 있는 생성자를 활용하도록 예제 10-4의 insert.jsp를 수정해 보시오. 새로운 레코드를 insert 할 때 필요가 없는 속성값은 0, null, '' 등의 빈 값으로 채우면 된다.

4. 위에서 만든 매개변수 있는 생성자를 활용하도록 예제 10-5의 update.jsp를 수정해 보시오.

5. 위에서 만든 매개변수 있는 생성자를 활용하도록 예제 10-6 BoardDao.java의 selectOne(), selectList() 메서드를 수정해 보시오.

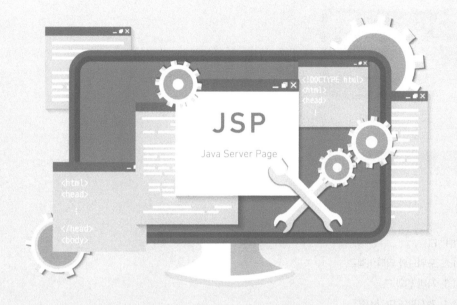

CHAPTER 11

EL과 JSTL

CHAPTER 11

앞 장에서 DAO와 DTO를 이용하면서, JSP 프로그램에 들어있던 자바 코드가 매우 줄어들었다. 하지만 여전히 HTML 코드와 자바 코드가 섞여 있는 모양을 가지고 있는데, 이것은 프로그램을 작성할 때 혼란스럽고 나중에 읽기도 어려워지게 만든다. 이러한 문제를 해결하는 일차적인 방법은 다음과 같다.

먼저, 애플리케이션 로직을 구현한 코드를 프로그램의 앞쪽에 따로 몰아놓고, 화면 출력에 관한 코드는 뒤쪽에 몰아서 적는다. 갑자기 로직이라고 하니 거창한 말처럼 생각할 수 있을 텐데, 데이터베이스에 접근한다거나 무언가 계산을 하는 알고리즘을 이렇게 부른다고 생각하면 된다. 애플리케이션 로직은 자바 코드로 작성된다.

그다음, 화면 출력 파트는 기본적으로 HTML 파일의 형태를 따르고 자바 코드가 나오지 않도록 하여 가독성을 높인다.

EL과 JSTL은 위의 내용에서 두 번째 항목에 관련된 것이다. 이것들은 HTML 파트에서 자바 코드를 대치하기 위해 만들어졌다. 이제부터 이를 이용하여 HTML 사이에 섞여 있는 자바 코드를 어떻게 없애는지 알아보도록 하자.

11.1 EL

EL은 Expression Language의 약자이다. EL은 JSP의 표현식(expression)을 대신하여, 좀 더 알아보기 편한 표현으로 바꾸어 쓸 수 있도록 만들어진 것이다. 즉 EL이란 JSP에서 스크립팅(자바 코드)을 쓰지 않고 저장된 값을 출력 할 수 있는 기술이라 할 수 있다.

EL의 기본 개념을 이해하기 위해, 예전에 배웠던 세션에 대해 다시 생각해보자. 우리는 예전에 세션을 공부하면서 세션에 속성을 추가하여 값을 저장할 때 다음과 같은 형태의 코드를 사용하였다.

```
session.setAttribute("세션_속성_이름", "값");
```

예를 들어, userId라는 이름을 가진 세션 속성에 lee라는 문자열을 담아두고 싶으면 다음과 같이 한다.

```
session.setAttribute("userId", "lee");
```

이렇게 세션 속성을 만들고 나면, 다음과 같은 형태의 코드로 이 값을 읽을 수 있다.

```
session.getAttribute("세션_속성_이름");
```

따라서 방금 만든 userId 세션 속성의 값을 읽어서 화면에 출력할 때에는 다음과 같은 표현식을 사용한다.

```
<%=session.getAttribute("userId")%>
```

하지만 EL을 이용하게 되면 이것을 다음과 같이 간단하게 표시할 수 있다.

```
${userId}
```

즉, EL의 기본 형식은 다음과 같다.

```
${출력할_값}
```

위에서 출력할 값이라고 적은 자리에는, 상숫값이나 수식이 나올 수 있다. 다만 출력할 값에 변수처럼 생긴 것을 적어 넣는다면, 그것은 일반 자바변수가 아니라 session 객체의 속성을 의미한다는 것에 주의하기 바란다. 다음 예제를 보면 EL의 사용법을 파악할 수 있을 것이다.

📋 **예제 11-1**   EL의 사용법 (11-1.jsp)

```
1: <%@ page language="java" contentType="text/html; charset=UTF-8"
2:     pageEncoding="UTF-8"%>
3:
4: <!DOCTYPE html>
5: <html>
```

```
 6: <head>
 7:     <meta charset="UTF-8">
 8: </head>
 9: <body>
10:
11: <%
12:     session.setAttribute("age", 20);
13: %>
14:
15: 나이 : ${age}<br>
16:
17: 5년 뒤 나이 : ${age+5}<br>
18: 5년 전 나이 : ${age-5}<br>
19:
20: 나이가 20살인가요? : ${age==20}<br>
21:
22: </body>
23: </html>
```

🖥 실행 결과

```
나이 : 20
5년 뒤 나이 : 25
5년 전 나이 : 15
나이가 20살인가요? : true
```

이 예를 보면 알겠지만, EL에는 사칙 연산자나 조건, 논리 연산자들을 그대로 사용할 수 있다. 앞서 말했든 일반 자바변수가 아니라 session 객체에 속성으로 저장해둔 값을 변수처럼 생각한다는 점만 다를 뿐이다.

그런데, EL은 session 객체의 속성만 사용할 수 있는 것이 아니다. EL에서는 JSP 내장 객체 중에서 4개, 즉 pageContext, request, session, application 객체에 접근할 수 있다. JSP 내장 객체란 우리가 만들지 않아도 사용할 수 있도록 톰캣이 만들어 주는 객체라고 생각하면 된다. 그리고 이 4개의 내장 객체 모두는 setAttribute와 getAttribute 메서드를 가지고 있다.

따라서 이 4개의 객체 중 어느 것에든 setAttribute 메서드를 사용해서 값을 저장하면 EL

로 그 값을 읽을 수 있다. 예를 들어 앞의 예제 12번 행에서, session.setAttribute 대신에 다음과 같이 request를 사용해도 똑같은 출력을 얻을 수 있다.

```
request.setAttribute("age", 20);
```

그렇다면, 이 4개의 객체 중 아무것이나 골라 값을 저장하면 항상 똑같은 결과를 얻을 수 있을까? 그렇지 않다. 이 4개의 내장 객체는 생겨났다가 사라지는 시기가 차이가 있다. 그리고 이 객체가 사라지면 그 안에 저장된 값도 같이 사라지게 되므로, 각각의 내장 객체가 언제 생겼다 언제 사라지는지를 정확하게 이해하고 있어야 한다. 이들 내장 객체의 생명주기, 즉 생겼다가 사라지는 시기를 정리하면 다음과 같다.

* pageContext : 하나의 JSP 프로그램이 실행될 때 생성되었다가, 그 프로그램 실행이 끝날 때 삭제된다. 즉, 이 객체에 값을 저장하면 해당 JSP 프로그램 안에서만 그 값이 남아있게 된다.

* request : JSP 프로그램 실행 요청을 받았을 때 생성되었다가, 그 요청을 모두 처리했을 때 삭제된다. 얼핏 생각하면 pageContext와 차이가 없어 보인다. 포워드(forward)가 없다면 사실 그렇다. 하지만 JSP의 포워드 태그를 사용한 경우에는 pageContext와 분명한 차이를 보이게 된다. 이에 대해서는 바로 뒤에 자세히 설명할 테니 일단은 넘어가도록 하자.

* session : 한 사용자가 웹 사이트에 접속하여 세션이 수립되었을 때 생성되고, 세션이 종료되었을 때 삭제된다. 세션은 일정 시간 동안 사용자가 아무런 요청을 하지 않으면 종료된다.

* application : 웹 애플리케이션이 서비스를 시작할 때 생성되고, 서비스 종료될 때 삭제된다. 웹 애플리케이션 서비스를 시작하는 것은 서블릿 컨테이너인 톰캣이 시작될 때이므로, 쉽게 풀어서 얘기하자면 톰캣이 시작될 때 생성되고, 톰캣이 종료될 때 삭제된다고 생각해도 좋겠다.

이 4개의 객체는 이렇게 각각 생명주기가 다르므로, 내가 저장할 값이 얼마나 오래 살아 남아있어야 하는지에 따라 맞는 객체를 사용해야 한다. 일반적으로 웹 서비스는 한 번의 요청을 처리하고 응답하는 형식으로 돌아가므로, 일반적으로는 request에 저장하는 경우가 가장 많다.

이제 한 가지 더 생각해보자. 만약 pageContext와 request에 똑같은 이름으로 값을 하나 저장했다고 해보자. 그리고 그 값을 EL로 출력한다면 어떤 값이 출력될까? EL은 어떤 값을 출력해야 할 때, 그 값을 pageContext, request, session, application에서 순서대로 찾는다. 따라서 pageContext와 request에 똑같은 이름으로 값이 저장되어 있다면 pageContext에 저장된 값이 출력될 것이다. 이때 내가 특정 객체에 저장된 값을 찾으려고 지시하려면, pageScope, requestScope, sessionScope, applicationScope같은 단어를 앞에 붙여 주면 된다. 예를 들어 앞의 예제 15번 행을 다음과 같이 바꾸어 주어도 똑같이 동작한다.

```
나이 : ${sessionScope.age}<br>
```

이 코드는 session 객체에 저장된 age 값을 출력한다. 만약 session 객체에 age라는 속성이 없다면 화면에는 이 자리에 아무 값도 출력되지 않을 것이다.

11.2 포워드와 리다이렉트

자, 이제 앞에서 미뤄두었던 포워드(forward)에 대해 생각해보자. 우리는 게시판을 만들면서, 데이터베이스에 레코드 추가, 삭제 작업을 하는 프로그램인 insert.jsp와 delete.jsp의 맨 뒤에 다음과 같은 코드를 적었었다.

```
response.sendRedirect("list.jsp");
```

response 내장 객체의 sendRedirect 메서드는 지정된 페이지로 이동하는 동작을 한다. 그런데, 이와 비슷하게 다른 페이지로 이동시켜주는 JSP 태그가 있는데 이것이 forward 태그이다. 예를 들어 list.jsp로 이동을 하고 싶으면 다음과 같이 적는다.

```
<jsp:forward page="이동할_페이지_URL"/>
```

얼핏 보기에는 둘 다 똑같이 페이지를 이동시켜주는 것 같지만 실제 동작은 다르다. 먼저 response.sendRedirect 메서드는 다음과 같이 동작한다.

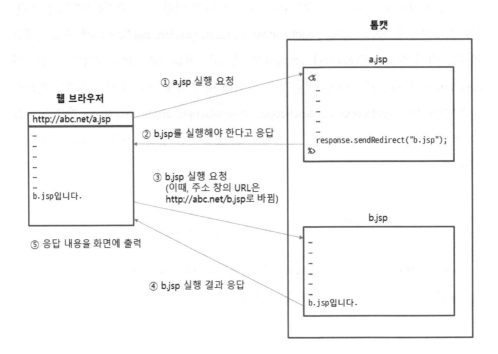

a.jsp의 맨 마지막 줄에 response.sendRedirect("b.jsp")가 있다고 하자. 그런데 사용자가 a.jsp를 실행해달라는 요청이 들어왔으면, a.jsp가 쭉 실행되다가 마지막 줄에서 response.sendRedirect를 만난다. 그러면 톰캣은 웹 브라우저에게, "네 화면에 출력할 내용은 b.jsp에 있어."라고 응답을 보낸다. 이 응답을 받은 웹 브라우저는 b.jsp를 다시 요청하게 되고, 그 응답을 화면에 출력한다. 말 그대로 웹 서버가 redirect(재지향; 방향을 다른 쪽으로 바꿈) 신호를 웹 브라우저에게 보내는 것이다.

하지만 forward는 좀 다르게 실행된다. a.jsp의 맨 마지막 줄에 다음과 같은 코드가 있다고 하자.

```
<jsp:forward page="b.jsp"/>
```

a.jsp에 대한 실행 요청이 들어오면, a.jsp가 먼저 실행된다. 그러다가 이 코드를 만나면, 톰캣은 바로 b.jsp를 실행시키고 그 출력 결과를 응답한다. 그래서 주소창의 URL은 바뀌지 않은 상태로 유지되고, 여전히 a.jsp가 실행된 결과가 화면에 나타난 것으로 보인다. 웹 브라우저는 이것이 실제로는 b.jsp의 실행 결과라는 것을 모르는 것이다.

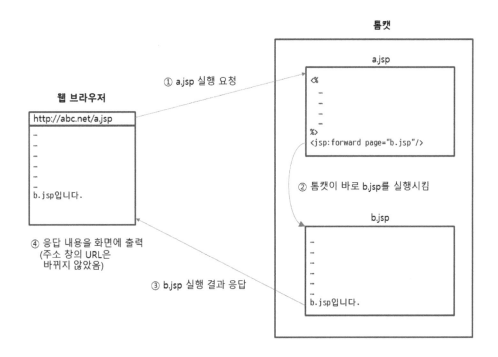

한 가지 더, 만약 스크립틀릿 부분(자바 코드 중간)에서 forward 태그와 같은 방식으로 포워딩이 필요하다면 다음과 같은 코드를 사용하면 된다.

```
RequestDispatcher dispatcher = request.getRequestDispatcher("이동할_URL");
dispatcher.forward(request, response);
```

이것은 request 객체의 메서드를 이용하여 RequestDispatcher 객체를 얻어내고, 그것의 forward 메서드를 호출하는 것이다. 이 코드는 다음과 같이 간단히 한 줄로 줄여 쓸 수도 있다.

```
request.getRequestDispatcher("이동할_URL").forward(request, response);
```

이제 포워딩에 관해 설명했으니, 이 설명을 하게 된 이유인 pageContext와 request 객체의 생명주기에 관한 이야기로 돌아가 보자. pageContext와 request 객체가 생겨났다가 없어지는 시기가, 포워드가 없으면 같지만, 포워드가 있으면 달라진다는 얘기였다.

조금 전의 예처럼 a.jsp의 마지막 줄에 <jsp:forward page="b.jsp"/>가 있는 상황을 생각해보자. a.jsp에 대한 실행 요청이 들어오고 a.jsp가 실행을 시작하면 pageContext와 request 객체가 만들어진다. 그리고 a.jsp가 마지막 줄의 forward를 실행하고 나면 pageContext 객체는 없어진다. 해당 JSP 프로그램의 실행이 끝났기 때문이다.

하지만, request는 그대로 남아있게 된다. 해당 요청에 대한 처리가 아직 끝나지 않았기 때문이다. b.jsp로 실행이 넘어가면 다시 b.jsp를 위한 pageContext가 만들어지고, 실행이 모두 끝나고 나면 그 pageContext, 그리고 예전에 만들어졌던 request 객체가 삭제된다.

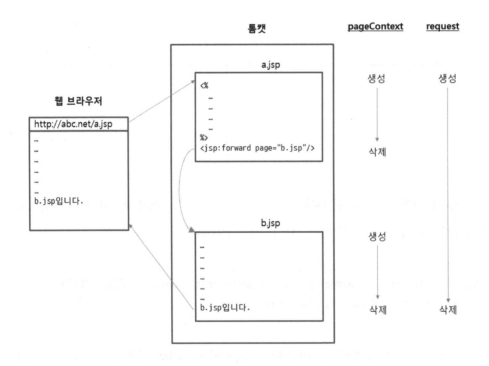

앞에서, 내장 객체 중 하나에 값을 저장해야 할 경우, request에 저장하는 경우가 많다고 얘기했던 것은 바로 이런 이유 때문이다. 웹 서비스는 기본적으로 하나의 요청을 받으면 그것을 처리하고 응답하는 형식으로 돌아가므로, 값을 저장하면 최소한 그 요청에 대한 처리가 끝날 때까지는 그것이 남아있도록 하려는 것이다.

11.3 자바 빈과 EL

EL의 기능 중에 중요한 것 하나를 더 살펴보자. 지금까지는 내장 객체에 저장한 값이 문자열이나 숫자 같은 단일 값이었다. 하지만, 그것이 객체라면 어떻게 될까? 다음과 같은 클래스가 있다고 생각해보자.

📖 **예제 11-2** 자바 빈 예제 (Score.java)

```java
 1: public class Score {
 2:
 3:     private String name;
 4:     private int kor;
 5:     private int eng;
 6:
 7:     public String getName() {
 8:         return name;
 9:     }
10:
11:     public void setName(String name) {
12:         this.name = name;
13:     }
14:
15:     public int getKor() {
16:         return kor;
17:     }
18:
19:     public void setKor(int kor) {
20:         this.kor = kor;
21:     }
22:
23:     public int getEng() {
24:         return eng;
25:     }
26:
27:     public void setEng(int eng) {
28:         this.eng = eng;
29:     }
30: }
```

게시판을 위해 만들었던 DTO처럼 모든 멤버 변수가 다 private로 되어있고, getter와 setter 메서드들이 있는 클래스이다. 우리는 이런 스타일의 클래스를 웹 애플리케이션의 구조 측면에서, 사용 목적에 따라 얘기할 때 DTO라고 불렀다. 자바언어 측면에서는, 이렇게 데이터 저장을 위해 만든, getter와 setter 메서드들이 있는 클래스를 자바 빈(java bean)이라고 부른다. 그리고 이런 자바 빈에서 저장하려고 하는 값을 속성이라고 한다.

여기에서 한가지 짚고 넘어갈 점은, 이 예제에서 Student 클래스에서 만들어진 자바 빈은 name, kor, eng 이렇게 3개의 속성을 가진다고 얘기한다는 것이다. 그런데 빈의 속성은 멤버 변수의 이름으로 결정되는 것이 아니다. 빈의 멤버 변수는 모두 private으로 선언하므로 외부에서 아예 보이지 않는다. 따라서 외부에서는 그것을 보고 이런 속성이 있다고 생각하는 것이 아니고, getter와 setter를 보고 속성이름을 결정한다.

예를 들어 위의 예제에서 name 속성에 관련된 코드만 떼어내면 다음과 같다.

```
private String name;

public String getName() {
    return name;
}

public void setName(String name) {
    this.name = name;
}
```

여기에서 멤버 변수 이름을 다음과 같이 name에서 abc로 바꾸었다고 해보자.

```
private String abc;

public String getName() {
    return name;
}

public void setName(String name) {
    this.name = name;
}
```

하지만 이렇게 해도 이 속성의 이름은 여전히 name이다. getter, setter에서 get, set을 떼어내고 남은 단어의 첫 글자를 소문자로 바꾼 것이 속성이름이 되는 것이다.

자, 이제 가장 중요한 얘기를 할 때가 되었다. 이런 형식을 따라 만들어진 자바 빈이 내장 객체에 저장되어 있을 때, EL은 다음과 같이 해서 그 값을 출력할 수 있다.

${빈_이름. 속성}

테스트를 위해 프로젝트에 com.bean.exam 패키지를 만들고, 위에서 보았던 Score 클래스를 거기에 넣은 뒤, 다음 예제를 실행시켜 보자.

📄 **예제 11-3** 자바 빈과 EL (11-3.jsp)

```
 1: <%@ page language="java" contentType="text/html; charset=UTF-8"
 2:     pageEncoding="UTF-8"%>
 3:
 4: <%@ page import="com.bean.exam.*" %>
 5:
 6: <!DOCTYPE html>
 7: <html>
 8: <head>
 9:     <meta charset="UTF-8">
10: </head>
11: <body>
12:
13: <%
14:     Score s = new Score();
15:     s.setName("홍길동");
16:     s.setKor(85);
17:     s.setEng(76);
18:
19:     request.setAttribute("score1", s);
20: %>
21:     이름 : ${score1.name}<br>
22:     국어 : ${score1.kor}<br>
23:     영어 : ${score1.eng}<br>
```

```
24:
25: </body>
26: </html>
```

📺 **실행 결과**

```
이름 : 홍길동
국어 : 85
영어 : 76
```

Sscore 타입의 객체를 하나 만들어, 값을 채운 뒤 request에 score1이라는 이름으로 저장했다. 이렇게 하고 나면 EL에서는 {$score1.속성}의 형태로 각각의 속성값을 출력할 수 있다.

이런 EL의 능력을 활용하면, DTO 객체를 request 객체에 저장해 놓은 뒤, EL을 이용해 그 속성값들을 출력할 수 있을 것이다. 그렇게 하면 자바 표현식을 지우고, 그것을 EL로 대치할 수 있게 된다. 이제부터 게시판 프로그램 중 자신의 화면을 가지는 모듈에서 표현식을 제거하고 그것을 EL로 바꾸어 보자.

11.4 게시판에 EL 적용

EL은 화면 출력에 관계된 것이므로, 화면 출력을 하는 프로그램만 손보면 된다. list.jsp, view.jsp, write.jsp 이렇게 3개이다. 먼저 view.jsp부터 손보도록 하자. 앞 장에서 만든 view.jsp는 다음과 같았다.

📖 **예제 10-3** DAO와 DTO를 사용하는 글 내용 보기 페이지 (view.jsp)

```
1: <%@ page language="java" contentType="text/html; charset=UTF-8"
2:     pageEncoding="UTF-8"%>
3:
4: <%@ page import="com.board.db.*" %>
5:
6: <%
7:     // 지정된 글 번호의 글을 DB에서 읽음
```

```
 8:     int num = Integer.parseInt(request.getParameter("num"));
 9:     BoardDto dto = new BoardDao().selectOne(num, true);
10:
11:     // 글 제목과 내용이 웹 페이지에 올바르게 출력되도록
12:     // 공백과 줄넘김 처리
13:     dto.setTitle(dto.getTitle().replace (" ",  " "));
14:     dto.setContent(dto.getContent().replace(" ",  " ")
15:                                    .replace("\n", "<br>"));
16: %>
17:
18: <!DOCTYPE html>
19: <html>
20: <head>
21:     <meta charset="UTF-8">
22:     <style>
23:         table { width:680px; text-align:center; }
24:         th    { width:100px; background-color:cyan; }
25:         td    { text-align:left; border:1px solid gray; }
26:     </style>
27: </head>
28: <body>
29:
30: <table>
31:     <tr>
32:         <th>제목</th>
33:         <td><%=dto.getTitle()%></td>
34:     </tr>
35:     <tr>
36:         <th>작성자</th>
37:         <td><%=dto.getWriter()%></td>
38:     </tr>
39:     <tr>
40:         <th>작성일시</th>
41:         <td><%=dto.getRegtime()%></td>
42:     </tr>
43:     <tr>
44:         <th>조회수</th>
45:         <td><%=dto.getHits()%></td>
46:     </tr>
```

```
47:     <tr>
48:       <th>내용</th>
49:       <td><%=dto.getContent()%></td>
50:     </tr>
51: </table>
52:
53: <br>
54: <input type="button" value="목록보기" onclick="location.href='list.jsp'">
55: <input type="button" value="수정"
56:        onclick="location.href='write.jsp?num=<%=num%>'">
57: <input type="button" value="삭제"
58:        onclick="location.href='delete.jsp?num=<%=num%>'">
59:
60: </body>
61: </html>
```

우리가 관심 가져야 할 부분은 33, 37, 41, 45, 49번 행에서 DTO의 속성 값을 출력하는 부분이다. 이것을 EL로 바꾸어 주면 될 것이다. 이를 위해서 16번 행, 즉 스크립틀릿의 마지막 줄에 다음과 같은 코드를 추가해 준다.

```
request.setAttribute("msg", dto);
```

이 코드는 dto 객체를 msg라는 이름으로 request에 저장하여, EL에서 접근할 수 있도록 한다. 그렇게 하고 나면 HTML 파트에서 표현식 대신에 ${msg.writer}, ${$msg.regtime}과 같은 EL 코드를 사용할 수 있을 것이다.

그런데, 이렇게 하면 HTML 파트에서 자바 코드가 다 사라지나 했는데, 56, 58번 행에 <%=num%>이라는 표현이 보인다. 이것은 이 JSP 프로그램에 num이라는 이름으로 전달된 값을, 8번 행에서 자바변수 num에 넣었던 것이다. 물론 같은 방법으로 num 값을 request에 넣고 EL에서 출력해도 되지만 꼭 그럴 필요는 없다. EL에는 JSP 프로그램에 GET/POST 방식으로 전달된 값을 쉽게 출력하도록 다음과 같은 형식을 제공하고 있다.

```
${param.값_이름}
```

따라서 다음과 같은 표현을 쓰면 num이라는 이름으로 전달된 값을 출력할 수 있다.

```
${param.num}
```

이제 view.jsp를 수정해보자. 다음과 같이 될 것이다.

예제 11-4 EL를 사용하여 수정된 글 보기 페이지 (view.jsp)

```
1: <%@ page language="java" contentType="text/html; charset=UTF-8"
2:     pageEncoding="UTF-8"%>
3:
4: <%@ page import="com.board.db.*" %>
5:
6: <%
7:     // 지정된 글 번호의 글을 DB에서 읽음
8:     int num = Integer.parseInt(request.getParameter("num"));
9:     BoardDto dto = new BoardDao().selectOne(num, true);
10:
11:     // 글 제목과 내용이 웹 페이지에 올바르게 출력되도록
12:     // 공백과 줄넘김 처리
13:     dto.setTitle(dto.getTitle().replace (" ",  " "));
14:     dto.setContent(dto.getContent().replace(" ",  " ")
15:                                    .replace("\n", "<br>"));
16:
17:     // DTO 객체를 request의 속성 "msg"로 등록
18:     request.setAttribute("msg", dto);
19: %>
20:
21: <!DOCTYPE html>
22: <html>
23: <head>
24:     <meta charset="UTF-8">
25:     <style>
26:         table { width:680px; text-align:center; }
27:         th    { width:100px; background-color:cyan; }
28:         td    { text-align:left; border:1px solid gray; }
29:     </style>
30: </head>
```

```
31: <body>
32:
33: <table>
34:     <tr>
35:         <th>제목</th>
36:         <td>${msg.title}</td>
37:     </tr>
38:     <tr>
39:         <th>작성자</th>
40:         <td>${msg.writer}</td>
41:     </tr>
42:     <tr>
43:         <th>작성일시</th>
44:         <td>${msg.regtime}</td>
45:     </tr>
46:     <tr>
47:         <th>조회수</th>
48:         <td>${msg.hits}</td>
49:     </tr>
50:     <tr>
51:         <th>내용</th>
52:         <td>${msg.content}</td>
53:     </tr>
54: </table>
55:
56: <br>
57: <input type="button" value="목록보기" onclick="location.href='list.jsp'">
58: <input type="button" value="수정"
59:         onclick="location.href='write.jsp?num=${param.num}'">
60: <input type="button" value="삭제"
61:         onclick="location.href='delete.jsp?num=${param.num}'">
62:
63: </body>
64: </html>
```

음영 표시한 부분이 수정된 부분이다. 앞에서 말했듯, DTO를 msg라는 이름으로 request에 저장한 뒤, EL을 이용해서 값을 출력하고 있다. 이렇게 하고 나면 HTML 파트에는 자바 코드가 한 줄도 남아있지 않게 된 것을 확인할 수 있을 것이다.

글쓰기 및 수정 페이지인 write.jsp도 같은 방법으로 수정하면 된다. 수정된 write.jsp는 다음과 같다.

📑 **예제 11-5**　EL를 사용하여 수정된 글 쓰기 및 수정 페이지 (write.jsp)

```
1: <%@ page language="java" contentType="text/html; charset=UTF-8"
2:     pageEncoding="UTF-8"%>
3:
4: <%@ page import="com.board.db.*" %>
5:
6: <%
7:     // 글 번호 값 얻기, 주어지지 않았으면 0으로 설정
8:     String tmp = request.getParameter("num");
9:     int num = (tmp != null && tmp.length() > 0)
10:             ? Integer.parseInt(tmp) : 0;
11:
12:     // 새 글쓰기 모드로 가정하고 변수값 설정
13:     BoardDto dto = new BoardDto();
14:     String action = "insert.jsp";
15:
16:     // 글 번호가 주어졌으면 수정 모드
17:     if (num > 0) {
18:         dto = new BoardDao().selectOne(num, false);
19:         action = "update.jsp?num=" + num;
20:     }
21:
22:     // DTO 객체와 form의 action을 request에 등록
23:     request.setAttribute("msg", dto);
24:     request.setAttribute("action", action);
25: %>
26:
27: <!DOCTYPE html>
28: <html>
29: <head>
30:     <meta charset="UTF-8">
31:     <style>
32:         table { width:680px; text-align:center; }
33:         th    { width:100px; background-color:cyan; }
```

```
34:            input[type=text], textarea { width:100%; }
35:        </style>
36: </head>
37: <body>
38:
39: <form method="post" action="${action}">
40:     <table>
41:         <tr>
42:             <th>제목</th>
43:             <td><input type="text" name="title"  maxlength="80"
44:                            value="${msg.title}">
45:             </td>
46:         </tr>
47:         <tr>
48:             <th>작성자</th>
49:             <td><input type="text" name="writer" maxlength="20"
50:                            value="${msg.writer}">
51:             </td>
52:         </tr>
53:         <tr>
54:             <th>내용</th>
55:             <td><textarea name="content" rows="10">${msg.content}</textarea>
56:             </td>
57:         </tr>
58:     </table>
59:
60:     <br>
61:     <input type="submit" value="저장">
62:     <input type="button" value="취소" onclick="history.back()">
63: </form>
64:
65: </body>
66: </html>
```

수정된 부분은 음영으로 표시해 두었다. 수정하는 요령은 똑같으므로 별도의 설명이 없
어도 이해하는데 별문제가 없을 것이다. view.jsp와 다른 점은 form의 action도 request
에 저장한다는 점뿐이다.

이제 마지막으로 list.jsp를 수정해보자. 요령은 거의 비슷하다. 다만 게시글 리스트는 DTO 한 개가 아니고 DTO의 ArrayList이다. 그리고 반복을 돌면서 이 ArrayList에서 DTO를 하나씩 꺼내야 하므로, 어쩔 수 없이 반복문을 구현한 자바 코드가 조금은 남아 있게 된다.

📖 **예제 11-6**　EL를 사용하여 수정된 게시글 리스트 페이지 (list.jsp)

```jsp
 1: <%@ page language="java" contentType="text/html; charset=UTF-8"
 2:     pageEncoding="UTF-8"%>
 3: <%@ taglib prefix="c" uri="http://java.sun.com/jsp/jstl/core" %>
 4:
 5: <%@ page import="java.util.*" %>
 6: <%@ page import="com.board.db.*" %>
 7:
 8: <%
 9:     // 게시글이 담긴 DTO객체들의 리스트를 얻음
10:     ArrayList<BoardDto> dtoList = new BoardDao().selectList();
11: %>
12:
13: <!DOCTYPE html>
14: <html>
15: <head>
16:     <meta charset="UTF-8">
17:     <style>
18:         table    { width:680px; text-align:center; }
19:         th       { background-color:cyan; }
20:
21:         .num     { width: 80px; }
22:         .title   { width:230px; }
23:         .writer  { width:100px; }
24:         .regtime { width:180px; }
25:
26:         a:link    { text-decoration:none; color:blue; }
27:         a:visited { text-decoration:none; color:gray; }
28:         a:hover   { text-decoration:none; color:red;  }
29:     </style>
30: </head>
31: <body>
```

```
32:
33: <table>
34:     <tr>
35:         <th class="num"    >번호    </th>
36:         <th class="title"  >제목    </th>
37:         <th class="writer" >작성자  </th>
38:         <th class="regtime">작성일시</th>
39:         <th                >조회수  </th>
40:     </tr>
41:
42: <%
43:     // 리스트의 모든 DTO 객체의 내용을 화면에 출력
44:     for (BoardDto dto : dtoList) {
45:         request.setAttribute("msg", dto);
46: %>
47:     <tr>
48:         <td>${msg.num}</td>
49:         <td style="text-align:left;">
50:             <a href="view.jsp?num=${msg.num}">${msg.title}</a>
51:         </td>
52:         <td>${msg.writer}</td>
53:         <td>${msg.regtime}</td>
54:         <td>${msg.hits}</td>
55:     </tr>
56: <%
57:         }
58: %>
59:         </table>
60:
61: <br>
62: <input type="button" value="글쓰기" onclick="location.href='write.jsp'">
63:
64: </body>
65: </html>
```

음영으로 표시된 것이 추가 또는 수정된 코드이다. 44번 행의 for 반복문에서 DTO
하나를 꺼내어 자바변수 dto에 담아주면 45번 행에서 이것을 request에 저장한다.
EL을 사용할 준비를 하는 것이다. 그러고 나면 48~54번 행에서 DTO에 담긴 값들을

EL로 출력한다.

이렇게 하면 동작에 문제가 없긴 한데, HTML 파트에 자바 코드가 여전히 조금은 남아 있게 된다. 반복문을 구현한 44번 행이 그것이다. 이것을 마저 없애는 것이 다음에 할 일이다. 그리고 이를 위해서 JSTL을 사용할 것이다.

11.5 JSTL

JSTL은 Jsp Standard Tag Library의 약자이다. HTML 태그와 자바 코드들이 섞여 있으면 코드의 가독성이 떨어지기 때문에, 이러한 단점을 보완하고자 만들어진 태그 라이브러리가 JSTL 이다. 표현식을 대치하는 것이 EL이라면, 그 외의 자바 코드, 특히 제어 구조를 대치하는 것이 JSTL이라 할 수 있다.

EL과 달리 JSTL은 별도의 라이브러리 파일을 필요로 하는데, 이것은 톰캣 웹 사이트에서 다운로드 받을 수 있다. 다운로드를 위하여 먼저 톰캣 웹 사이트인 http://tomcat.pache.org/에 접속한다. 그리고 좌측 메뉴에서 Taglibs를 클릭한 뒤 화면 중앙에 있는 Download를 누르면 아래와 같은 화면이 나타난다.

여기에서 아래쪽에 보이는 두 개의 jar 파일을 다운로드한다. 받을 파일명은 다음과 같다.

```
taglibs-standard-impl-1.2.5.jar
taglibs-standard-spec-1.2.5.jar
```

그리고 JSTL을 사용하려고 하는 프로젝트의 WEB-INF/lib 폴더에 두 파일을 드래그하여 복사해 넣으면 일단 준비는 끝난다. 하지만 이게 다가 아니라, JSTL을 사용하려고 하는 JSP 프로그램의 선두에 다음과 같은 지시자를 적어주어야 한다.

```
<%@ taglib prefix="c" uri="http://java.sun.com/jsp/jstl/core" %>
```

사실 JSTL은 5개의 라이브러리로 구성되어 있는데, 위의 코드는 그중에서 코어(Core) 라이브러리를 사용하겠다고 이야기하는 것이다. 다른 라이브러리를 더 쓰고 싶을 때는 위의 형식과 비슷한 다른 코드를 적어주어야 한다. 하지만 우리는 여기에서 코어 라이브러리만 가지고도 충분하므로, 더이상 자세한 언급은 하지 않을 것이다. 이제 예제를 보자.

📋 **예제 11-7** JSTL 사용 (11-7.jsp)

```
 1: <%@ page language="java" contentType="text/html; charset=UTF-8"
 2:     pageEncoding="UTF-8"%>
 3:
 4: <%@ taglib prefix="c" uri="http://java.sun.com/jsp/jstl/core" %>
 5:
 6: <!DOCTYPE html>
 7: <html>
 8: <head>
 9:     <meta charset="UTF-8">
10: </head>
11: <body>
12:
13: <%
14:     request.setAttribute("name", "홍길동");
15:     request.setAttribute("money", 5000);
16:     request.setAttribute("dataList", new String[] {"a", "b", "c"});
```

```
17: %>
18:
19: <!-- JSTL if  -->
20: <c:if test="${name == '홍길동'}">
21:     이름은 홍길동입니다.<br>
22: </c:if>
23:
24: <!-- JSTL choose -->
25: <!--    if - else 또는 if - else if - else 구조를 구현 -->
26: <c:choose>
27:     <c:when test = "${money >= 10000}">
28:         돈 많아요.
29:     </c:when>
30:     <c:when test = "${money > 0}">
31:         돈 조금 있어요.
32:     </c:when>
33:     <c:otherwise>
34:         돈 하나도 없어요.
35:     </c:otherwise>
36: </c:choose>
37: <br><br>
38:
39: <!-- JSTL forEach : 카운터 변수를 사용하는 반복문 -->
40: <c:forEach var="count" begin="0" end="30" step="3">
41:     ${count}
42: </c:forEach>
43: <br>
44:
45: <!-- JSTL forEach : 배열 또는 리스트를 순회하는 반복문 -->
46: <c:forEach var="data" items="${dataList}">
47:     ${data}
48: </c:forEach>
49:
50: </body>
51: </html>
```

실행 결과

```
이름은 홍길동입니다.
돈 조금 있어요.


0 3 6 9 12 15 18 21 24 27 30
a b c
```

먼저 14번 행의 자바 코드, 그리고 20~22번 행을 보자.

```
14:     request.setAttribute("name", "홍길동");
...
20: <c:if test="${name == '홍길동'}">
21:     이름은 홍길동입니다.<br>
22: </c:if>
```

name이라는 속성을 request에 등록하였는데, 20번 행에서 name 속성의 값이 홍길동일 때만 18번 행의 내용을 출력하라는 코드이다. 이것은 if문 인데, JSTL if의 형식은 다음과 같다.

```
<c:if test="${조건식}">
    조건식이 참일 때 출력할 내용
</c:if>
```

가장 단순한 if의 형태이므로, 조건식이 참이면 아래에 적힌 내용을 출력하지만, 거짓일 때는 아무것도 출력하지 않는다. 그렇다면 if~else는 어떻게 구현할까? if~else 또는 if~else if 구조는 별도의 문법을 사용해야 한다. choose 태그가 그것이다.

```
15:     request.setAttribute("money", 5000);
...
26: <c:choose>
27:     <c:when test="${money >= 10000}">
28:         돈 많아요.
```

```
29:     </c:when>
30:     <c:when test="${money > 0}">
31:         돈 조금 있어요.
32:     </c:when>
33:     <c:otherwise>
34:         돈 하나도 없어요.
35:     </c:otherwise>
36: </c:choose>
```

27~29번 행 먼저 보자. if가 when으로 바뀌었을 뿐, JSTL if와 기본 형식은 같다. 조건식이 참이면 아래쪽에 적은 내용을 출력하는 형식이다. 하지만 when은 필요한 만큼 여러 개 적을 수 있으므로 자바의 if~else if 구조처럼 사용할 수 있는 것이다. 마지막에 otherwise 태그는 조건식이 모두 거짓일 때 실행되므로 자바 if~else if 구조의 마지막 else와 같은 역할을 한다고 생각하면 된다. 그리고 이런 전체의 when 구조는 choose 태그로 둘러싸여 있어야 한다.

이제 for 반복 문으로 넘어가자. 자바에서 for 문은 카운터 변수를 사용하는 일반적인 형태와, 배열 또는 리스트 요소를 순회하는 foreach 형태가 있었다. JSTL에서는 이들 반복 구조를 구현하기 위해 forEach 태그를 사용한다. 먼저 카운터 변수를 사용하는 형태를 보자.

```
40: <c:forEach var="count" begin="0" end="30" step="3">
41:     ${count}
42: </c:forEach>
```

이 코드를 보면 forEach 태그의 형식이 어떤지 짐작할 수 있을 것이다. 다음과 같다.

```
<c:forEach var="카운터_변수" begin="시작값" end="마지막값" step="증가치">
```

따라서 위의 예제는 카운터 변수 count를 이용하여 반복을 수행하는데, 0부터 30까지 3씩 증가시켜가며 반복을 돌며, count 값을 출력한다.

이에 비해, 배열 또는 리스트를 순회하는 forEach 문의 형식은 다음과 같다.

```
<c:forEach var="변수" items="${배열_또는_리스트}">
```

이제 예제의 코드를 보자. 아래와 같다.

```
16:     request.setAttribute("dataList", new String[] {"a", "b", "c"});
...
46: <c:forEach var="data" items="${dataList}">
47:     ${data}
48: </c:forEach>
```

16번 행에서는 dataList라는 이름으로 배열 하나를 request에 저장해두었다. 그리고 46~48번 행에서는 dataList에서 배열 원소를 하나씩 꺼내어 변수 data에 저장하면서 반복부를 실행한다. 반복부에는 ${data}가 있으므로, 그 값이 하나씩 화면에 출력되는 것이다.

이제 게시판 프로그램으로 생각을 돌려보자. 우리가 아까 만들었던 list.jsp에서 자바 코드를 완전히 없애지 못한 이유는 반복문 때문이었다. 그런데 JSTL이 반복문을 제공하므로 이것으로 대치할 수 있다. 프로그램 앞쪽에서 아예 DTO의 ArrayList를 request에 담아두고, 뒤쪽에서는 제일 마지막에 본 forEach 태그를 사용하면 된다. 그렇게 하면 ArrayList에 들어있는 DTO를 하나씩 하나씩 꺼내어 출력할 수 있을 것이다.

이렇게 수정하여 완성된 list.jsp는 다음과 같다.

📖 **예제 11-7**   JSTL를 사용하여 수정된 게시글 리스트 페이지 (list.jsp)

```
1: <%@ page language="java" contentType="text/html; charset=UTF-8"
2:     pageEncoding="UTF-8"%>
3:
4: <%@ taglib prefix="c" uri="http://java.sun.com/jsp/jstl/core" %>
5:
6: <%@ page import="java.util.*" %>
7: <%@ page import="com.board.db.*" %>
8:
9: <%
```

```
10:      // 게시글이 담긴 DTO객체들의 리스트를, request의 속성 "msgList"로 등록
11:      request.setAttribute("msgList", new BoardDao().selectList());
12: %>
13:
14: <!DOCTYPE html>
15: <html>
16: <head>
17:      <meta charset="UTF-8">
18:      <style>
19:          table     { width:680px; text-align:center; }
20:          th        { background-color:cyan; }
21:
22:          .num      { width: 80px; }
23:          .title    { width:230px; }
24:          .writer   { width:100px; }
25:          .regtime  { width:180px; }
26:
27:          a:link    { text-decoration:none; color:blue; }
28:          a:visited { text-decoration:none; color:gray; }
29:          a:hover   { text-decoration:none; color:red;  }
30:      </style>
31: </head>
32: <body>
33:
34: <table>
35:      <tr>
36:          <th class="num"    >번호     </th>
37:          <th class="title"  >제목     </th>
38:          <th class="writer" >작성자   </th>
39:          <th class="regtime">작성일시</th>
40:          <th                >조회수   </th>
41:      </tr>
42:
43:      <c:forEach var="msg" items="${msgList}">
44:      <tr>
45:          <td>${msg.num}</td>
46:          <td style="text-align:left;">
47:              <a href="view.jsp?num=${msg.num}">${msg.title}</a>
48:          </td>
```

```
49:            <td>${msg.writer}</td>
50:            <td>${msg.regtime}</td>
51:            <td>${msg.hits}</td>
52:        </tr>
53:        </c:forEach>
54: </table>
55:
56: <br>
57: <input type="button" value="글쓰기" onclick="location.href='write.jsp'">
58:
59: </body>
60: </html>
```

수정된 곳은 음영 표시된 3줄뿐이다. 먼저, 11번 줄에서는 아래와 같이 게시글 리스트가 들어 있는 ArrayList를, msgList라는 이름으로 request에 저장한다.

```
11:        request.setAttribute("msgList", new BoardDao().selectList());
```

그리고 나면 JSTL의 forEach 태그를 이용하여 이 데이터를 모두 출력하도록 수정할 수 있다. 다음과 같이 말이다.

```
43:            <c:forEach var="msg" items="${msgList}">
44:            <tr>
45:                <td>${msg.num}</td>
46:                <td style="text-align:left;">
47:                    <a href="view.jsp?num=${msg.num}">${msg.title}</a>
48:                </td>
49:                <td>${msg.writer}</td>
50:                <td>${msg.regtime}</td>
51:                <td>${msg.hits}</td>
52:            </tr>
53:            </c:forEach>
```

msgList에는 DTO들의 ArrayList가 있으므로, 이 반복문은 그 ArrayList에서 하나씩 DTO를 꺼내어 msg라는 변수에 넣으며 반복부를 수행한다.

연습문제

1. 4개의 내장객체 pageContext, request, session, application의 생명주기를 설명해 보시오.

2. JSP 프로그램 파일 abc.jsp로 리다이렉트하는 자바 코드를 적어 보시오.

3. JSP 프로그램 파일 abc.jsp로 포워딩하는 JSP 액션 태그, 그리고 자바 코드를 적어 보시오.

4. 다음과 같은 자바 코드가 있다고 하자. 자바 리퍼런스 변수 abc가 가리키는 객체의 kor 속성 값을 출력하는 EL 코드를 적어보시오.

```
<%
    Score abc = new Score();
    abc.setName("홍길동");
    abc.setKor(85);
    abc.setEng(76);

    request.setAttribute("def", abc);
%>
```

5. JSTL 코어 라이브러리를 사용하기 위해 필요한 taglib 지시자를 적어보시오.

6. request의 속성인 age 값이 20 이상이면 "성인입니다." 그렇지 않으면 "미성년입니다."를
   출력하는 JSTL 코드를 적어보시오.

CHAPTER 12

서블릿

CHAPTER 12

서블릿(Servlet)은 서블릿 컨테이너(톰캣) 위에서 동작하는 자바 프로그램이다. 웹 서버 측에서 동작한다고 하여 서블릿이라는 이름이 붙었다. 웹 서비스를 위한 자바 프로그램이므로 결국 JSP처럼 실행 결과로 HTML을 출력한다. 하지만 서블릿은 확장자가 .java인 자바 클래스 형태로 작성된다.

12.1 서블릿 기초

서블릿을 테스트해보기 위해 servlet_test라는 이름의 프로젝트를 새로 만들자. 그리고 프로젝트 탐색기의 프로젝트 이름에서 마우스 우클릭을 한다. 이때 나오는 메뉴에서 New를 선택하고, 다시 나오는 메뉴에서 Servlet을 선택한다.

그러면, 새로 만들 서블릿에 관련된 사항을 입력받는 대화 상자가 다음과 같이 나타난다. 여기에서 입력해야 하는 것은 두 군데뿐이다. Java package에 서블릿이 속할 패키지 이름을 입력한다. 그런 패키지가 없다면 자동으로 만들어지고, 이미 있는 패키지라면 서블릿 클래스가 그 패키지에 만들어진다. 다음으로는 Class name을 입력한다. 아래 화면은 패키지를 com.servlet.exam으로 하고, 클래스 이름은 HelloWorld로 한 것이다.

Finish 버튼을 누르면, 서블릿 파일이 생성된다. 이클립스가 기본적인 서블릿의 형태는 만들어주기 때문에, 바로 실행시켜 볼 수 있다. 실행시키면 화면에 다음과 같은 내용이 출력될 것이다.

```
Served at: /servlet_test
```

이제 서블릿은 어떤 구조와 형식으로 작성해야 하는지 파악하기 위해, 프로그램 소스 코드를 살펴보자. 원래 이클립스가 만들어 준 서블릿은 주석이 여기저기 붙어있어서 구조를 파악하기에는 좋지 않으므로, 주석을 제거하고 소스 코드를 약간 정리하면 다음과 같은 코드를 얻을 수 있다.

📦 **예제 12-1** 이클립스가 생성한 서블릿의 기본틀 (HelloWorld.java)

```
 1: package com.servlet.exam;
 2:
 3: import java.io.IOException;
 4: import javax.servlet.ServletException;
 5: import javax.servlet.annotation.WebServlet;
 6: import javax.servlet.http.HttpServlet;
 7: import javax.servlet.http.HttpServletRequest;
 8: import javax.servlet.http.HttpServletResponse;
 9:
10: @WebServlet("/HelloWorld")
```

```
11: public class HelloWorld extends HttpServlet {
12:     private static final long serialVersionUID = 1L;
13:
14:     public HelloWorld() {
15:         super();
16:     }
17:
18:     protected void doGet(HttpServletRequest request,
19:                             HttpServletResponse response)
20:                                     throws ServletException, IOException {
21:         // 여기에 HTML을 출력하는 코드를 넣습니다.
22:         response.getWriter().append("Served at: ")
23:                             .append(request.getContextPath());
24:     }
25:
26:     protected void doPost(HttpServletRequest request,
27:                             HttpServletResponse response)
28:                                     throws ServletException, IOException {
29:         doGet(request, response);
30:     }
31:
32: }
```

🖥 실행 결과

```
Served at: /servlet_test
```

먼저 10번 행을 살펴보자.

```
10: @WebServlet("/HelloWorld")
```

이 WebServlet 애노테이션(annotation)은, 어떤 요청이 들어왔을 때 이 서블릿이 실행될지를 알려준다. 특정한 서블릿을 실행하는 URL의 형식은 다음과 같다.

```
http://서버주소:8080/프로젝트명/WebServlet에_지정된_경로
```

여기에서는 /HelloWorld가 지정되었으므로, 이 서블릿을 실행시켰을 때 주소창을 보면 다음과 같이 나와 있을 것이다.

```
http://localhost:8080/servlet_test/HelloWorld
```

그럼 이제 이것을 살짝 바꾸어 보자. 다음과 같이 말이다.

```
10: @WebServlet("/abc")
```

그리고 이 서블릿을 실행시키고 주소창을 보면 경로가 다음과 같이 바뀐 것을 확인할 수 있다.

```
http://localhost:8080/servlet_test/abc
```

이제 한 번 더 해보자. 다음과 같이 "/"만 남겨두는 것이다.

```
10: @WebServlet("/")
```

당연히 주소창에 다음과 같이 나오면서 실행될 것이다.

```
http://localhost:8080/servlet_test/
```

그런데 "/"만 쓰는 것은 경로에 무언가 적어주었을 때와는 좀 다른 특별한 의미를 가진다. 주소창에 직접 손으로 현재의 주소 뒤에 abcdef를 적고 엔터를 쳐보자. 다음과 같이 말이다.

```
http://localhost:8080/servlet_test/abcdef
```

여전히 이 서블릿이 잘 실행되는 것을 알 수 있다. abcdef 대신에, ab, def 등 아무 문자열을 적어도 항상 이 서블릿이 실행된다. 즉, WebServlet에 "/"를 지정했을 때는 이 웹 애플리케이션에 대한 모든 요청을 이 서블릿이 받아 처리하게 된다는 것을 확인할 수 있다.

자, 이제 다음으로 넘어가 보자.

```
11: public class HelloWorld extends HttpServlet {
```

모든 서블릿은 HttpServlet 클래스를 상속받아야 한다. 그래서 extends HttpServlet가 붙은 것이다.

그리고 18번 행과 26번 행을 보면 doGet과 doPost 메서드가 정의되어 있는 것을 볼 수 있다.

```
18:     protected void doGet(HttpServletRequest request,
19:                         HttpServletResponse response)
20:                             throws ServletException, IOException {
21:         // 여기에 HTML을 출력하는 코드를 넣습니다.
22:         response.getWriter().append("Served at: ")
23:                         .append(request.getContextPath());
24:     }
25:
26:     protected void doPost(HttpServletRequest request,
27:                         HttpServletResponse response)
28:                             throws ServletException, IOException {
29:         doGet(request, response);
30:     }
```

이 서블릿이 GET 방식으로 호출되었으면 doGet 메서드가 실행되고, POST 방식으로 호출되었으면 doPost 메서드가 실행된다. 이때 doGet과 doPost 메서드는 request와 response 객체를 인자로 받는데, 그동안 우리가 JSP에서 사용했던 바로 그 request, response 내장객체이다. 서블릿에 대한 실행 요청이 들어오면 톰캣이 이 내장객체를 만들어 인자로 넘겨주면서 doGet 또는 doPost 메서드를 실행하는 것이다.

하지만 일반적인 상황에서는 서블릿이 어떤 방식으로 실행되었는지까지는 구분할 필요가 없다. 그래서 이클립스는 doPost 메서드가 실행되면 doGet 메서드를 바로 호출하도록, 한 줄만으로 된 메서드 바디를 미리 만들어준다. 이것이 29번 행의 내용이다. 따라서 우리는 이클립스가 만들어준 템플릿에서 다른 것은 손대지 않고, 21번 행 위치에 코드를 작성해 넣으면 된다. 이클립스가 예제처럼 넣어 준 코드는 22~23번 행인데, 화면에 "Served at: /servlet_test"를 출력하는 코드이다. 이 코드도 필요 없으니 지워버리자. 그리고 이 자리에 들어갈 코드를 어떻게 작성하는지를 알아보도록 하자.

서블릿은 웹 서비스를 하는 프로그램이므로, 결국 HTML 출력을 내놓아야 한다. 그러기 위해서는 다음과 같은 코드 패턴을 사용한다.

```
response.setContentType("text/html; charset=utf-8");
PrintWriter out = response.getWriter();
out.println("<html>");
out.println("<head>");
...
```

첫 줄은 출력 형태를 지정하는 코드인데, HTML 문서이고, UTF-8로 인코딩된다는 뜻이다. 다음 줄에서는 response 내장객체의 getWriter 메서드를 호출하여 출력 스트림을 얻는다. 그러고 나면 이 객체의 print 또는 println 메서드를 사용해서 HTML 파일의 내용을 출력하면 되는 것이다. 이렇게 출력된 내용은 웹 브라우저에게 응답으로 보내지고, 화면에 출력된다. 이제 이 기본 틀에 소스 코드를 덧붙여 간단한 내용을 출력하는 서블릿을 완성해 보면 다음과 같다.

📦 **예제 12-2** 간단한 화면 출력을 하는 서블릿 (HelloWorld.java)

```
 1: package com.servlet.exam;
 2:
 3: import java.io.IOException;
 4: import java.io.PrintWriter;
 5:
 6: import javax.servlet.ServletException;
 7: import javax.servlet.annotation.WebServlet;
 8: import javax.servlet.http.HttpServlet;
 9: import javax.servlet.http.HttpServletRequest;
10: import javax.servlet.http.HttpServletResponse;
```

```
11:
12: @WebServlet("/")
13: public class HelloWorld extends HttpServlet {
14:     private static final long serialVersionUID = 1L;
15:
16:     public HelloWorld() {
17:         super();
18:     }
19:
20:     protected void doGet(HttpServletRequest request,
21:                          HttpServletResponse response)
22:                                 throws ServletException, IOException {
23:
24:         response.setContentType("text/html; charset=utf-8");
25:         PrintWriter out = response.getWriter();
26:         out.println("<html>");
27:         out.println("<head>");
28:         out.println("    <meta charset=utf-8>");
29:         out.println("</head>");
30:         out.println("<body>");
31:         out.println("이곳에 화면에 출력될 내용이<br>");
32:         out.println("들어갑니다.<br>");
33:         out.println("</body>");
34:         out.println("</html>");
35:     }
36:
37:     protected void doPost(HttpServletRequest request,
38:                           HttpServletResponse response)
39:                                 throws ServletException, IOException {
40:         doGet(request, response);
41:     }
42: }
```

🖳 실행 결과

이곳에 화면에 출력될 내용이
들어갑니다.

12.2 MVC와 컨트롤러

이전에 언급하기를, 우리의 목표는 웹 애플리케이션 아키텍처 측면에서 보았을 때, 모델 2 형태의 게시판을 만드는 것이라고 했었다. 모델 2는, 소프트웨어 공학에서 MVC라 부르는 소프트웨어 패턴을 웹 애플리케이션에 적용한 구조이다. 따라서 먼저 MVC 패턴이 무엇인지 이해해야 한다. MVC 패턴을 따라 작성된 소프트웨어는 Model, View, Controller의 3개 부분으로 나누어지는데, 각각의 의미는 다음과 같다.

- Model은 데이터, 그리고 그 데이터를 관리하고 처리하는 로직들의 묶음이다. Controller는 사용자 요청을 받으면, 해당 요청을 처리할 코드를 Model 안에서 찾아 실행한다. 이 코드는 요청 처리의 결과로 Controller에게 데이터를 반환할 수 있다.

- View는 사용자한테 보여질 출력 화면들의 묶음이다. 화면에 표시되어야 하는 데이터는 Controller로부터 전달받는다.

- Controller : Model과 View의 상호작용을 관리한다. 사용자의 요청을 받으면, 이를 처리할 코드를 Model에서 찾아 실행하고, 사용자에게 보여주어야 할 화면을 View에서 골라 실행한다. 이때 Model이 반환한 데이터가 있으면, View에게 전달하여 그 데이터가 화면에 출력될 수 있도록 한다.

MVC 패턴에서 사용자 요청이 어떻게 처리되는지를 그림으로 정리하면 다음과 같다.

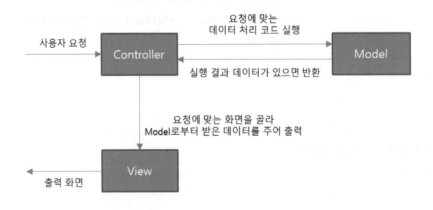

이렇게 소프트웨어를 3개의 구성 요소로 나누어 만들면, 데이터처리, 사용자가 보는 페이지, 그리고 이들에 대한 제어, 이 세 종류의 코드들이 각각의 구성 요소에 모여 있게 된다. 이것은 프로그램을 작성할 때나 유지 보수할 때 많은 장점이 있어서, 대규모의 비즈니스 애플리케이션을 만들 때는 MVC 패턴을 적용하는 것이 당연하게 여겨지고 있다.

이제 웹 애플리케이션의 구조로 돌아와 보자. 우리가 그동안 작성해온 프로그램의 형태는 모델 1이라고 부르는데, 하나의 JSP 프로그램에 View와 Controller, 그리고 Model 일부(애플리케이션 로직)가 같이 섞여들어 있는 다음과 같은 구조였다.

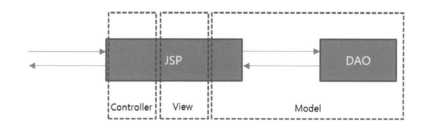

그런데 Model, View, Controller가 분리된 형태, 즉 모델 2 형태의 소프트웨어는 는 다음과 같은 구조를 가진다.

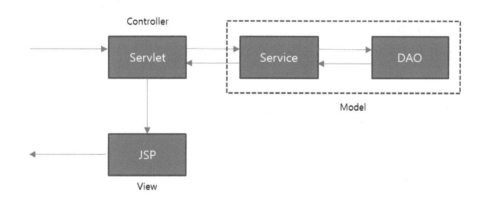

그동안 보지 못했던 Service라는 단어가 새로 나온 것에 놀라지 말기 바란다. JSP 안에 섞여 있던 애플리케이션 로직들을 떼어내 하나로 묶어놓은 것을 Service라고 생각하면 되겠다. DAO에는 애플리케이션 로직과 관련 없이 데이터베이스에 직접적으로 관련된 코드만 들어가는 것이 원칙이다. 또 컨트롤러는 모델과 뷰의 컨트롤에 관련된 코드만 들어가므로, JSP에서 제거한 애플리케이션 로직 코드가 갈 곳이 필요하기 때문이다. Service는 일반적인 자바 클래스 파일 형태를 가진다.

이 구조는 다음과 같이 동작한다.

- 모든 사용자 요청은 컨트롤러가 받는다. 일반적으로 컨트롤러는 서블릿으로 작성한다.

- 요청을 받은 컨트롤러는, Service 안에서 이 요청을 처리할 코드를 실행시킨다. 이 코드가 실행되는 과정에서 DAO의 메서드가 실행될 수 있다. 모든 실행이 끝나면 결과로 얻어진 데이터는 컨트롤러에게 반환된다.

- 컨트롤러는 사용자 요청의 응답이 될 JSP 파일을 찾아 실행한다. 이때 화면 출력에 필요한 데이터가 있으면 모델에서 얻은 데이터를 전달한다.

12.3 컨트롤러의 기본 틀

MVC 구조가 무엇인지 이해했다면, 컨트롤러가 어떤 동작을 해야 할지 대충 감이 올 것이다. 어떤 요청이 들어왔는지 확인하고, 그 요청에 따라 무언가 처리를 한 뒤, 그 결과를 보여줄 수 있는 화면을 띄우는 것이다. 예를 들어 게시판 프로그램의 컨트롤러는 다음과 같이 작성될 것이다.

```
if (요청이 list이면) {
    게시글 리스트 읽기;
    게시글 리스트 화면으로 이동;
} else if (요청이 view이면) {
    하나의 글 데이터 읽기;
    글 보기 화면으로 이동
} ...
```

그런데, 데이터 관련 처리를 한 후, "이동"하는 것에 대해 생각해 보자. list, view, write는 자신의 독자적인 화면을 가지고 있는 요청이다. 따라서 데이터를 읽고 나면 해당하는 JSP(list.jsp, view.jsp, write.jsp)로 포워딩하면 될 것이다. 그런데 insert, update, delete는 자신의 화면이 따로 없다. 그래서 현재는 프로그램 마지막 줄에서 response.sendRedirect 로 아예 다른 요청을 새로 주어 화면 이동을 하고 있다. 따라서 컨트롤러도 같은 방식으로 화면 이동을 해야 할 것이다. 즉, 컨트롤러에서 화면을 띄울 때는 포워딩으로 띄울 때도 있고, 리다이렉팅으로 할 때도 있게 된다.

이점을 염두에 두고, 다음 장에서 본격적으로 게시판 프로그램을 MVC 형태로 바꾸기 전에, 먼저 컨트롤러의 기본 틀을 만들어 놓자. 일단은 나중 일까지 복잡하게 생각할 것 없고, 다음과 같이 동작하는 서블릿을 만들면 되겠다.

```
/move_test/a 또는 /move_test/로 접근하면 a.jsp로 forward
/move_test/b로 접근하면 b.jsp로 redirect
```

테스트를 위해서 move_test라는 이름의 프로젝트를 새로 만들고, 다음과 같이 간단하게 a.jsp와 b.jsp를 만든다. 별로 하는 일 없이 지금 어떤 프로그램이 실행 중인지만 확인할 수 있게 출력하는 프로그램이다.

예제 12-3 포워드 테스트를 위한 예제 (a.jsp)

```
 1: <%@ page language="java" contentType="text/html; charset=UTF-8"
 2:     pageEncoding="UTF-8"%>
 3: <!DOCTYPE html>
 4: <html>
 5: <head>
 6:     <meta charset="UTF-8">
 7: </head>
 8: <body>
 9:
10: a.jsp가 실행되었습니다.
11:
12: </body>
13: </html>
```

📖 **예제 12-4** 리다이렉트 테스트를 위한 예제 (b.jsp)

```
1: <%@ page language="java" contentType="text/html; charset=UTF-8"
2:     pageEncoding="UTF-8"%>
3: <!DOCTYPE html>
4: <html>
5: <head>
6:     <meta charset="UTF-8">
7: </head>
8: <body>
9:
10: b.jsp가 실행되었습니다.
11:
12: </body>
13: </html>
```

자 이제 준비가 되었으니 서블릿을 만들어 보자. 하나의 서블릿으로 여러 가지 요청을 다 처리하기로 했으므로, @webServlet("/")로 해서 모든 요청을 다 받아들이도록 서블릿을 하나 만들고 요청 URL을 살펴보아 어떤 것을 실행할지 결정하면 될 것이다. 즉, 요청된 URL에서 "/프로젝트명" 다음에 나오는 문자열을 떼어내 이것을 보고 어떤 동작을 할지 결정하면 될 것이다. 그런데 어떻게 떼어낼까?

URL을 구성하는 각 부분의 문자열을 얻어내는 메서드를 정리하면 다음 그림과 같다.

이 그림의 예에서 우리가 얻어내고 싶은 문자열은 "/list.jsp"이다. 그런데 그것을 직접 얻어내는 메서드는 없다. 따라서, getRequestURI 메서드에서 얻어낸 문자열에서

getContextPath에서 얻어지는 문자열 길이만큼을 제외하고 그 뒤쪽을 얻어내면 될 것이다. 이 일을 하는 코드를 정리하면 다음과 같다.

```
String uri = request.getRequestURI();
String conPath = request.getContextPath();
String com = uri.substring(conPath.length());
```

이 코드가 하는 일은 좀 전의 말을 그대로 옮긴 것이다. 먼저 getRequestURI 메서드를 호출해서 얻은 문자열을 변수 uri에 넣고, getContextPath에서 얻어진 문자열은 conPath에 넣는다.

이제 uri에서 우리가 필요한 뒷부분만 떼어내면 된다. 이 예에서는 conPath에 "/board"가 들어있으므로 length()를 호출해보면 문자열의 길이가 6이라는 값을 반환할 것이다. 이럴 때 uri 문자열에서 6번 문자(문자 번호는 0부터 시작)부터 문자열을 떼어내면 우리가 원하는 "/list.jsp"를 얻을 수 있다. 즉, substring 메서드를 호출하여 부분 문자열을 얻어내는데, 시작하는 칸의 번호가 conPath.length()인 것이다.

이제 서블릿을 만들고, URL에 따라 포워드 또는 리다이렉트 하도록 완성하면 다음 코드와 같다.

📑 예제 12-5 포워드 테스트를 위한 서블릿 (MoveTest.java)

```
 1: package com.move.exam;
 2:
 3: import java.io.IOException;
 4: import javax.servlet.ServletException;
 5: import javax.servlet.annotation.WebServlet;
 6: import javax.servlet.http.HttpServlet;
 7: import javax.servlet.http.HttpServletRequest;
 8: import javax.servlet.http.HttpServletResponse;
 9:
10: @WebServlet("/")
11: public class MoveTest extends HttpServlet {
12:     private static final long serialVersionUID = 1L;
```

```
13:
14:     public MoveTest() {
15:         super();
16:     }
17:
18:     protected void doGet(HttpServletRequest request,
19:                         HttpServletResponse response)
20:                                 throws ServletException, IOException {
21:
22:         String uri = request.getRequestURI();
23:         String conPath = request.getContextPath();
24:         String com = uri.substring(conPath.length());
25:
26:         if (com.equals("/a") || com.equals("/")) {
27:             request.getRequestDispatcher("a.jsp")
28:                     .forward(request, response);
29:         } else if (com.equals("/b")){
30:             response.sendRedirect("b.jsp");
31:         }
32:     }
33:
34:     protected void doPost(HttpServletRequest request,
35:                         HttpServletResponse response)
36:                                 throws ServletException, IOException {
37:         doGet(request, response);
38:     }
39: }
```

먼저 주의 깊게 보아야 할 것은 10번 행이다.

```
10: @WebServlet("/")
```

WebServlet 애노테이션에 "/"를 지정하면 이 웹 애플리케이션으로 오는 모든 요청에 대해 이 서블릿이 실행된다고 하였다.

다음은 22~24번 행이다.

```
22:        String uri = request.getRequestURI();
23:        String conPath = request.getContextPath();
24:        String com = uri.substring(conPath.length());
```

좀 전에 보았던 코드이다. URL에서 프로젝트 이름 뒤의 부분을 뜯어내서 자바 변수 com에 저장하는 코드이다. 그다음 부분은 com의 내용에 따라 문제에 주어진 처리를 하는 부분이다.

```
26:        if (com.equals("/a") || com.equals("/")) {
27:            request.getRequestDispatcher("a.jsp")
28:                    .forward(request, response);
29:        } else if (com.equals("/b")){
30:            response.sendRedirect("b.jsp");
31:        }
```

"/a"이거나 "/"만 있을 때는 a.jsp로 포워딩하고, "/b"일 때는 b.jsp로 리다이렉팅한다. 이것을 실행시키면 처음에는 화면에 a.jsp 실행 중이라고 나올 것이다. 주소창을 보면 알겠지만 처음 실행할 때 URL은 프로젝트 이름 뒤에 "/"만 있는 상태이기 때문이다. 이제 여러분들이 주소창을 편집해서 "/b"로 바꾸면 b.jsp가 실행되는 것을 볼 수 있을 것이다.

물론 이 상태대로 그냥 두어도 나중에 컨트롤러로 쓰는 데 큰 문제는 없긴 하지만 한 단계 더 나아가 보자. 지금은 컨트롤러가 실행할 프로그램이 a와 b 이렇게 2개밖에 없다. 그런데 나중에 게시판 프로그램의 컨트롤러를 만들면 다음과 같은 URL이 나올 것이다.

```
/
/list
/view
/write
/insert
/delete
/update
```

그런데 이 모든 요청 하나하나마다 직접 forward 나 리다이렉트하는 메서드 호출 코드를 직접 적는 것은 코드의 중복이 너무 많다. 이것을 다음과 같은 형태로 정리하면 좋을 것이다.

```java
String view = null;

if (com.equals("/a") || com.equals("/")) {
    view = "a.jsp";              // forwarding은 대상 파일명만 지정
} else if (com.equals("/b")) {
    view = "redirect:b.jsp";  // redirecting은 파일명 앞에 표시
} else {
    response.getWriter().println("Invalid Access!");
    return;
}
// 이곳에 문자열 변수 view의 내용을 보고
// 포워딩 또는 리다이렉팅을 해주는 코드를 넣는다.
```

기본적인 개념은, 일단 포워딩을 디폴트로 한다. 그래서 변수 view의 내용을 보고 거기 적힌 페이지로 포워딩을 해준다. 다만, view가 "redirect:"로 시작하면 거기 적힌 페이지로 리다이렉팅을 해주는 것이다. 그렇게 하면 if~else가 많이 늘어나도 한결 간단한 코드를 유지할 수 있을 것이다.

그러면 이 코드 아래쪽에 어떤 코드가 나와야 그런 동작을 해줄 수 있을까? 한글로 쓰자면 다음과 같은 코드가 나와야 할 것이다.

```
if (view가 "redirect:"로 시작하면) {
    그 뒤에 적힌 페이지로 리다이렉트
} else {
    view에 적힌 페이지로 포워딩
}
```

이것을 자바 코드로 옮기면 다음과 같이 될 것이다.

```
if (view.startsWith("redirect:")) {
    response.sendRedirect(view.substring(9));
} else {
    request.getRequestDispatcher(view).forward(request, response);
}
```

문자열 메서드 startsWith는 해당 문자열이 주어진 문자열로 시작하는지를 알려준다. 그래서 문자열 "redirect:"로 시작하는 것이 밝혀지면 substring으로 뒤의 부분만 떼어낸다. 인자로 9를 주는 것은 "redirect:"가 9글자이기 때문이다.

이상의 내용을 모두 정리하면 다음과 같다.

예제 12-6 완성된 컨트롤러의 기본 틀 (MoveTest.java)

```
 1: package com.move.exam;
 2:
 3: import java.io.IOException;
 4: import javax.servlet.ServletException;
 5: import javax.servlet.annotation.WebServlet;
 6: import javax.servlet.http.HttpServlet;
 7: import javax.servlet.http.HttpServletRequest;
 8: import javax.servlet.http.HttpServletResponse;
 9:
10: @WebServlet("/")
11: public class MoveTest extends HttpServlet {
12:     private static final long serialVersionUID = 1L;
13:
14:     public MoveTest() {
15:         super();
16:     }
17:
18:     protected void doGet(HttpServletRequest request,
19:                          HttpServletResponse response)
20:                                 throws ServletException, IOException {
21:         String view = null;
22:
23:         // URL에서 프로젝트 이름 뒷 부분의 문자열 얻어내기
```

```
24:         String uri = request.getRequestURI();
25:         String conPath = request.getContextPath();
26:         String com = uri.substring(conPath.length());
27:
28:         // 주어진 URL에 따라 지정된 동작 수행
29:         if (com.equals("/a") || com.equals("/")) {
30:             view = "a.jsp";
31:         } else if (com.equals("/b")){
32:             view = "redirect:b.jsp";
33:         }
34:
35:         // view에 담긴 문자열에 따라 포워딩 또는 리다이렉팅
36:         if (view.startsWith("redirect:")) {
37:             response.sendRedirect(view.substring(9));
38:         } else {
39:             request.getRequestDispatcher(view).forward(request, response);
40:         }
41:     }
42:
43:     protected void doPost(HttpServletRequest request,
44:                           HttpServletResponse response)
45:                                    throws ServletException, IOException {
46:         doGet(request, response);
47:     }
48: }
```

컨트롤러의 기본 틀이 완성되었다. 이것을 잘 보관해두었다가 다음 장에서 사용하면 된다. 다른 곳은 손댈 필요가 없고 음영 표시된 부분의 코드만 우리가 원하는 대로 변경하면 될 것이다.

연습문제

1. 다음과 같은 URL이 주어졌을 때, 실행되어, name, kor, eng, math 값을 화면에 출력하는 서블릿을 작성하여 보시오.

```
http://localhost:8080/servlet_test/score?name=홍길동&kor=78&eng=85&math=90
```

2. MVC 패턴이 무엇인지 설명해보시오.

3. 다음 코드의 의미를 설명해 보시오.

```
String uri = request.getRequestURI();
String conPath = request.getContextPath();
String com = uri.substring(conPath.length());
```

4. 다음 코드의 의미를 설명해 보시오.

```
if (view.startsWith("redirect:")) {
    response.sendRedirect(view.substring(9));
} else {
    request.getRequestDispatcher(view).forward(request, response);
}
```

CHAPTER 13

MVC 게시판

CHAPTER 13

MVC 게시판

13.1 컨트롤러 준비

우리는 앞에서 MVC 패턴이란 소프트웨어를 모델, 뷰, 컨트롤러의 3 구성 요소로 나누
어 구성하는 패턴이라 얘기했었다. 그리고 MVC 패턴을 웹 애플리케이션에 적용한 것
을 모델 2 형태라 부른다는 얘기도 했었다. 이 구조를 따라 만들어진 웹 애플리케이션은
다음과 같은 구조를 가진다.

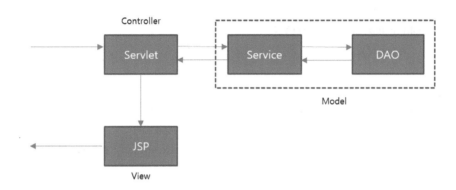

그림에도 나와 있지만, 원래 모델 2를 제대로 구현하려면 자바 코드 중에서도 비즈니스
로직에 관련된 부분은 따로 떼어 Service라고 부르는 모듈로 분리해야 한다. 하지만, 일
단 먼저 Controller에 모든 로직이 들어 있는 형태로 수정해 보도록 하자. 우선 이렇게만
해도 각각의 JSP 프로그램 상단에 있던 자바 코드가 모두 Controller로 모이므로, JSP 파
일에는 오로지 화면 출력에 관련된 코드만 남게 된다.

컨트롤러는 앞 장에서 만든 기본 틀을 사용하면 된다. 먼저 서블릿을 하나 만들자. 패키
지는 com.board.controller로 하고, 클래스 이름은 BoardController로 한다. 그리고, 이
서블릿의 doGet 메서드에, 앞 장에서 우리가 만들었던 컨트롤러의 기본 틀을 코드를 복
사해 넣으면 다음과 같은 코드를 얻을 수 있다.

📋 **예제 13-1**   컨트롤러의 기본 틀 준비(BoardController.java)

```
1: package com.board.controller;
2:
3: import java.io.IOException;
```

```
 4: import javax.servlet.ServletException;
 5: import javax.servlet.annotation.WebServlet;
 6: import javax.servlet.http.HttpServlet;
 7: import javax.servlet.http.HttpServletRequest;
 8: import javax.servlet.http.HttpServletResponse;
 9:
10: @WebServlet("/")
11: public class BoardController extends HttpServlet {
12:     private static final long serialVersionUID = 1L;
13:
14:     public BoardController() {
15:         super();
16:     }
17:
18:     protected void doGet(HttpServletRequest request,
19:                          HttpServletResponse response)
20:                                 throws ServletException, IOException {
21:         String view = null;
22:
23:         // URL에서 프로젝트 이름 뒷 부분의 문자열 얻어내기
24:         String uri = request.getRequestURI();
25:         String conPath = request.getContextPath();
26:         String com = uri.substring(conPath.length());
27:
28:         // 주어진 URL에 따라 지정된 동작 수행
29:         if (com.equals("/a") || com.equals("/")) {
30:             view = "a.jsp";
31:         } else if (com.equals("/b")){
32:             view = "redirect:b.jsp";
33:         }
34:
35:         // view에 담긴 문자열에 따라 포워딩 또는 리다이렉팅
36:         if (view.startsWith("redirect:")) {
37:             response.sendRedirect(view.substring(9));
38:         } else {
39:             request.getRequestDispatcher(view).forward(request, response);
40:         }
41:     }
42:
```

```
43:     protected void doPost(HttpServletRequest request,
44:                           HttpServletResponse response)
45:                               throws ServletException, IOException {
46:         doGet(request, response);
47:     }
48: }
```

13.2 게시글 리스트 페이지 수정

준비되었으면, 먼저 list.jsp부터 시작해 보자. 예전에 작성한 list.jsp는 다음과 같았다.

📄 **예제 11-7**　　JSTL를 사용하여 수정된 게시글 리스트 페이지 (list.jsp)

```
1: <%@ page language="java" contentType="text/html; charset=UTF-8"
2:     pageEncoding="UTF-8"%>
3:
4: <%@ taglib prefix="c" uri="http://java.sun.com/jsp/jstl/core" %>
5:
6: <%@ page import="java.util.*" %>
7: <%@ page import="com.board.db.*" %>
8:
9: <%
10:     // 게시글이 담긴 DTO객체들의 리스트를, request의 속성 "msgList"로 등록
11:     request.setAttribute("msgList", new BoardDao().selectList());
12: %>
13:
14: <!DOCTYPE html>
15: <html>
16: <head>
17:     <meta charset="UTF-8">
18:     <style>
19:         table    { width:680px; text-align:center; }
20:         th       { background-color:cyan; }
21:
22:         .num     { width: 80px; }
23:         .title   { width:230px; }
```

```
24:          .writer   { width:100px; }
25:          .regtime  { width:180px; }
26:
27:          a:link    { text-decoration:none; color:blue; }
28:          a:visited { text-decoration:none; color:gray; }
29:          a:hover   { text-decoration:none; color:red;  }
30:     </style>
31: </head>
32: <body>
33:
34:          <table>
35:             <tr>
36:                 <th class="num"    >번호    </th>
37:                 <th class="title"  >제목    </th>
38:                 <th class="writer" >작성자   </th>
39:                 <th class="regtime">작성일시</th>
40:                 <th               >조회수   </th>
41:             </tr>
42:
43:          <c:forEach var="msg" items="${msgList}">
44:             <tr>
45:                <td>${msg.num}</td>
46:                <td style="text-align:left;">
47:                    <a href="view.jsp?num=${msg.num}">${msg.title}</a>
48:                </td>
49:                <td>${msg.writer}</td>
50:                <td>${msg.regtime}</td>
51:                <td>${msg.hits}</td>
52:             </tr>
53:             </c:forEach>
54:          </table>
55:
56: <br>
57: <input type="button" value="글쓰기" onclick="location.href='write.jsp'">
58:
59: </body>
60: </html>
```

여기에서 자바 코드 또는 그에 관련된 import 지시자는 음영 표시된 부분이다. 내용은 다음과 같다.

```
 6: <%@ page import="java.util.*" %>
 7: <%@ page import="com.board.db.*" %>
 8:
 9: <%
10:     // 게시글이 담긴 DTO객체들의 리스트를, request의 속성 "msgList"로 등록
11:     request.setAttribute("msgList", new BoardDao().selectList());
12: %>
```

6, 7번 행의 import는 11번의 자바 코드가 없어진다면 필요 없는 부분이다. 따라서, 11번 행을 복사해 놓고, 6~12번 행은 삭제하면 될 것이다. 그리고 컨트롤러의 if 문을 다음과 같이 수정한다.

```
String view = null;

String uri = request.getRequestURI();
String conPath = request.getContextPath();
String com = uri.substring(conPath.length());

if (com.equals("/list") || com.equals("/")) {
    request.setAttribute("msgList", new BoardDao().selectList());
    view = "list.jsp";

} else if (com.equals("/b")){
    view = "redirect:b.jsp";
}

if (view.startsWith("redirect:")) {
    response.sendRedirect(view.substring(9));
} else {
    request.getRequestDispatcher(view).forward(request, response);
}
```

음영 표시된 부분이 수정해야 하는 부분이다. URL의 프로젝트명 다음 문자열이 "/list" 이거나 "/"이면, 게시글 리스트를 읽어 request에 저장(list.jsp에서 복사해 온 코드)하고, 포워딩할 페이지를 list.jsp로 지정하는 형식으로 작성되었다. 그럼 이제 list.jsp는 다음과 같이 된다.

📄 **예제 13-2**　MVC 패턴이 적용된 게시글 리스트 페이지 (list.jsp)

```
1: <%@ page language="java" contentType="text/html; charset=UTF-8"
2:     pageEncoding="UTF-8"%>
3:
4: <%@ taglib prefix="c" uri="http://java.sun.com/jsp/jstl/core" %>
5:
6: <!DOCTYPE html>
7: <html>
8: <head>
9:     <meta charset="UTF-8">
10:     <style>
11:         table      { width:680px; text-align:center; }
12:         th         { background-color:cyan; }
13:
14:         .num       { width: 80px; }
15:         .title     { width:230px; }
16:         .writer    { width:100px; }
17:         .regtime   { width:180px; }
18:
19:         a:link     { text-decoration:none; color:bluc; }
20:         a:visited  { text-decoration:none; color:gray; }
21:         a:hover    { text-decoration:none; color:red;  }
22:     </style>
23: </head>
24: <body>
25:
26: <table>
27:     <tr>
28:         <th class="num"    >번호    </th>
29:         <th class="title"  >제목    </th>
30:         <th class="writer" >작성자  </th>
```

```
31:          <th class="regtime">작성일시</th>
32:          <th              >조회수   </th>
33:      </tr>
34:
35:      <c:forEach var="msg" items="${msgList}">
36:      <tr>
37:          <td>${msg.num}</td>
38:          <td style="text-align:left;">
39:              <a href="view.jsp?num=${msg.num}">${msg.title}</a>
40:          </td>
41:          <td>${msg.writer}</td>
42:          <td>${msg.regtime}</td>
43:          <td>${msg.hits}</td>
44:      </tr>
45:      </c:forEach>
46: </table>
47:
48: <br>
49: <input type="button" value="글쓰기" onclick="location.href='write.jsp'">
50:
51: </body>
52: </html>
```

코드를 훑어보자. 자바 코드가 한 줄도 없는 것을 확인할 수 있을 것이다. 따라서 list.jsp
는 말 그대로 view의 역할만 하도록 동작할 것이다. 그런데, 이렇게 list.jsp를 수정하고
나면, 다른 모듈도 약간씩 수정해야 하는 부분이 생겨난다. 이제부터는 다른 모듈에서
list.jsp를 직접 실행하면 안 되는데, 그 이유는 list.jsp에 데이터를 읽어오는 코드가 없기
때문이다. 따라서, "list.jsp"를 직접 호출하는 것이 아니라 "list"를 호출하여, 컨트롤러
가 먼저 실행되고 데이터를 읽은 후에 list.jsp를 실행하도록 만들어야 한다.

먼저, delete.jsp, insert.jsp의 마지막 줄에서 다음과 같은 코드를 찾는다.

```
response.sendRedirect("list.jsp");
```

이것을 다음과 같이 수정해야 한다.

```
response.sendRedirect("list");
```

다음으로 view.jsp의 목록보기 버튼 코드를 찾는다. 다음과 같다.

```
<input type="button" value="목록보기" onclick="location.href='list.jsp'">
```

역시 이것을 다음과 같이 수정한다.

```
<input type="button" value="목록보기" onclick="location.href='list'">
```

이렇게 수정하기 전에는 sendRedirect 또는 location.href에 list.jsp가 적혀있었고, 다음과 같은 URL로 페이지가 이동되었다.

```
http://localhost:8080/프로젝트명/list.jsp
```

하지만 앞에서 얘기한 것처럼 수정하고 나면 다음과 같은 URL로 이동할 것이다.

```
http://localhost:8080/프로젝트명/list
```

이것은 우리가 만들고 있는 컨트롤러로 요청이 전달되고 URL이 "/list"인 경우의 처리를 하게 해준다. 이제 다 되었다. 게시글 리스트가 잘 뜨는지 확인해 보기 위해 서블릿을 실행해보자. 게시글 리스트가 예전과 같이 나타나면 수정이 잘 된 것이다.

13.3 글 보기 페이지 수정

글 보기 페이지 역시 마찬가지 방법으로 하면 된다. 먼저 view.jsp를 펼쳐놓고 보자.

📑 **예제 11-4**　EL를 사용하여 수정된 글 보기 페이지 (view.jsp)

```
 1: <%@ page language="java" contentType="text/html; charset=UTF-8"
 2:     pageEncoding="UTF-8"%>
 3:
 4: <%@ page import="com.board.db.*" %>
 5:
 6: <%
 7:     // 지정된 글 번호의 글을 DB에서 읽음
 8:     int num = Integer.parseInt(request.getParameter("num"));
 9:     BoardDto dto = new BoardDao().selectOne(num, true);
10:
11:     // 글 제목과 내용이 웹 페이지에 올바르게 출력되도록
12:     // 공백과 줄넘김 처리
13:     dto.setTitle(dto.getTitle().replace (" ", " "));
14:     dto.setContent(dto.getContent().replace(" ", " ")
15:                                    .replace("\n", "<br>"));
16:
17:     // DTO 객체를 request의 속성 "msg"로 등록
18:     request.setAttribute("msg", dto);
19: %>
20:
21: <!DOCTYPE html>
22: <html>
23: <head>
24:     <meta charset="UTF-8">
25:     <style>
26:         table { width:680px; text-align:center; }
27:         th    { width:100px; background-color:cyan; }
28:         td    { text-align:left; border:1px solid gray; }
29:     </style>
30: </head>
31: <body>
32:
33: <table>
34:     <tr>
35:         <th>제목</th>
36:         <td>${msg.title}</td>
37:     </tr>
38:     <tr>
```

```
39:            <th>작성자</th>
40:            <td>${msg.writer}</td>
41:        </tr>
42:        <tr>
43:            <th>작성일시</th>
44:            <td>${msg.regtime}</td>
45:        </tr>
46:        <tr>
47:            <th>조회수</th>
48:            <td>${msg.hits}</td>
49:        </tr>
50:        <tr>
51:            <th>내용</th>
52:            <td>${msg.content}</td>
53:        </tr>
54: </table>
55:
56: <br>
57: <input type="button" value="목록보기" onclick="location.href='list.jsp'">
58: <input type="button" value="수정"
59:        onclick="location.href='write.jsp?num=${param.num}'">
60: <input type="button" value="삭제"
61:        onclick="location.href='delete.jsp?num=${param.num}'">
62:
63: </body>
64: </html>
```

여기에서 자바 코드는 프로그램 앞쪽에 다음과 같은 코드뿐이다.

```
 4: <%@ page import="com.board.db.*" %>
 5:
 6: <%
 7:     // 지정된 글 번호의 글을 DB에서 읽음
 8:     int num = Integer.parseInt(request.getParameter("num"));
 9:     BoardDto dto = new BoardDao().selectOne(num, true);
10:
11:     // 글 제목과 내용이 웹 페이지에 올바르게 출력되도록
12:     // 공백과 줄넘김 처리
```

```
13:        dto.setTitle(dto.getTitle().replace (" ",  " "));
14:        dto.setContent(dto.getContent().replace(" ",  " ")
15:                                   .replace("\n", "<br>"));
16:
17:        // DTO 객체를 request의 속성 "msg"로 등록
18:        request.setAttribute("msg", dto);
19: %>
```

역시 이 코드를 복사하여 컨트롤러에 넣고, view.jsp 파일에서 이 코드들은 삭제하면 되겠다. 그러면 컨트롤러의 if 문은 다음과 같이 된다.

```
if (com.equals("/list") || com.equals("/")) {
    request.setAttribute("msgList", new BoardDao().selectList());
    view = "list.jsp";

} else if (com.equals("/view")){
    int num = Integer.parseInt(request.getParameter("num"));
    BoardDto dto = new BoardDao().selectOne(num, true);

    dto.setTitle(dto.getTitle().replace (" ",  " "));
    dto.setContent(dto.getContent().replace(" ",  " ")
                               .replace("\n", "<br>"));

    request.setAttribute("msg", dto);
    view = "view.jsp";
}
```

음영으로 표시된 곳이 글 보기 화면을 위해 수정된 코드이다. 그러면 view.jsp는 다음과 같이 된다.

📋 **예제 13-3** MVC 패턴이 적용된 글 보기 페이지 (view.jsp)

```
1: <%@ page language="java" contentType="text/html; charset=UTF-8"
2:     pageEncoding="UTF-8"%>
3:
4: <!DOCTYPE html>
```

```
 5: <html>
 6: <head>
 7:     <meta charset="UTF-8">
 8:     <style>
 9:         table { width:680px; text-align:center; }
10:         th    { width:100px; background-color:cyan; }
11:         td    { text-align:left; border:1px solid gray; }
12:     </style>
13: </head>
14: <body>
15:
16: <table>
17:     <tr>
18:         <th>제목</th>
19:         <td>${msg.title}</td>
20:     </tr>
21:     <tr>
22:         <th>작성자</th>
23:         <td>${msg.writer}</td>
24:     </tr>
25:     <tr>
26:         <th>작성일시</th>
27:         <td>${msg.regtime}</td>
28:     </tr>
29:     <tr>
30:         <th>조회수</th>
31:         <td>${msg.hits}</td>
32:     </tr>
33:     <tr>
34:         <th>내용</th>
35:         <td>${msg.content}</td>
36:     </tr>
37: </table>
38:
39: <br>
40: <input type="button" value="목록보기" onclick="location.href='list'">
41: <input type="button" value="수정"
42:         onclick="location.href='write.jsp?num=${param.num}'">
43: <input type="button" value="삭제"
```

```
44:        onclick="location.href='delete.jsp?num=${param.num}'">
45:
46: </body>
47: </html>
```

view.jsp는 이것으로 되었다. 다만 좀 전과 마찬가지로, 다른 모듈들에서 "view.jsp"를 호출하던 코드를 찾아 "view"로 바꾸어 주어야 한다. 가장 먼저 수정할 곳은 list.jsp에서 글 제목링크를 출력하는 다음과 같은 부분이다.

```
39:           <a href="view.jsp?num=${msg.num}">${msg.title}</a>
```

그리고 update.jsp의 마지막 줄 response.sendRedirect에 "view.jsp"가 있는데 그것도 "view"로 수정해야 한다. 이제 컨트롤러를 실행하고, 게시글 리스트에서 글 제목을 클릭하여 글 보기 화면으로 가서, 제대로 동작하는지 확인해 보자.

13.4 글 쓰기 및 수정 페이지 수정

역시 write.jsp를 펼쳐보는 것으로 시작하자. 앞서와 같이 자바 코드는 앞쪽에 모여있으므로, 이것만 컨트롤러로 보내고 여기에서는 삭제하면 된다. 삭제할 코드는 아래에서 음영으로 표시해 두었다.

📝 **예제 11-5**　EL를 사용하여 수정된 글 쓰기 및 수정 페이지 (write.jsp)

```
1: <%@ page language="java" contentType="text/html; charset=UTF-8"
2:     pageEncoding="UTF-8"%>
3:
4: <%@ page import="com.board.db.*" %>
5:
6: <%
7:     // 글 번호 값 얻기, 주어지지 않았으면 0으로 설정
8:     String tmp = request.getParameter("num");
9:     int num = (tmp != null && tmp.length() > 0)
```

```
10:             ? Integer.parseInt(tmp) : 0;
11:
12:     // 새 글쓰기 모드로 가정하고 변수값 설정
13:     BoardDto dto = new BoardDto();
14:     String action = "insert.jsp";
15:
16:     // 글 번호가 주어졌으면 수정 모드
17:     if (num > 0) {
18:         dto = new BoardDao().selectOne(num, false);
19:         action = "update.jsp?num=" + num;
20:     }
21:
22:     // DTO 객체와 form의 action을 request에 등록
23:     request.setAttribute("msg", dto);
24:     request.setAttribute("action", action);
25: %>
26:
27: <!DOCTYPE html>
28: <html>
29: <head>
30:     <meta charset="UTF-8">
31:     <style>
32:         table { width:680px; text-align:center; }
33:         th    { width:100px; background-color:cyan; }
34:         input[type=text], textarea { width:100%; }
35:     </style>
36: </head>
37: <body>
38:
39: <form method="post" action="${action}">
40:     <table>
41:         <tr>
42:             <th>제목</th>
43:             <td><input type="text" name="title"  maxlength="80"
44:                         value="${msg.title}">
45:             </td>
46:         </tr>
47:         <tr>
48:             <th>작성자</th>
```

```
49:                <td><input type="text" name="writer" maxlength="20"
50:                        value="${msg.writer}">
51:            </td>
52:        </tr>
53:        <tr>
54:            <th>내용</th>
55:            <td><textarea name="content" rows="10">${msg.content}</textarea>
56:            </td>
57:        </tr>
58:    </table>
59:
60:    <br>
61:    <input type="submit" value="저장">
62:    <input type="button" value="취소" onclick="history.back()">
63: </form>
64:
65: </body>
66: </html>
```

그러면, 자바 코드가 삭제된 write.jsp는 다음과 같이 된다.

📑 **예제 13-4**   MVC 패턴이 적용된 글쓰기/수정 페이지 (write.jsp)

```
1: <%@ page language="java" contentType="text/html; charset=UTF-8"
2:     pageEncoding="UTF-8"%>
3:
4: <!DOCTYPE html>
5: <html>
6: <head>
7:     <meta charset="UTF-8">
8:     <style>
9:         table { width:680px; text-align:center; }
10:        th    { width:100px; background-color:cyan; }
11:        input[type=text], textarea { width:100%; }
12:    </style>
13: </head>
14: <body>
15:
```

```
16: <form method="post" action="${action}">
17:     <table>
18:         <tr>
19:             <th>제목</th>
20:             <td><input type="text" name="title"  maxlength="80"
21:                         value="${msg.title}">
22:             </td>
23:         </tr>
24:         <tr>
25:             <th>작성자</th>
26:             <td><input type="text" name="writer" maxlength="20"
27:                         value="${msg.writer}">
28:             </td>
29:         </tr>
30:         <tr>
31:             <th>내용</th>
32:             <td><textarea name="content" rows="10">${msg.content}</textarea>
33:             </td>
34:         </tr>
35:     </table>
36:
37:     <br>
38:     <input type="submit" value="저장">
39:     <input type="button" value="취소" onclick="history.back()">
40: </form>
41:
42: </body>
43: </html>
```

컨트롤러에는 다음과 같은 else if가 마지막에 추가된다.

```
} else if (com.equals("/write")){
    String tmp = request.getParameter("num");
    int num = (tmp != null && tmp.length() > 0)
            ? Integer.parseInt(tmp) : 0;


    // 새 글쓰기 모드로 가정하고 변수값 설정
```

```
    BoardDto dto = new BoardDto();
    String action = "insert.jsp";

    // 글 번호가 주어졌으면 수정 모드
    if (num > 0) {
        dto = new BoardDao().selectOne(num, false);
        action = "update.jsp?num=" + num;
    }

    request.setAttribute("msg", dto);
    request.setAttribute("action", action);
    view = "write.jsp";
}
```

이제 write.jsp를 호출하던 코드를 찾아 write로 바꾸면 된다. list.jsp의 아래쪽에 글쓰기 버튼, 그리고 view.jsp의 아래쪽에 수정 버튼을 눌렀을 때 이동할 URL이 "write.jsp"로 되어 있던 것을 "write"로 고쳐준다. 그리고 잘 동작하는지 확인해 본다.

13.5 데이터베이스 접근 모듈 수정

insert.jsp, delete.jsp, 그리고 update.jsp는 별도의 독자적인 화면을 가지지 않고, 데이터 베이스에 관련된 동작을 한 뒤, 다른 프로그램을 이동하는 프로그램들이다. 따라서 이런 프로그램들은, 자바 코드를 들어내면, 남는 부분이 없으므로, 아예 파일을 삭제해 주면 된다. 먼저 insert.jsp부터 살펴보자.

📝 **예제 10-4** DAO와 DTO를 사용하는 새 글 저장 프로그램 (insert.jsp)

```
1: <%@ page language="java" contentType="text/html; charset=UTF-8"
2:     pageEncoding="UTF-8"%>
3:
4: <%@ page import="com.board.db.*" %>
5:
6: <%
7:     request.setCharacterEncoding("utf-8");
```

```
 8:
 9:     // 양식에 입력되었던 값 읽기
10:     String writer  = request.getParameter("writer" );
11:     String title   = request.getParameter("title"  );
12:     String content = request.getParameter("content");
13:
14:     // 빈 칸이 하나라도 있으면 오류 출력하고 복귀
15:     if (writer  == null || writer.length()  == 0 ||
16:         title   == null || title.length()   == 0 ||
17:         content == null || content.length() == 0) {
18: %>
19:         <script>
20:             alert('모든 항목이 빈칸 없이 입력되어야 합니다.');
21:             history.back();
22:         </script>
23: <%
24:         return;
25:     }
26:
27:     // 글 데이터를 DTO에 저장
28:     BoardDto dto = new BoardDto();
29:
30:     dto.setWriter (writer );
31:     dto.setTitle  (title  );
32:     dto.setContent(content);
33:
34:     // 입력된 내용으로 새 글 레코드 추가
35:     new BoardDao().insertOne(dto);
36:
37:     // 목록보기 화면으로 돌아감
38:     response.sendRedirect("list.jsp");
39: %>
```

7~38번 행까지의 코드를 컨트롤러로 옮긴다. 다만 38번 행의 내용은 그대로 두지 말고 다음과 같이 고쳐준다.

```
view = "redirect:list";
```

이렇게 적어주면 if~else if 구조 아래에 있는 코드들이 response.sendRedirect를 호출해 줄 것이다. 이제 컨트롤러의 else if 문 마지막 부분에 다음과 같은 코드를 덧붙이면 된다.

```java
} else if (com.equals("/insert")){
    request.setCharacterEncoding("utf-8");

    // 양식에 입력되었던 값 읽기
    String writer  = request.getParameter("writer" );
    String title   = request.getParameter("title"  );
    String content = request.getParameter("content");

    // 빈 칸이 하나라도 있으면 오류 출력하고 복귀
    if (writer  == null || writer.length()  == 0 ||
        title   == null || title.length()   == 0 ||
        content == null || content.length() == 0) {
%>
        <script>
            alert('모든 항목이 빈칸 없이 입력되어야 합니다.');
            history.back();
        </script>
<%
        return;
    }

    // 글 데이터를 DTO에 저장
    BoardDto dto = new BoardDto();

    dto.setWriter (writer );
    dto.setTitle  (title  );
    dto.setContent(content);

    // 입력된 내용으로 새 글 레코드 추가
    new BoardDao().insertOne(dto);
    view = "redirect:list";
}
```

문제가 생겼다. 음영 표시한 곳은 자바스크립트 코드이므로 HTML 출력의 일부이다. 물론 이 자리에 서블릿 기초에서 배운 것처럼 직접 println으로 출력하는 문장을 넣어도 되겠지만, 별도의 에러 출력 페이지를 만드는 것이 깔끔하게 처리될 것 같다. 다음과 같은 JSP 프로그램을 새로 추가한다.

📋 **예제 13-5** 에러 메시지 출력 페이지 (errorBack.jsp)

```
1: <%@ page language="java" contentType="text/html; charset=UTF-8"
2:     pageEncoding="UTF-8"%>
3:
4: <!DOCTYPE html>
5: <html>
6: <head>
7:     <meta charset="UTF-8">
8: </head>
9: <body>
10:
11: <script>
12:     alert('${errorMessage}');
13:     history.back();
14: </script>
15:
16: </body>
17: </html>
```

별다르게 하는 일은 없는 프로그램이다. 실행되면 "errorMessage"라는 이름으로 내장 객체에 저장된 문자열을 경고창에 출력하고, 이전 페이지로 돌아가는 간단한 프로그램이다. 이제 컨트롤러의 코드를 다음과 같이 수정할 수 있다.

```
1: } else if (com.equals("/write")){
2:     BoardDto dto = new BoardDto();
3:     String action = "insert.jsp";
4:
5:     String numStr = request.getParameter("num");
```

```
 6:     if (numStr != null && numStr.length() > 0) {
 7:
 8:         int num = Integer.parseInt(numStr);
 9:         dto = new BoardDao().selectOne(num, false);
10:
11:         action  = "update.jsp?num=" + num;
12:     }
13:
14:     request.setAttribute("msg", dto);
15:     request.setAttribute("action", action);
16:     view = "write.jsp";
17:
18: } else if (com.equals("/insert")){
19:     request.setCharacterEncoding("utf-8");
20:
21:     String writer  = request.getParameter("writer" );
22:     String title   = request.getParameter("title"  );
23:     String content = request.getParameter("content");
24:
25:     if (writer  == null || writer.length()  == 0 ||
26:         title   == null || title.length()   == 0 ||
27:         content == null || content.length() == 0) {
28:
29:         request.setAttribute("errorMessage",
30:                 "모든 항목이 빈칸 없이 입력되어야 합니다.");
31:         view = "errorBack.jsp";
32:
33:     } else {
34:         BoardDto dto = new BoardDto();
35:         dto.setWriter (writer );
36:         dto.setTitle  (title  );
37:         dto.setContent(content);
38:
39:         new BoardDao().insertOne(dto);
40:         view = "redirect:list";
41:     }
42: }
```

에러가 발생하면 29~30번 행에서 errorMessage 속성을 request에 저장하고, 31번 행에서 뷰 페이지(보여줄 페이지)를 errorBack.jsp로 설정한다. 이렇게 하면 입력란 중 빈칸이 있을 때, errorBack.jsp로 이동하여 에러 메시지를 출력하게 될 것이다.

insert.jsp에 있던 코드가 컨트롤러로 들어왔으니, 이제 insert.jsp를 호출하는 코드를 찾아 insert로 바꾸어 주어야 한다. 새 글쓰기 모드로 들어가도록 호출하는 코드는 이미 컨트롤러 안으로 들어와 있다. 위 코드 3번 행이 그것이다. 이것을 insert.jsp 대신에 insert로 바꾸어 준다. 이제 다 되었으니, insert.jsp는 이제 필요 없다. 이 파일을 삭제하고, 새 글쓰기가 잘 동작하는지 확인해 보자.

글 수정을 실행하는 update.jsp도 insert.jsp와 같은 방법으로 수정해주면 된다. 이번에는 먼저 update.jsp를 호출하는 코드를 update로 바꾸어 주자. 위 코드의 11번 행이다. 그리고 update.jsp에 있던 코드를 떼어내 컨트롤러에 넣고, 에러 처리 화면을 출력하는 코드를 수정하자. 그러면 다음과 같이 될 것이다.

```java
} else if (com.equals("/update")){
    request.setCharacterEncoding("utf-8");

    int num = Integer.parseInt(request.getParameter("num"));

    String writer  = request.getParameter("writer" );
    String title   = request.getParameter("title"  );
    String content = request.getParameter("content");

    if (writer  == null || writer.length()  == 0 ||
        title   == null || title.length()   == 0 ||
        content == null || content.length() == 0) {

        request.setAttribute("errorMessage",
                "모든 항목이 빈칸 없이 입력되어야 합니다.");
        view = "errorBack.jsp";

    } else {
        BoardDto dto = new BoardDto();
        dto.setNum    (num    );
```

```
            dto.setWriter (writer );
            dto.setTitle  (title  );
            dto.setContent(content);

            new BoardDao().updateOne(dto);
            view = "redirect:list";
        }
    }
}
```

역시 이제 update.jsp는 필요 없다. 삭제하고 글 수정이 잘 동작하는지 확인해 보면 된다.

이제 마지막으로 delete.jsp를 없애보자. delete.jsp에는 컨트롤러로 갈 자바 코드가 두 줄 뿐이다. 이것을 옮겨주면 다음과 같이 된다.

```
} else if (com.equals("/delete")){
    int num = Integer.parseInt(request.getParameter("num"));

    new BoardDao().deleteOne(num);
    view = "redirect:list";
}
```

이제 delete.jsp를 호출하던 부분만 수정하면 끝이다. view.jsp의 삭제 버튼 클릭 시 실행할 URL을 "delete.jsp"에서 "delete"로 바꾸어 주면 된다. 이제 delete.jsp를 삭제하고 실행해보자.

자, 이제 여기까지 잘 따라왔다면 게시판에 MVC 패턴을 적용하는 첫 단계를 밟은 것이다. 완성된 컨트롤러 코드는 다음과 같다.

📋 **예제 13-6**   게시판 컨트롤러 (BoardController.java)

```
1: package com.board.controller;
2:
3: import java.io.IOException;
4: import javax.servlet.ServletException;
```

```
 5: import javax.servlet.annotation.WebServlet;
 6: import javax.servlet.http.HttpServlet;
 7: import javax.servlet.http.HttpServletRequest;
 8: import javax.servlet.http.HttpServletResponse;
 9:
10: import com.board.db.*;
11:
12: @WebServlet("/")
13: public class BoardController extends HttpServlet {
14:     private static final long serialVersionUID = 1L;
15:
16:     public BoardController() {
17:         super();
18:     }
19:
20:     protected void doGet(HttpServletRequest request,
21:                          HttpServletResponse response)
22:                             throws ServletException, IOException {
23:         String view = null;
24:
25:         // URL에서 프로젝트 이름 뒷 부분의 문자열 얻어내기
26:         String uri = request.getRequestURI();
27:         String conPath = request.getContextPath();
28:         String com = uri.substring(conPath.length());
29:
30:         // 주어진 URL에 따라 지정된 동작 수행
31:         if (com.equals("/list") || com.equals("/")) {
32:             request.setAttribute("msgList", new BoardDao().selectList());
33:             view = "list.jsp";
34:
35:         } else if (com.equals("/view")){
36:             int num = Integer.parseInt(request.getParameter("num"));
37:             BoardDto dto = new BoardDao().selectOne(num, true);
38:
39:             dto.setTitle(dto.getTitle().replace (" ",  " "));
40:             dto.setContent(dto.getContent().replace(" ",  " ")
41:                                         .replace("\n", "<br>"));
42:
43:             request.setAttribute("msg", dto);
```

```
44:                 view = "view.jsp";
45:
46:         } else if (com.equals("/write")){
47:             String tmp = request.getParameter("num");
48:             int num = (tmp != null && tmp.length() > 0)
49:                     ? Integer.parseInt(tmp) : 0;
50:
51:             // 새 글쓰기 모드로 가정하고 변수값 설정
52:             BoardDto dto = new BoardDto();
53:             String action = "insert";
54:
55:             // 글 번호가 주어졌으면 수정 모드
56:             if (num > 0) {
57:                 dto = new BoardDao().selectOne(num, false);
58:                 action = "update?num=" + num;
59:             }
60:
61:             request.setAttribute("msg", dto);
62:             request.setAttribute("action", action);
63:             view = "write.jsp";
64:
65:         } else if (com.equals("/insert")){
66:             request.setCharacterEncoding("utf-8");
67:             String writer  = request.getParameter("writer" );
68:             String title   = request.getParameter("title"  );
69:             String content = request.getParameter("content");
70:
71:             if (writer  == null || writer.length()  == 0 ||
72:                 title   == null || title.length()   == 0 ||
73:                 content == null || content.length() == 0) {
74:
75:                 request.setAttribute("errorMessage",
76:                         "모든 항목이 빈칸 없이 입력되어야 합니다.");
77:                 view = "errorBack.jsp";
78:
79:             } else {
80:                 BoardDto dto = new BoardDto();
81:                 dto.setWriter (writer );
82:                 dto.setTitle  (title  );
```

```
83:                    dto.setContent(content);
84:
85:                    new BoardDao().insertOne(dto);
86:                    view = "redirect:list";
87:                }
88:
89:          } else if (com.equals("/update")){
90:              request.setCharacterEncoding("utf-8");
91:              int num = Integer.parseInt(request.getParameter("num"));
92:              String writer  = request.getParameter("writer" );
93:              String title   = request.getParameter("title"  );
94:              String content = request.getParameter("content");
95:
96:              if (writer  == null || writer.length()  == 0 ||
97:                  title   == null || title.length()   == 0 ||
98:                  content == null || content.length() == 0) {
99:
100:                 request.setAttribute("errorMessage",
101:                         "모든 항목이 빈칸 없이 입력되어야 합니다.");
102:                 view = "errorBack.jsp";
103:
104:             } else {
105:                 BoardDto dto = new BoardDto();
106:                 dto.setNum     (num    );
107:                 dto.setWriter (writer );
108:                 dto.setTitle  (title  );
109:                 dto.setContent(content);
110:
111:                 new BoardDao().updateOne(dto);
112:                 view = "redirect:list";
113:             }
114:
115:         } else if (com.equals("/delete")){
116:             int num = Integer.parseInt(request.getParameter("num"));
117:
118:             new BoardDao().deleteOne(num);
119:             view = "redirect:list";
120:         }
121:
```

```
122:        // view에 담긴 문자열에 따라 포워딩 또는 리다이렉팅
123:        if (view.startsWith("redirect:")) {
124:            response.sendRedirect(view.substring(9));
125:        } else {
126:            request.getRequestDispatcher(view).forward(request, response);
127:        }
128:    }
129:
130:    protected void doPost(HttpServletRequest request,
131:                          HttpServletResponse response)
132:                                throws ServletException, IOException {
133:        doGet(request, response);
134:    }
135: }
```

이것으로 되었다. 자바 코드는 모두 컨트롤러 안으로 모였고, JSP 파일에는 남아있지 않다, 그리고 그 과정에서 insert.jsp, update.jsp, delete.jsp 파일이 필요 없어 삭제되었다. 화면 출력 작업만을 하는 list.jsp, view.jsp, write.jsp가 남았을 뿐이다. 다음으로 넘어가기 전에, 화면 출력을 위한 JSP 파일들의 최종 소스 코드를 정리해 보자. 우리가 순차적으로 작업을 하다 보니, URL 부분은 나중에 수정한 곳도 있기 때문이다.

📋 **예제 13-7** MVC 패턴이 적용된 게시글 리스트 페이지 (list.jsp)

```
1: <%@ page language="java" contentType="text/html; charset=UTF-8"
2:     pageEncoding="UTF-8"%>
3:
4: <%@ taglib prefix="c" uri="http://java.sun.com/jsp/jstl/core" %>
5:
6: <!DOCTYPE html>
7: <html>
8: <head>
9:     <meta charset="UTF-8">
10:     <style>
11:         table    { width:680px; text-align:center; }
12:         th       { background-color:cyan; }
13:
```

```
14:          .num     { width: 80px; }
15:          .title   { width:230px; }
16:          .writer  { width:100px; }
17:          .regtime { width:180px; }
18:
19:          a:link    { text-decoration:none; color:blue; }
20:          a:visited { text-decoration:none; color:gray; }
21:          a:hover   { text-decoration:none; color:red;  }
22:      </style>
23: </head>
24: <body>
25:
26: <table>
27:     <tr>
28:         <th class="num"    >번호    </th>
29:         <th class="title"  >제목    </th>
30:         <th class="writer" >작성자  </th>
31:         <th class="regtime">작성일시</th>
32:         <th                >조회수  </th>
33:     </tr>
34:
35:     <c:forEach var="msg" items="${msgList}">
36:     <tr>
37:         <td>${msg.num}</td>
38:         <td style="text-align:left;">
39:             <a href="view?num=${msg.num}">${msg.title}</a>
40:         </td>
41:         <td>${msg.writer}</td>
42:         <td>${msg.regtime}</td>
43:         <td>${msg.hits}</td>
44:     </tr>
45:     </c:forEach>
46: </table>
47:
48: <br>
49: <input type="button" value="글쓰기" onclick="location.href='write'">
50:
51: </body>
52: </html>
```

📖 **예제 13-8**   MVC 패턴이 적용된 글 보기 페이지 (view.jsp)

```
 1: <%@ page language="java" contentType="text/html; charset=UTF-8"
 2:     pageEncoding="UTF-8"%>
 3:
 4: <!DOCTYPE html>
 5: <html>
 6: <head>
 7:     <meta charset="UTF-8">
 8:     <style>
 9:         table { width:680px; text-align:center; }
10:         th    { width:100px; background-color:cyan; }
11:         td    { text-align:left; border:1px solid gray; }
12:     </style>
13: </head>
14: <body>
15:
16: <table>
17:     <tr>
18:         <th>제목</th>
19:         <td>${msg.title}</td>
20:     </tr>
21:     <tr>
22:         <th>작성자</th>
23:         <td>${msg.writer}</td>
24:     </tr>
25:     <tr>
26:         <th>작성일시</th>
27:         <td>${msg.regtime}</td>
28:     </tr>
29:     <tr>
30:         <th>조회수</th>
31:         <td>${msg.hits}</td>
32:     </tr>
33:     <tr>
34:         <th>내용</th>
35:         <td>${msg.content}</td>
36:     </tr>
37: </table>
```

```
38:
39: <br>
40: <input type="button" value="목록보기" onclick="location.href='list'">
41: <input type="button" value="수정"
42:        onclick="location.href='write?num=${param.num}'">
43: <input type="button" value="삭제"
44:        onclick="location.href='delete?num=${param.num}'">
45:
46: </body>
47: </html>
```

📦 **예제 13-9** MVC 패턴이 적용된 글쓰기/수정 페이지 (write.jsp)

```
1: <%@ page language="java" contentType="text/html; charset=UTF-8"
2:     pageEncoding="UTF-8"%>
3:
4: <!DOCTYPE html>
5: <html>
6: <head>
7:     <meta charset="UTF-8">
8:     <style>
9:         table { width:680px; text-align:center; }
10:        th    { width:100px; background-color:cyan; }
11:        input[type=text], textarea { width:100%; }
12:     </style>
13: </head>
14: <body>
15:
16: <form method="post" action="${action}">
17:     <table>
18:         <tr>
19:             <th>제목</th>
20:             <td><input type="text" name="title"  maxlength="80"
21:                        value="${msg.title}">
22:             </td>
23:         </tr>
24:         <tr>
25:             <th>작성자</th>
```

```
26:                     <td><input type="text" name="writer" maxlength="20"
27:                             value="${msg.writer}">
28:                     </td>
29:             </tr>
30:             <tr>
31:                 <th>내용</th>
32:                 <td><textarea name="content" rows="10">${msg.content}</textarea>
33:                 </td>
34:             </tr>
35:         </table>
36:
37:     <br>
38:     <input type="submit" value="저장">
39:     <input type="button" value="취소" onclick="history.back()">
40: </form>
41:
42: </body>
43: </html>
```

13.6 서비스 객체 도입

이제 우리가 만든 게시판 프로그램은 컨트롤러와 뷰가 완전히 분리되어 있다. 뷰는 오로지 출력하는 일만 하고, 컨트롤러가 요청을 받아, 필요한 처리를 한 뒤 뷰를 호출한다.

그런데, 이 게시판처럼 간단한 프로그램은 좀 덜하지만 제대로 웹 애플리케이션을 이런 식으로 작성하면 컨트롤러의 크기가 매우 커지게 된다. 컨트롤러는 요청을 받아 어떤 동작을 수행하고 어떤 뷰를 표출할지만 결정해야 하는데, 애플리케이션 로직까지 컨트롤러에 들어가 있기 때문이다. 우리가 만들고 있는 게시판도, 게시글 보기를 위해서 공백과 줄 넘김을 처리하거나, 입력란에 빈칸이 있는가를 검사하는 코드 때문에 컨트롤러의 길이가 길어져 있는 상태이다.

MVC 모델에서 Model은 데이터, 상태, 애플리케이션 로직을 포함하는 개념이다. 따라서, 이런 로직 부분은 따로 떼어내야 하는데, 현재 구조로는 그 코드가 갈 곳이 없다. DAO는 데이터베이스 접근만 하는 모듈이어야 하고, 컨트롤러는 실행 흐름만 아는 모듈이어야 하기 때문이다. 따라서 그 중간에서 애플리케이션 로직을 처리할 계층이 필요한데 이것을 서비스라고 부른다. 따라서 모델은 서비스, DAO, DTO로 구성된다고 생각하면 될 것이다.

이렇게 구성하면 모델은 웹과는 무관한 코드로만 구성된다. 즉, 프로그램에서 모델이 잘 분리되어 구현되었다면, 모델의 코드는 자신이 웹에 사용되든지, 일반 자바 애플리케이션에게 사용되는지 상관하지 않고 작성될 수 있다. 이렇게 할 때의 가장 큰 장점은 프로그램의 UI 부분이 아무리 바뀌어도 모델 쪽의 코드는 그대로 재사용할 수 있다는 것이다. 예를 들어 모델이 깔끔하게 분리된 웹 애플리케이션이 있다고 하자. 이것을 나중에 윈도우즈 GUI에서 동작하는 일반 자바 애플리케이션으로 바꾸어야 하는 상황이 왔다면, 모델 부분은 손대지 않고 컨트롤러와 뷰만 다시 작성하면 된다.

자, 이제 서비스 모듈을 위한 자바 클래스를 하나 추가해보자. 패키지는 com.board. service라고 하나 만들고, 그곳에 BoardService라고 클래스를 만들면 된다. 이제 Board Controller를 같이 펴놓고, if문의 각 부분에서 실행하는 내용 중에서 웹에 관련 없는 동작들을 떼어내 하나의 메서드로 만들어 주면 되겠다.

먼저, list부터 보면, 현재는 다음과 같은 코드로 되어 있다.

```
if (com.equals("/list") || com.equals("/")) {
    request.setAttribute("msgList", new BoardDao().selectList());
    view = "list.jsp";
}
```

좀 아쉽기는 하지만 이 코드 중 웹과 관련 없는 코드는 음영 표시한 부분뿐이다. 이것을 별도의 메서드로 만들어서 BoardService에 다음과 같이 넣는다.

```
public ArrayList<BoardDto> getMsgList() {
    return new BoardDao().selectList();
}
```

이 메서드를 사용하도록 컨트롤러를 수정하면 다음과 같이 될 것이다.

```
if (com.equals("/list") || com.equals("/")) {
    request.setAttribute("msgList", new BoardService().getMsgList());
    view = "list.jsp";
}
```

별로 달라진 점이 없는 것 같다. getMsgList라고 해서, 이게 무슨 동작인지 조금 더 알기
쉽게 코드가 적히기는 했지만, 굳이 서비스까지 만들어가며 쓸 필요는 없어 보인다. 하
지만 이것은 게시글 리스트에 별다른 로직이 들어가지 않기 때문이다.

이제 글 보기에 관련된 컨트롤러 코드를 보자.

```
else if (com.equals("/view")){
    int num = Integer.parseInt(request.getParameter("num"));
    BoardDto dto = new BoardDao().selectOne(num, true);


    dto.setTitle(dto.getTitle().replace (" ", " "));
    dto.setContent(dto.getContent().replace(" ", " ")
                                    .replace("\n", "<br>"));

    request.setAttribute("msg", dto);
    view = "view.jsp";
}
```

여기에는 웹과 관련 없는 로직이 좀 있는 것 같다. 이것을 서비스로 옮겨 메서드로 만들
면 다음과 같이 된다.

```
public BoardDto getMsg(int num) {
    BoardDto dto = new BoardDao().selectOne(num, true);

    dto.setTitle(dto.getTitle().replace (" ", " "));
    dto.setContent(dto.getContent().replace(" ", " ")
                                    .replace("\n", "<br>"));

    return dto;
}
```

이제 컨트롤러 쪽 코드는 다음과 같이 바뀔 수 있다.

```
} else if (com.equals("/view")){
    int num = Integer.parseInt(request.getParameter("num"));

    request.setAttribute("msg", new BoardService().getMsg(num));
    view = "view.jsp";
}
```

로직 부분이 다 빠져서 컨트롤러가 한결 간결해진 것을 알 수 있다. 읽기도 쉽다. 글 번호를 구해서, 그 글 번호의 글을 읽은 뒤 view.jsp로 표출하는 것이다. 이제 다음으로 write 코드를 보자.

```
} else if (com.equals("/write")){
    String tmp = request.getParameter("num");
    int num = (tmp != null && tmp.length() > 0)
            ? Integer.parseInt(tmp) : 0;

    BoardDto dto = new BoardDto();
    String action = "insert.jsp";

    if (num > 0) {
        dto = new BoardDao().selectOne(num, false);
        action = "update.jsp?num=" + num;
    }

    request.setAttribute("msg", dto);
    request.setAttribute("action", action);
    view = "write.jsp";

}
```

여기에서도 음영으로 표시한 코드밖에는 옮길만한 것이 없다. 그러면 서비스의 메서드는 다음과 같이 될 것이다.

```
public BoardDto getMsgForWrite(int num) {
    return new BoardDao().selectOne(num, false);
}
```

컨트롤러 쪽 코드는 별다르게 바뀔 것이 없다. 아래 음영 표시한 부분을 수정하여 이 메서드를 호출하도록 한다.

```
} else if (com.equals("/write")){
    String tmp = request.getParameter("num");
    int num = (tmp != null && tmp.length() > 0)
            ? Integer.parseInt(tmp) : 0;

    BoardDto dto = new BoardDto();
    String action = "insert.jsp";

    if (num > 0) {
        dto = new BoardService().getMsgForWrite(num);
        action = "update.jsp?num=" + num;
    }

    request.setAttribute("msg", dto);
    request.setAttribute("action", action);
    view = "write.jsp";
}
```

다음으로 insert이다. 컨트롤러의 코드는 다음과 같았다.

```
} else if (com.equals("/insert")){
    request.setCharacterEncoding("utf-8");
    String writer  = request.getParameter("writer" );
    String title   = request.getParameter("title"  );
    String content = request.getParameter("content");

    if (writer  == null || writer.length()  == 0 ||
        title   == null || title.length()    == 0 ||
```

```
            content == null || content.length() == 0) {

            request.setAttribute("errorMessage",
                    "모든 항목이 빈칸 없이 입력되어야 합니다.");
            view = "errorBack.jsp";

        } else {
            BoardDto dto = new BoardDto();
            dto.setWriter (writer );
            dto.setTitle  (title  );
            dto.setContent(content);

            new BoardDao().insertOne(dto);
            view = "redirect:list";
        }
    }
}
```

이번에는 에러 상황이 좀 마음에 걸린다. 입력란에 빈칸이 없는 정상 상황이라면 insert 쿼리를 실행하면 그뿐인데, 빈칸이 있는 상황이라면 에러 페이지를 띄워주어야 한다. 하지만 서비스는 웹 애플리케이션이 자신을 사용하는지, 일반 애플리케이션이 사용하는지 몰라야 한다고 얘기했다. 따라서 에러 페이지를 띄우는 동작은 서비스가 할 일이 아니므로, 서비스 객체의 메서드는 입력란에 빈칸이 있을 경우 에러 상황인 것만 보고하도록 하면 되겠다.

에러 보고는 메서드의 반환 값을 만들어 에러인지 아닌지를 컨트롤러가 알 수 있도록 만들어도 되긴 하겠지만, 예외(Exception)을 띄우는 식으로 처리하는 것이 자바에서는 더 자연스러운 방법이다. 서비스 메서드를 다음과 같이 작성하면 될 것이다.

```
public void writeMsg(String writer, String title, String content)
                throws Exception {

    if (writer  == null || writer.length()  == 0 ||
        title   == null || title.length()   == 0 ||
        content == null || content.length() == 0) {
```

```
        throw new Exception("모든 항목이 빈칸 없이 입력되어야 합니다.");
    }

    BoardDto dto = new BoardDto();
    dto.setWriter (writer );
    dto.setTitle  (title  );
    dto.setContent(content);

    new BoardDao().insertOne(dto);
}
```

이 메서드는 글 작성자, 제목, 내용을 인자로 전달받아, 그중 하나라도 비어있는지 체크하고, 만약 그렇다면 예외를 발생시킨다. 이때 "모든 항목이 빈칸 없이 입력되어야 합니다."라는 에러 메시지를 예외 객체에 넣는다. 이제 컨트롤러는 이 메서드를 사용하여 다음과 같이 수정할 수 있다.

```
} else if (com.equals("/insert")){
    request.setCharacterEncoding("utf-8");
    String writer  = request.getParameter("writer" );
    String title   = request.getParameter("title"  );
    String content = request.getParameter("content");

    try {
        new BoardService().writeMsg(writer, title, content);
        view = "redirect:list";

    } catch(Exception e) {
        request.setAttribute("errorMessage", e.getMessage());
        view = "errorBack.jsp";
    }
}
```

이 코드는 글 작성자, 제목, 내용 문자열을 가지고 서비스의 writeMsg를 일단 실행해 본다. 만약 이 메서드를 실행하는 도중 예외가 발생했다면, 실행 흐름은 catch 절로 넘어가게 된다. 그러면 예외의 에러 메시지를 request에 저장하고, 에러 페이지를 띄우도록 설정하는 것이다.

update는 쿼리만 다를 뿐 insert와 똑같은 동작을 하므로, 같은 방법으로 정리할 수 있다. 먼저 기존 컨트롤러 코드는 다음과 같다.

```java
} else if (com.equals("/update")){
    request.setCharacterEncoding("utf-8");
    int num = Integer.parseInt(request.getParameter("num"));
    String writer  = request.getParameter("writer" );
    String title   = request.getParameter("title"  );
    String content = request.getParameter("content");

    if (writer  == null || writer.length()  == 0 ||
        title   == null || title.length()   == 0 ||
        content == null || content.length() == 0) {

        request.setAttribute("errorMessage",
                "모든 항목이 빈칸 없이 입력되어야 합니다.");
        view = "errorBack.jsp";

    } else {
        BoardDto dto = new BoardDto();
        dto.setNum    (num    );
        dto.setWriter (writer );
        dto.setTitle  (title  );
        dto.setContent(content);

        new BoardDao().updateOne(dto);
        view = "redirect:list";
    }
}
```

같은 방법으로 서비스 클래스에 메서드를 만들면 다음과 같다.

```
public void updateMsg(
        String writer, String title, String content, int num)
                throws Exception {

    if (writer  == null || writer.length()  == 0 ||
        title   == null || title.length()   == 0 ||
        content == null || content.length() == 0) {

        throw new Exception("모든 항목이 빈칸 없이 입력되어야 합니다.");
    }

    BoardDto dto = new BoardDto();
    dto.setNum     (num    );
    dto.setWriter  (writer );
    dto.setTitle   (title  );
    dto.setContent (content);

    new BoardDao().updateOne(dto);
}
```

이 메서드를 사용하면 컨트롤러는 다음과 같이 수정될 것이다.

```
} else if (com.equals("/update")){
    request.setCharacterEncoding("utf-8");
    int num = Integer.parseInt(request.getParameter("num"));
    String writer  = request.getParameter("writer" );
    String title   = request.getParameter("title"  );
    String content = request.getParameter("content");

    try {
        new BoardService().updateMsg(writer, title, content, num);
        view = "redirect:list";

    } catch(Exception e) {
        request.setAttribute("errorMessage", e.getMessage());
        view = "errorBack.jsp";
    }
}
```

이제 마지막이다. delete는 아주 간단하게 수정할 수 있다. 기존 코드는 다음과 같다.

```java
} else if (com.equals("/delete")){
    int num = Integer.parseInt(request.getParameter("num"));

    new BoardDao().deleteOne(num);
    view = "redirect:list";
}
```

따라서 서비스 메서드는 다음과 같이 만들면 될 것이다.

```java
public void deleteMsg(int num) {
    new BoardDao().deleteOne(num);
}
```

그러면 컨트롤러는 다음과 같이 바뀐다.

```java
} else if (com.equals("/delete")){
    int num = Integer.parseInt(request.getParameter("num"));

    new BoardService().deleteMsg(num);
    view = "redirect:list";
}
```

모든 작업이 끝났다. 이렇게 완성된 BoardService.java는 다음과 같다.

📄 **예제 13-10**   게시판 서비스 (BoardService.java)

```java
1: package com.board.service;
2:
3: import java.util.ArrayList;
4:
5: import com.board.db.*;
6:
7: public class BoardService {
```

```
 8:
 9:     public ArrayList<BoardDto> getMsgList() {
10:         return new BoardDao().selectList();
11:     }
12:
13:     public BoardDto getMsg(int num) {
14:         BoardDto dto = new BoardDao().selectOne(num, true);
15:
16:         dto.setTitle(dto.getTitle().replace (" ",  " "));
17:         dto.setContent(dto.getContent().replace(" ",  " ")
18:                                         .replace("\n", "<br>"));
19:
20:         return dto;
21:     }
22:
23:     public BoardDto getMsgForWrite(int num) {
24:         return new BoardDao().selectOne(num, false);
25:     }
26:
27:     public void writeMsg(String writer, String title, String content)
28:             throws Exception {
29:
30:         if (writer  == null || writer.length()  == 0 ||
31:             title   == null || title.length()   == 0 ||
32:             content == null || content.length() == 0) {
33:
34:             throw new Exception("모든 항목이 빈칸 없이 입력되어야 합니다.");
35:         }
36:
37:         BoardDto dto = new BoardDto();
38:         dto.setWriter (writer );
39:         dto.setTitle  (title  );
40:         dto.setContent(content);
41:
42:         new BoardDao().insertOne(dto);
43:     }
44:
45:     public void updateMsg(
46:             String writer, String title, String content, int num)
```

```
47:                     throws Exception {
48:
49:        if (writer  == null || writer.length()  == 0 ||
50:            title   == null || title.length()   == 0 ||
51:            content == null || content.length() == 0) {
52:
53:            throw new Exception("모든 항목이 빈칸 없이 입력되어야 합니다.");
54:        }
55:
56:        BoardDto dto = new BoardDto();
57:        dto.setNum    (num    );
58:        dto.setWriter (writer );
59:        dto.setTitle  (title  );
60:        dto.setContent(content);
61:
62:        new BoardDao().updateOne(dto);
63:    }
64:
65:    public void deleteMsg(int num) {
66:        new BoardDao().deleteOne(num);
67:    }
68: }
```

그리고 이 서비스를 사용하도록 수정된 컨트롤러는 다음과 같다.

📦 **예제 13-11** 서비스를 사용하는 게시판 컨트롤러 (BoardController.java)

```
1: package com.board.controller;
2:
3: import java.io.IOException;
4: import javax.servlet.ServletException;
5: import javax.servlet.annotation.WebServlet;
6: import javax.servlet.http.HttpServlet;
7: import javax.servlet.http.HttpServletRequest;
8: import javax.servlet.http.HttpServletResponse;
9:
10: import com.board.db.*;
```

```
11: import com.board.service.BoardService;
12:
13: @WebServlet("/")
14: public class BoardController extends HttpServlet {
15:     private static final long serialVersionUID = 1L;
16:
17:     public BoardController() {
18:         super();
19:     }
20:
21:     protected void doGet(HttpServletRequest request,
22:                          HttpServletResponse response)
23:                                 throws ServletException, IOException {
24:         String view = null;
25:
26:         // URL에서 프로젝트 이름 뒷 부분의 문자열 얻어내기
27:         String uri = request.getRequestURI();
28:         String conPath = request.getContextPath();
29:         String com = uri.substring(conPath.length());
30:
31:         // 주어진 URL에 따라 지정된 동작 수행
32:         if (com.equals("/list") || com.equals("/")) {
33:             request.setAttribute("msgList",
34:                     new BoardService().getMsgList());
35:             view = "list.jsp";
36:
37:         } else if (com.equals("/view")){
38:             int num = Integer.parseInt(request.getParameter("num"));
39:
40:             request.setAttribute("msg", new BoardService().getMsg(num));
41:             view = "view.jsp";
42:
43:         } else if (com.equals("/write")){
44:             String tmp = request.getParameter("num");
45:             int num = (tmp != null && tmp.length() > 0)
46:                     ? Integer.parseInt(tmp) : 0;
47:
48:             BoardDto dto = new BoardDto();
49:             String action = "insert.jsp";
```

```
50:
51:                if (num > 0) {
52:                    dto = new BoardService().getMsgForWrite(num);
53:                    action = "update.jsp?num=" + num;
54:                }
55:
56:                request.setAttribute("msg", dto);
57:                request.setAttribute("action", action);
58:                view = "write.jsp";
59:
60:            } else if (com.equals("/insert")){
61:                request.setCharacterEncoding("utf-8");
62:                String writer  = request.getParameter("writer" );
63:                String title   = request.getParameter("title"  );
64:                String content = request.getParameter("content");
65:
66:                try {
67:                    new BoardService().writeMsg(writer, title, content);
68:                    view = "redirect:list";
69:
70:                } catch(Exception e) {
71:                    request.setAttribute("errorMessage", e.getMessage());
72:                    view = "errorBack.jsp";
73:                }
74:
75:            } else if (com.equals("/update")){
76:                request.setCharacterEncoding("utf-8");
77:                int num = Integer.parseInt(request.getParameter("num"));
78:                String writer  = request.getParameter("writer" );
79:                String title   = request.getParameter("title"  );
80:                String content = request.getParameter("content");
81:
82:                try {
83:                    new BoardService().updateMsg(writer, title, content, num);
84:                    view = "redirect:list";
85:
86:                } catch(Exception e) {
87:                    request.setAttribute("errorMessage", e.getMessage());
88:                    view = "errorBack.jsp";
```

```
89:          }
90:
91:      } else if (com.equals("/delete")){
92:          int num = Integer.parseInt(request.getParameter("num"));
93:
94:          new BoardService().deleteMsg(num);
95:          view = "redirect:list";
96:      }
97:
98:      // view에 담긴 문자열에 따라 포워딩 또는 리다이렉팅
99:      if (view.startsWith("redirect:")) {
100:         response.sendRedirect(view.substring(9));
101:      } else {
102:         request.getRequestDispatcher(view).forward(request, response);
103:      }
104:   }
105:
106:   protected void doPost(HttpServletRequest request,
107:                          HttpServletResponse response)
108:                                  throws ServletException, IOException {
109:      doGet(request, response);
110:   }
111: }
```

연습문제

1. 예제 13–2의 list.jsp를 다음과 같은 URL로 직접 실행하면 화면에 게시글 데이터가 출력되지 않는다. 그 이유를 설명하시오.

```
http://localhost:8080/프로젝트명/list.jsp
```

2. 우리가 만든 MVC 게시판의 구조는 다음과 같다. 각 구성 요소의 역할을 설명해 보시오.

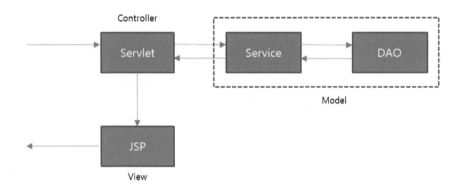

3. 예제 13–11의 게시판 컨트롤러에는 이곳저곳에 request.getParameter() 메서드를 호출하여 서블릿에 넘겨진 값을 변수에 담는 코드가 반복되고 있다. 이런 코드를 하나의 메서드로 모아 컨트롤러의 doGet() 메서드 코드가 간결해지도록 수정해 보시오.

CHAPTER 14

게시판에 페이지네이션 넣기

CHAPTER 14

그동안 우리는 게시판 프로그램을 내부적으로 계속 개선해 왔다. 이제 기능을 하나 추가하고 마무리 짓도록 하자. 바로 페이지네이션(Pagination) 컨트롤이다. 페이지네이션 컨트롤이란 말이 다소 생소할 수도 있는데, 다른 페이지로 이동할 수 있는 링크들이 모여있는 것을 가리킨다. 보통 화면 아래쪽에 다음과 같은 형태로 나타난다.

```
< 11  12  13  14  15  >
```

본래 게시판에 올라온 글들의 리스트는 한 페이지에 일정 개씩 끊어서 보여주어야 한다. 글이 천 개인 게시판의 게시글 리스트를 한 페이지에 모두 표시하고 사용자가 스크롤 해가며 보도록 할 수는 없기 때문이다.

14.1 리스트를 페이지별로 끊어서 보여주기

최종 완성본에서는 화면 아래쪽에 페이지네이션 컨트롤을 만들어 페이지를 전환할 수 있도록 하겠지만, 여기서는 일단 GET 방식으로 페이지 번호를 넘겨주면 해당 페이지를 표시하는 기능까지만 먼저 구현해보도록 한다.

예를 들어 한 페이지에 게시글 리스트를 5개씩 보여주기로 했는데 다음과 같이 주소창에 URL을 입력하였다고 하자.

```
http://localhost:8080/board/list?page=2
```

이 요청을 받으면 컨트롤러는 게시글 리스트를 읽어 오는데, 이때 전체 게시글 리스트가 아니라 아래 그림 14-1에서 보았을 때 2페이지에 해당하는 게시글 리스트만 읽어 와야 한다.

이러한 기능을 구현하기 위해서는 DAO, 서비스 클래스의 getMsgList 메서드, 그리고 컨트롤러를 수정해야 한다. 먼저 DAO에서 게시글 리스트를 읽어오는 메서드는 다음과 같았다.

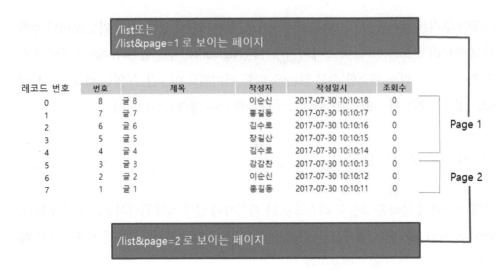

[그림 14-1] 게시글 리스트의 페이지

```
 1: public ArrayList<BoardDto> selectList() {
 2:
 3:     ArrayList<BoardDto> dtoList = new ArrayList<BoardDto>();
 4:
 5:     try (
 6:         Connection conn = getConnection();
 7:         Statement stmt = conn.createStatement();
 8:
 9:         ResultSet rs = stmt.executeQuery(
10:                 "select * from board order by num desc");
11:     ) {
12:         while (rs.next()) {
13:
14:             // 새 DTO 객체를 만들고 글 데이터를 이 객체에 저장
15:             BoardDto dto = new BoardDto();
16:
17:             dto.setNum     (rs.getInt    ("num"    ));
18:             dto.setWriter (rs.getString("writer" ));
19:             dto.setTitle  (rs.getString("title"  ));
20:             dto.setContent(rs.getString("content"));
21:             dto.setRegtime(rs.getString("regtime"));
22:             dto.setHits    (rs.getInt    ("hits"   ));
```

```
23:
24:            // 이 DTO 객체를 ArrayList에 추가
25:            dtoList.add(dto);
26:        }
27:    } catch(Exception e) {
28:        e.printStackTrace();
29:    }
30:
31:    return dtoList;
32: }
```

먼저 생각해야 할 것은 10번 행의 쿼리이다. 기존 것은 다음과 같은 쿼리를 실행하고 있다.

```
select * from board order by num desc
```

하지만 이제는 전체 게시글 레코드 중에서 화면에 출력할 부분만 읽어 오기 위해 select 문의 옵션인 limit를 사용해야 한다. 사용 형식은 다음과 같다.

```
select * from board order by num desc
limit 읽어오기_시작할_레코드_번호, 읽어올_레코드_개수;
```

"읽어오기_시작할_레코드_번호"는 0부터 시작된다. limit가 없는 select 쿼리 결과를 머릿속에 그려보자. 그 첫 줄이 0번 레코드이고, 다음 줄이 1번 레코드가 되는 식으로 레코드 번호를 가진다고 생각하면 된다.

쿼리를 이렇게 수정하려면 두 개의 정수 값(시작 위치, 개수)가 필요하다. 이것은 매개변수로 받아와야 할 것이다. 따라서 수정된 selectList는 다음과 같다.

```
1: public ArrayList<BoardDto> selectList(int start, int listSize) {
2:
3:     ArrayList<BoardDto> dtoList = new ArrayList<BoardDto>();
4:
5:     try (
```

```
 6:          Connection conn = getConnection();
 7:          Statement stmt = conn.createStatement();
 8:
 9:          ResultSet rs = stmt.executeQuery(String.format(
10:              "select * from board order by num desc limit %d, %d",
11:              start, listSize));
12:      ) {
13:          while (rs.next()) {
14:
15:              // 새 DTO 객체를 만들고 글 데이터를 이 객체에 저장
16:              BoardDto dto = new BoardDto();
17:
18:              dto.setNum     (rs.getInt    ("num"     ));
19:              dto.setWriter (rs.getString("writer" ));
20:              dto.setTitle   (rs.getString("title"   ));
21:              dto.setContent(rs.getString("content"));
22:              dto.setRegtime(rs.getString("regtime"));
23:              dto.setHits    (rs.getInt    ("hits"    ));
24:
25:              // 이 DTO 객체를 ArrayList에 추가
26:              dtoList.add(dto);
27:          }
28:      } catch(Exception e) {
29:          e.printStackTrace();
30:      }
31:
32:      return dtoList;
33: }
```

음영 표시된 것이 수정된 부분이다. 이제 DAO는 준비되었으니 서비스 클래스로 넘어
가자. 서비스 클래스의 getMsgList는 현재 다음과 같다.

```
public ArrayList<BoardDto> getMsgList() {
    return new BoardDao().selectList();
}
```

이것을 다음과 같이 수정하면 된다.

```
private static final int listSize = 5;

public ArrayList<BoardDto> getMsgList(int pageNo) {
    return new BoardDao().selectList((pageNo - 1) * listSize, listSize);
}
```

먼저, 메서드 앞에 정의된 상수 listSize는 한 페이지에 보여줄 글의 수이다. 현재는 5로 설정하였다.

이 메서드는 게시글 리스트 중 읽어와야 할 페이지 번호를 받아서, 해당하는 레코드들을 읽어 반환한다. 이를 위해서 매개변수 pageNo로 페이지 번호를 받는 것이다. 이제 selectList 호출 문장의 첫 번째 매개변수에 주목하자.

```
(pageNo - 1) * listSize
```

이것은 페이지 번호를 가지고, 출력해야 하는 페이지의 첫 번째 레코드의 위치를 계산하는 식이다. 앞에 있었던 그림 14-1을 다시 살펴보자.

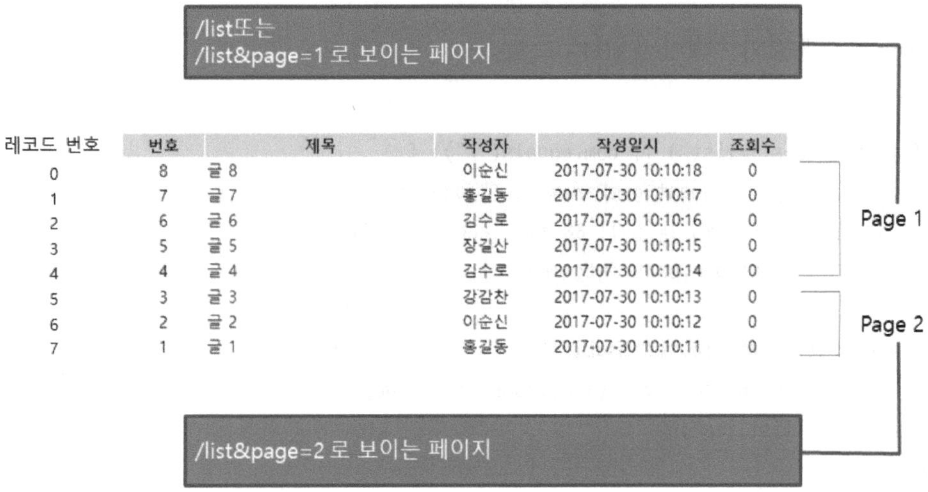

[그림 14-1] 게시글 리스트의 페이지

데이터베이스 테이블에서 게시글 데이터를 읽어 올 때는 역순으로 정렬(order by num desc)해서 가지고 온다. 그리고 레코드 번호가 0부터 시작한다면, 가장 최근에 올린 게시글은 0번 레코드에 있으며, 첫 번째 페이지에는 0~4번 레코드에 담긴 게시글 리스트가 표시되어야 한다. 그리고 두 번째 페이지는 5번 레코드부터 게시글 리스트가 시작되어야 할 것이다.

이렇듯 한 페이지에 보여줄 게시글 리스트의 줄 수가 5일 때, 각 페이지의 시작 레코드 번호는, 0, 5, 10, 15, ...와 같은 패턴을 보인다. 따라서 출력할 페이지 번호에서 1을 뺀 값에, 한 페이지에 표시할 글 제목의 개수를 곱하면 몇 번째 레코드부터 출력해야 하는지를 알 수 있게 되는 것이다.

이제 모든 준비는 끝났다. 컨트롤러에서는 URL에 딸려온 페이지 번호만 이 메서드에 넘겨주면, 원하는 페이지의 데이터만 읽어올 수 있게 될 것이다. 현재 list 요청을 처리하는 코드는 다음과 같다.

```
if (com.equals("/list") || com.equals("/")) {
    request.setAttribute("msgList",
            new BoardService().getMsgList());
    view = "list.jsp";
}
```

이것을 다음과 같이 수정하면 된다.

```
if (com.equals("/list") || com.equals("/")) {
    String tmp = request.getParameter("page");
    int pageNo = (tmp != null && tmp.length() > 0)
            ? Integer.parseInt(tmp) : 1;

    request.setAttribute("msgList",
            new BoardService().getMsgList(pageNo));
    view = "list.jsp";
}
```

음영 처리된 것이 추가된 부분이다. if 문 바로 아래에 있는 코드는 page라는 이름으로 전달된 현재 페이지 번호를 pageNo에 담는 코드이다. 만약 페이지 번호를 주지 않았으면 1이 담길 것이다. 몇 페이지를 보여달라고 따로 지정하지 않았으면 가장 최근 글들이 있는 1페이지를 보여주어야 하기 때문이다. 그리고 서비스 객체의 getMsgList를 호출할 때 이 값을 넘겨주면, 해당하는 페이지의 게시글 데이터만을 읽어서 반환해주게 된다.

이것으로 일단 지정된 페이지의 게시글 리스트만을 출력해주는 기능은 완성되었다. 컨트롤러를 실행시킨 후 URL 뒤에 "page=2", "page=4"와 같이 페이지를 바꾸어가며 리스트가 제대로 출력되는지 확인해 보자. 만약 글의 수가 너무 적어서 테스트가 어렵다면, 상수 listSize의 값을 작게 바꾸어 주면 된다. 이렇게 하면 전체 페이지 수가 늘어나므로 테스트하는데 큰 문제가 없을 것이다.

14.2 페이지네이션 컨트롤 넣기

이제 화면 아래쪽에 다른 페이지로 이동할 수 있도록 해주는 링크, 즉 페이지네이션 콘트롤을 만들어 넣어야 한다. 가장 먼저 할 일은 DAO에 전체 게시글의 개수를 얻어내는 메서드를 추가하는 것이다. 페이지 번호를 제대로 출력하기 위해서는 마지막 페이지 번호, 즉 전체 페이지 수가 필요하게 되는데, 그러려면 전체 글의 수를 알아야 하기 때문이다. 이것은 다음과 같은 쿼리를 실행해서 얻어낼 수 있다.

```
select count(*) from board
```

이 쿼리를 실행하는 메서드를 getNumRecords라는 이름으로 추가하자. 그러면 최종적으로 다음과 같은 DAO를 얻을 수 있다.

📋 **예제 14-1** 완성된 DAO (BoardDao.java)

```
1: package com.board.db;
2:
3: import java.sql.*;
4: import java.time.*;
```

```
 5: import java.util.*;
 6:
 7: public class BoardDao {
 8:
 9:     // DB에 접속하여 Connection 객체를 반환
10:     private Connection getConnection() throws Exception {
11:
12:         Class.forName("org.mariadb.jdbc.Driver");
13:         Connection conn = DriverManager.getConnection(
14:                     "jdbc:mariadb://localhost:3306/jspdb", "jsp", "1234");
15:
16:         return conn;
17:     }
18:
19:     // 현재 시간을 문자열 형태로 반환
20:     private String getCurrentTime() {
21:         return LocalDate.now() + " " +
22:                 LocalTime.now().toString().substring(0, 8);
23:     }
24:
25:     // 게시글 갯수 얻기
26:     public int getNumRecords() {
27:         int numRecords = 0;
28:
29:         try (
30:             Connection conn = getConnection();
31:             Statement stmt = conn.createStatement();
32:
33:             ResultSet rs = stmt.executeQuery(
34:                     "select count(*) from board");
35:         ) {
36:             if (rs.next()) {
37:                 numRecords =  rs.getInt(1);
38:             }
39:         } catch(Exception e) {
40:             e.printStackTrace();
41:         }
42:
43:         return numRecords;
```

```
44:        }
45:
46:        // 게시글 리스트 읽기
47:        public ArrayList<BoardDto> selectList(int start, int listSize) {
48:
49:            ArrayList<BoardDto> dtoList = new ArrayList<BoardDto>();
50:
51:            try (
52:                Connection conn = getConnection();
53:                Statement stmt = conn.createStatement();
54:
55:                ResultSet rs = stmt.executeQuery(String.format(
56:                        "select * from board order by num desc limit %d, %d",
57:                        start, listSize));
58:            ) {
59:                while (rs.next()) {
60:
61:                    // 새 DTO 객체를 만들고 글 데이터를 이 객체에 저장
62:                    BoardDto dto = new BoardDto();
63:
64:                    dto.setNum     (rs.getInt    ("num"    ));
65:                    dto.setWriter (rs.getString("writer" ));
66:                    dto.setTitle  (rs.getString("title"  ));
67:                    dto.setContent(rs.getString("content"));
68:                    dto.setRegtime(rs.getString("regtime"));
69:                    dto.setHits   (rs.getInt    ("hits"   ));
70:
71:                    // 이 DTO 객체를 ArrayList에 추가
72:                    dtoList.add(dto);
73:                }
74:            } catch(Exception e) {
75:                e.printStackTrace();
76:            }
77:
78:            return dtoList;
79:        }
80:
81:        // 지정된 글 번호를 가진 레코드 읽기
82:        // hitsIncreased가 true이면 해당 글의 조회수를 1 증가시킴
```

```
83:     //                 false이면 조회수를 증가시키지 않음
84:     public BoardDto selectOne(int num, boolean hitsIncreased) {
85:
86:         BoardDto dto = new BoardDto();
87:
88:         try (
89:             Connection conn = getConnection();
90:             Statement stmt = conn.createStatement();
91:
92:             ResultSet rs = stmt.executeQuery(
93:                 "select * from board where num=" + num);
94:         ) {
95:             if (rs.next()) {
96:
97:                 // 글 데이터를 DTO에 저장
98:                 dto.setNum     (rs.getInt    ("num"    ));
99:                 dto.setWriter (rs.getString("writer" ));
100:                dto.setTitle  (rs.getString("title"  ));
101:                dto.setContent(rs.getString("content"));
102:                dto.setRegtime(rs.getString("regtime"));
103:                dto.setHits   (rs.getInt    ("hits"   ));
104:
105:                // 이글의 조회수를 증가시켜야 하는 경우
106:                // (글 보기 화면을 위해 읽을 때)이면 조회수 1 증가
107:                if (hitsIncreased) {
108:                    stmt.executeUpdate(
109:                        "update board set hits=hits+1 where num=" + num);
110:                }
111:            }
112:        } catch(Exception e) {
113:            e.printStackTrace();
114:        }
115:
116:        return dto;
117:    }
118:
119:    // DTO에 담긴 내용으로 새로운 레코드 저장
120:    public void insertOne(BoardDto dto) {
121:
```

```
122:        try (
123:            Connection conn = getConnection();
124:            Statement stmt = conn.createStatement();
125:        ) {
126:            stmt.executeUpdate(String.format(
127:                    "insert into board " +
128:                    "(writer, title, content, regtime, hits)" +
129:                    "values ('%s', '%s', '%s', '%s', 0)",
130:                    dto.getWriter(), dto.getTitle(), dto.getContent(),
131:                    getCurrentTime()));

133:        } catch(Exception e) {
134:            e.printStackTrace();
135:        }
136:    }

138:    // DTO에 담긴 내용으로 게시글 데이터 업데이트
139:    public void updateOne(BoardDto dto) {

141:        try (
142:            Connection conn = getConnection();
143:            Statement stmt = conn.createStatement();
144:        ) {
145:            stmt.executeUpdate(String.format(
146:                    "update board set writer='%s', title='%s', " +
147:                    "content='%s', regtime='%s' where num=%d",
148:                    dto.getWriter(), dto.getTitle(), dto.getContent(),
149:                    getCurrentTime(), dto.getNum()));

151:        } catch(Exception e) {
152:            e.printStackTrace();
153:        }
154:    }

156:    // 지정된 글 번호의 레코드 삭제
157:    public void deleteOne(int num) {

159:        try (
160:            Connection conn = getConnection();
```

```
161:                    Statement stmt = conn.createStatement();
162:              ) {
163:                    stmt.executeUpdate("delete from board where num=" + num);
164:
165:              } catch(Exception e) {
166:                    e.printStackTrace();
167:              }
168:        }
169: }
```

25~44번 행이 새로 추가된 메서드이다. 레코드의 수를 알아내는 쿼리를 실행하고 그 결과 값을 반환하는 간단한 동작을 한다.

이제 다음으로 준비할 것은 페이지네이션 데이터를 위한 DTO를 만드는 것이다. 화면에 2가 보이면 2 페이지로, 3이 보이면 3 페이지로 이동하는 링크만 만들면 될 텐데, 왜 굳이 클래스까지 새로 정의할까 생각할 수도 있겠다. 하지만 "이전", "이후" 링크는 화면에 보이는 글자와 실제로 이동할 페이지가 달라진다. 또 현재 페이지는 굵게 또는 반전으로 표시하는 것이 보통이므로, 이에 관한 정보도 넣는 게 좋을 것이다. 이를 위해 com.board.db 패키지에 Pagination이라는 이름으로 다음과 같은 클래스를 정의한다.

📖 **예제 14-2**　페이지네이션 데이터를 저장할 클래스 (Pagination.java)

```
1: package com.board.db;
2:
3: public class Pagination {
4:
5:     private String display;
6:     private int pageNo;
7:     private boolean curPage;
8:
9:     public Pagination(String display, int pageNo, boolean curPage) {
10:         this.display = display;
11:         this.pageNo = pageNo;
12:         this.curPage = curPage;
13:     }
14:
```

```
15:     public String getDisplay() {
16:         return display;
17:     }
18:
19:     public void setDisplay(String display) {
20:         this.display = display;
21:     }
22:
23:     public int getPageNo() {
24:         return pageNo;
25:     }
26:
27:     public void setPageNo(int pageNo) {
28:         this.pageNo = pageNo;
29:     }
30:
31:     public boolean isCurPage() {
32:         return curPage;
33:     }
34:
35:     public void setCurPage(boolean curPage) {
36:         this.curPage = curPage;
37:     }
38: }
```

이 자바 빈은 3개의 속성을 가진다. display는 화면에 표시할 문자열, pageNo는 그 링크를 클릭했을 때 실제로 이동할 페이지 번호, 그리고 curPage는 이 페이지가 현재 페이지이면 true, 아니면 false를 가지는 속성이다.

이제 모든 준비는 끝났다. BoardService에 getPagination이라는 이름의 메서드를 추가하자. 이 메서드는 현재 페이지 번호를 받은 뒤, 페이지네이션 컨트롤에 들어갈 링크들의 정보를 반환한다. 하나의 페이지 링크 정보는 하나의 Pagination 객체에 담기므로, 이 메서드는 Pagination 객체의 ArrayList를 반환하면 될 것이다. 즉, 이 메서드는 다음과 같은 구조를 가진다.

```
public ArrayList<Pagination> getPagination(int pageNo) {
    ArrayList<Pagination> pgnList = new ArrayList<Pagination>();

    // 페이지네이션 정보를 계산해서 ArrayList에 넣음

    return pgnList;
}
```

그런데, 페이지 번호를 계산하는 과정이 아주 간단하지는 않다. 일단 완성된 메서드 소스 코드를 보고, 각 부분이 어떤 의미를 가지는지를 생각해 보자.

```
 1: private static final int paginationSize = 3;
 2:
 3: public ArrayList<Pagination> getPagination(int pageNo) {
 4:
 5:     ArrayList<Pagination> pgnList = new ArrayList<Pagination>();
 6:
 7:     int numRecords = new BoardDao().getNumRecords();
 8:     int numPages = (int)Math.ceil((double)numRecords / listSize);
 9:
10:     int firstLink = ((pageNo - 1) / paginationSize)
11:                     * paginationSize + 1;
12:     int lastLink = firstLink + paginationSize - 1;
13:     if (lastLink > numPages) {
14:         lastLink = numPages;
15:     }
16:
17:     if (firstLink > 1) {
18:         pgnList.add(
19:                 new Pagination("이전", pageNo - paginationSize, false));
20:     }
21:
22:     for (int i = firstLink; i <= lastLink; i++) {
23:         pgnList.add(new Pagination("" + i, i, i == pageNo));
24:     }
25:
```

```
26:        if (lastLink < numPages) {
27:            int tmpPageNo = pageNo + paginationSize;
28:            if (tmpPageNo > numPages) {
29:                tmpPageNo = numPages;
30:            }
31:            pgnList.add(new Pagination("다음", tmpPageNo, false));
32:        }
33:
34:        return pgnList;
35: }
```

1번 행의 pageinationSize는 한 화면에 표시할 페이지 링크의 수를 정의한 상수이다. 이 숫자가 3이면, 화면에는, "1, 2, 3", 또는 "4, 5, 6" 같이 3개씩의 링크가 나타난다. 다음으로 7. 8번 행을 보자.

```
7:        int numRecords = new BoardDao().getNumRecords();
8:        int numPages = (int)Math.ceil((double)numRecords / listSize);
```

7번 행은 이 게시판의 전체 게시글 수를 numRecords에 담는다. 그리고 8번행은 이 게시판의 전체 게시글 리스트를 표시하는데 모두 몇 페이지가 필요할지를 계산한다. "전체 글 수 / 한 페이지에 표시할 줄 수"를 하면 게시글 리스트가 몇 페이지가 될 것인지 계산할 수 있다. 다만 그 답에 소수점 아랫부분이 있다면 "올림"을 해야 한다. 계산을 해보니 1.3 페이지가 필요하다면 실제로는 2페이지로 나눠 보여주어야 하기 때문이다. Math.ceil() 메소드는 소수점 아래 숫자가 있으면 올림(반올림이 아님)해 준다.

```
10:       int firstLink = ((pageNo - 1) / paginationSize)
11:                       * paginationSize + 1;
```

10~11번 행은 페이지네이션 컨트롤의 첫 번째 숫자를 계산한다. 10번 행을 보면 정수 나눗셈이므로 소숫점 이하를 버림(내림)한다는 점을 염두에 두고 보자. 이 식은 현재 페이지 번호(pageNo)로부터, 시작할 페이지 링크 번호를 계산해 낸다. 어떤 과정을 거쳐 계산되는지를 쉽게 볼 수 있도록 1부터 10까지의 pageNo 값이 주어졌다고 할 때 이 식

의 계산 결과를 보이면 다음과 같다. 한 페이지에 표시할 페이지 링크 개수인 paginationSize는 3으로 가정하였다.

pageNo	1	2	3	4	5	6	7	8	9	10
-1	0	1	2	3	4	5	6	7	8	9
/ paginationSize	0	0	0	1	1	1	2	2	2	3
* paginationSize	0	0	0	3	3	3	6	6	6	9
+ 1	1	1	1	4	4	4	7	7	7	10

즉, 현재 보여주고 있는 페이지가 1, 2, 3페이지 중 하나일 때는 링크가 1에서 시작하고, 현재 보여주고 있는 페이지가 4, 5, 6페이지 중 하나일 때는 링크가 4에서 시작해야 한다. 10~11번 행의 코드는 이 값을 계산하기 위한 것이다.

```
12:    int lastLink = firstLink + paginationSize - 1;
13:    if (lastLink > numPages) {
14:        lastLink = numPages;
15:    }
```

12~15번 행은 페이지네이션 컨트롤의 마지막 번호를 계산하는 부분이다. 기본적으로는 "첫 번째 링크 번호 + 한 페이지에 보여줄 링크 수 - 1"이 된다. 다만 이렇게 계산된 값이 마지막 페이지 번호보다 크다면 마지막 페이지 번호까지만 보여주도록 조정해야 한다.

```
17:    if (firstLink > 1) {
18:        pgnList.add(
19:            new Pagination("이전", pageNo - paginationSize, false));
20:    }
```

17번 행부터는 페이지네이션 컨트롤 데이터를 ArrayList에 담는 코드이다. 17~20번 행의 코드는 "이전" 링크 정보를 만들어 넣는다. 단, 현재 보여주고 있는 첫 번째 페이지 링크(firstLink)가 1이면 더는 앞으로 갈 수가 없다. 따라서 17번의 행의 if문에서 이 값이 1보다 큰 값일 때만 앞으로 이동할 수 있는 링크를 만들도록 한다.

```
22:     for (int i = firstLink; i <= lastLink; i++) {
23:         pgnList.add(new Pagination("" + i, i, i == pageNo));
24:     }
```

22~24번 행의 코드는 firstLink 부터 lastLink까지의 페이지 링크 정보를 만들어 넣는다. 이때 현재 보여주고 있는 페이지(pageNo)와 지금 처리하고 있는 페이지 번호(i)가 같은 지의 여부도 같이 저장한다. 생성자의 마지막 인자가 그것이다.

```
26:     if (lastLink < numPages) {
27:         int tmpPageNo = pageNo + paginationSize;
28:         if (tmpPageNo > numPages) {
29:             tmpPageNo = numPages;
30:         }
31:         pgnList.add(new Pagination("다음", tmpPageNo, false));
32:     }
```

26~32번 행은 페이지네이션 컨트롤에 마지막으로 "다음" 링크 정보를 만들어 넣는다. 단, 페이지네이션 컨트롤의 마지막 페이지 링크(lastLink)가 게시판의 전체 페이지 수 (numPages)와 같다면 더 이상 다음으로 갈 수가 없다. 따라서 26번행의 if문에서 lastLink가 numPages 보다 작은 값일 때만 다음으로 이동할 수 있는 링크를 만들도록 한 다.

이것으로 페이지네이션을 출력할 준비가 모두 끝났다. 이렇게 해서 완성된 서비스 클래 스는 다음과 같다. getPagination메서드만 추가된 것이다.

📋 **예제 14-3** 완성된 서비스 클래스 (BoardService.java)

```
1: package com.board.service;
2:
3: import java.util.ArrayList;
4:
5: import com.board.db.*;
6:
7: public class BoardService {
```

```
 8:
 9:    private static final int listSize = 3;
10:    private static final int paginationSize = 3;
11:
12:    public ArrayList<BoardDto> getMsgList(int pageNo) {
13:      return new BoardDao().selectList((pageNo - 1) * listSize, listSize);
14:    }
15:
16:    public ArrayList<Pagination> getPagination(int pageNo) {
17:
18:        ArrayList<Pagination> pgnList = new ArrayList<Pagination>();
19:
20:        int numRecords = new BoardDao().getNumRecords();
21:        int numPages = (int)Math.ceil((double)numRecords / listSize);
22:
23:        int firstLink = ((pageNo - 1) / paginationSize)
24:                         * paginationSize + 1;
25:        int lastLink = firstLink + paginationSize - 1;
26:        if (lastLink > numPages) {
27:            lastLink = numPages;
28:        }
29:
30:        if (firstLink > 1) {
31:            pgnList.add(
32:                    new Pagination("이전", pageNo - paginationSize, false));
33:        }
34:
35:        for (int i = firstLink; i <= lastLink; i++) {
36:            pgnList.add(new Pagination("" + i, i, i == pageNo));
37:        }
38:
39:        if (lastLink < numPages) {
40:            int tmpPageNo = pageNo + paginationSize;
41:            if (tmpPageNo > numPages) {
42:                tmpPageNo = numPages;
43:            }
44:            pgnList.add(new Pagination("다음", tmpPageNo, false));
45:        }
46:
```

```
47:            return pgnList;
48:        }
49:
50:
51:        public BoardDto getMsg(int num) {
52:            BoardDto dto = new BoardDao().selectOne(num, true);
53:
54:            dto.setTitle(dto.getTitle().replace (" ",  " "));
55:            dto.setContent(dto.getContent().replace(" ",  " ")
56:                                        .replace("\n", "<br>"));
57:
58:            return dto;
59:        }
60:
61:        public BoardDto getMsgForWrite(int num) {
62:            return new BoardDao().selectOne(num, false);
63:        }
64:
65:        public void writeMsg(String writer, String title, String content)
66:                throws Exception {
67:
68:            if (writer  == null || writer.length()  == 0 ||
69:                title   == null || title.length()   == 0 ||
70:                content == null || content.length() == 0) {
71:
72:                throw new Exception("모든 항목이 빈칸 없이 입력되어야 합니다.");
73:            }
74:
75:            BoardDto dto = new BoardDto();
76:            dto.setWriter (writer );
77:            dto.setTitle  (title  );
78:            dto.setContent(content);
79:
80:            new BoardDao().insertOne(dto);
81:        }
82:
83:        public void updateMsg(
84:                String writer, String title, String content, int num)
85:                    throws Exception {
```

```
 86:
 87:        if (writer  == null || writer.length()  == 0 ||
 88:            title   == null || title.length()   == 0 ||
 89:            content == null || content.length() == 0) {
 90:
 91:            throw new Exception("모든 항목이 빈칸 없이 입력되어야 합니다.");
 92:        }
 93:
 94:        BoardDto dto = new BoardDto();
 95:        dto.setNum     (num    );
 96:        dto.setWriter (writer );
 97:        dto.setTitle   (title  );
 98:        dto.setContent(content);
 99:
100:        new BoardDao().updateOne(dto);
101:    }
102:
103:    public void deleteMsg(int num) {
104:        new BoardDao().deleteOne(num);
105:    }
106: }
```

이제 모든 준비가 끝났으니 두 군데만 수정하면 된다. 먼저 컨트롤러의 게시글 리스트 출력 코드에서, 서비스 객체의 getPagination 메서드를 호출하여 페이지네이션 정보를 얻어내고, 이것을 list.jsp에서 출력해주면 될 것이다. 따라서 컨트롤러는 다음과 같은 코드 한 줄만 추가하면 된다.

```
request.setAttribute("pgnList", new BoardService().getPagination(pageNo));
```

이 코드는 페이지네이션 정보를 얻어내어 request에 pgnList라는 이름으로 저장한다. 이렇게 해서 완성된 컨트롤러의 소스 코드는 다음과 같다.

📄 **예제 14-4**   완성된 컨트롤러 클래스 (BoardController.java)

```java
 1: package com.board.controller;
 2:
 3: import java.io.IOException;
 4: import javax.servlet.ServletException;
 5: import javax.servlet.annotation.WebServlet;
 6: import javax.servlet.http.HttpServlet;
 7: import javax.servlet.http.HttpServletRequest;
 8: import javax.servlet.http.HttpServletResponse;
 9:
10: import com.board.db.*;
11: import com.board.service.BoardService;
12:
13: @WebServlet("/")
14: public class BoardController extends HttpServlet {
15:     private static final long serialVersionUID = 1L;
16:
17:     public BoardController() {
18:         super();
19:     }
20:
21:     protected void doGet(HttpServletRequest request,
22:                         HttpServletResponse response)
23:                                 throws ServletException, IOException {
24:         String view = null;
25:
26:         // URL에서 프로젝트 이름 뒷 부분의 문자열 얻어내기
27:         String uri = request.getRequestURI();
28:         String conPath = request.getContextPath();
29:         String com = uri.substring(conPath.length());
30:
31:         // 주어진 URL에 따라 지정된 동작 수행
32:         if (com.equals("/list") || com.equals("/")) {
33:             String tmp = request.getParameter("page");
34:             int pageNo = (tmp != null && tmp.length() > 0)
35:                     ? Integer.parseInt(tmp) : 1;
36:
37:             request.setAttribute("msgList",
38:                 new BoardService().getMsgList(pageNo));
```

```
39:                request.setAttribute("pgnList",
40:                        new BoardService().getPagination(pageNo));
41:            view = "list.jsp";
42:
43:        } else if (com.equals("/view")){
44:            int num = Integer.parseInt(request.getParameter("num"));
45:
46:            request.setAttribute("msg", new BoardService().getMsg(num));
47:            view = "view.jsp";
48:
49:        } else if (com.equals("/write")){
50:            String tmp = request.getParameter("num");
51:            int num = (tmp != null && tmp.length() > 0)
52:                    ? Integer.parseInt(tmp) : 0;
53:
54:            BoardDto dto = new BoardDto();
55:            String action = "insert";
56:
57:            if (num > 0) {
58:                dto = new BoardService().getMsgForWrite(num);
59:                action = "update?num=" + num;
60:            }
61:
62:            request.setAttribute("msg", dto);
63:            request.setAttribute("action", action);
64:            view = "write.jsp";
65:
66:        } else if (com.equals("/insert")){
67:            request.setCharacterEncoding("utf-8");
68:            String writer  = request.getParameter("writer" );
69:            String title   = request.getParameter("title"  );
70:            String content = request.getParameter("content");
71:
72:            try {
73:                new BoardService().writeMsg(writer, title, content);
74:                view = "redirect:list";
75:
76:            } catch(Exception e) {
77:                request.setAttribute("errorMessage", e.getMessage());
78:                view = "errorBack.jsp";
```

```
79:                }
80:
81:            } else if (com.equals("/update")){
82:                request.setCharacterEncoding("utf-8");
83:                int num = Integer.parseInt(request.getParameter("num"));
84:                String writer  = request.getParameter("writer" );
85:                String title   = request.getParameter("title"  );
86:                String content = request.getParameter("content");
87:
88:                try {
89:                    new BoardService().updateMsg(writer, title, content, num);
90:                    view = "redirect:list";
91:
92:                } catch(Exception e) {
93:                    request.setAttribute("errorMessage", e.getMessage());
94:                    view = "errorBack.jsp";
95:                }
96:
97:            } else if (com.equals("/delete")){
98:                int num = Integer.parseInt(request.getParameter("num"));
99:
100:                new BoardService().deleteMsg(num);
101:                view = "redirect:list";
102:            }
103:
104:            // view에 담긴 문자열에 따라 포워딩 또는 리다이렉팅
105:            if (view.startsWith("redirect:")) {
106:                response.sendRedirect(view.substring(9));
107:            } else {
108:                request.getRequestDispatcher(view).forward(request, response);
109:            }
110:    }
111:
112:    protected void doPost(HttpServletRequest request,
113:                          HttpServletResponse response)
114:                                throws ServletException, IOException {
115:        doGet(request, response);
116:    }
117: }
```

이제는 list.jsp에 페이지네이션 정보를 출력하는 코드만 넣으면 된다. 게시글 리스트를 출력할 때처럼, JSTL의 forEach를 이용해서 반복해가며 페이지링크를 출력하면 될 것이다. 완성된 코드는 다음과 같다.

📋 **예제 14-5** 완성된 게시글 리스트 페이지 (list.jsp)

```
1: <%@ page language="java" contentType="text/html; charset=UTF-8"
2:     pageEncoding="UTF-8"%>
3:
4: <%@ taglib prefix="c" uri="http://java.sun.com/jsp/jstl/core" %>
5:
6: <!DOCTYPE html>
7: <html>
8: <head>
9:     <meta charset="UTF-8">
10:     <style>
11:         table    { width:680px; text-align:center; }
12:         th       { background-color:cyan; }
13:
14:         .num     { width: 80px; }
15:         .title   { width:230px; }
16:         .writer  { width:100px; }
17:         .regtime { width:180px; }
18:
19:         a:link    { text-decoration:none; color:blue; }
20:         a:visited { text-decoration:none; color:gray; }
21:         a:hover   { text-decoration:none; color:red;  }
22:
23:         .pgn:visited { text-decoration:none; color:blue; }
24:     </style>
25: </head>
26: <body>
27:
28: <table>
29:     <tr>
30:         <th class="num"    >번호    </th>
31:         <th class="title"  >제목    </th>
32:         <th class="writer" >작성자  </th>
```

```
33:           <th class="regtime">작성일시</th>
34:           <th                  >조회수  </th>
35:      </tr>
36:
37:      <c:forEach var="msg" items="${msgList}">
38:      <tr>
39:          <td>${msg.num}</td>
40:          <td style="text-align:left;">
41:              <a href="view?num=${msg.num}&page=${param.page}">
42:                  ${msg.title}
43:              </a>
44:          </td>
45:          <td>${msg.writer}</td>
46:          <td>${msg.regtime}</td>
47:          <td>${msg.hits}</td>
48:      </tr>
49:      </c:forEach>
50: </table>
51:
52: <br>
53: <div style="width:680px; text-align:center;">
54:      <c:forEach var="pgn" items="${pgnList}">
55:          <a class="pgn" href="list?page=${pgn.pageNo}">
56:              <c:choose>
57:                  <c:when test="${pgn.curPage}">
58:                      <u>${pgn.display}</u>
59:                  </c:when>
60:                  <c:otherwise>
61:                      ${pgn.display}
62:                  </c:otherwise>
63:              </c:choose>
64:          </a> 
65:      </c:forEach>
66: </div>
67:
68: <br>
69: <input type="button" value="글쓰기" onclick="location.href='write'">
70:
71: </body>
72: </html>
```

음영으로 표시된 부분이 새로 추가된 코드이다. 54~65번 행의 forEach에서 반복을 하며, 페이지 링크를 출력한다. 55번 행에 <a> 시작 태그에는, 클릭하면 이동할 URL이 적혀있다. 화면에 링크 내용을 출력하는 부분은 56~63번 행인데, JSTL의 choose 태그를 사용하여, 지금 출력하는 페이지 번호가 현재 페이지 번호이면 굵게, 그렇지 않으면 일반 글자로 출력하도록 하고 있다.

1. 페이지네이션이 무엇인지 설명해 보시오.

2. 게시글 리스트가 있는 테이블인 board의 0번째 레코드부터 5개의 레코드를 읽어 오는 select 쿼리를 적어보시오. 레코드들은 num 필드 값을 기준으로 역순 정렬되어야 한다.

3. 게시글 리스트가 있는 테이블인 board에 담긴 전체 레코드 개수를 구하는 쿼리를 적어보시오.

4. 다음은 게시판의 전체 페이지 수를 계산하는 코드이다. 어떤 의미인지 설명해 보시오.

```
int numRecords = new BoardDao().getNumRecords();
int numPages = (int)Math.ceil((double)numRecords / listSize);
```

자바 기초만 알면 할 수 있는 JSP 웹 프로그래밍

1판 1쇄 발행 2019년 11월 05일
개정1판 1쇄 발행 2020년 10월 15일
개정1판 4쇄 발행 2023년 02월 24일
저   자 이성욱·장종준
발 행 인 이범만
발 행 처 **21세기사** (제406-00015호)
　　　　　경기도 파주시 산남로 72-16 (10882)
　　　　　Tel. 031-942-7861   Fax. 031-942-7864
　　　　　E-mail : 21cbook@naver.com
　　　　　Home-page : www.21cbook.co.kr
　　　　　ISBN 978-89-8468-851-3
정가 30,000원